PARIS QUI PASSE

OUVRAGES DE GEORGES PRICE

HISTORIETTES DE FRANCE ET D'ESPAGNE (*Nouvelles*) 3.50.

CROQUIS DE PROVINCE (*Nouvelles*), 3.50.

SÉRIE B, N° 89 (*Roman*), 3.50.

L'OEUVRE LITTÉRAIRE ET DRAMATIQUE DE JULES AMIGUES (*Étude*), 1 fr.

PETITE HISTOIRE DES GRANDS JOURNAUX (*Étude*), 1 fr.

Sous Presse :

PÉCHÉ DE JEUNESSE (*Roman*)

Ouvrages de CH. VIRMAITRE

PARIS QUI S'EFFACE, 2° édition, 3.50.

PARIS-ESCARPE, 9° édition, 3.50.

PARIS-CANARD, 2° édition, 3.50.

PARIS-BOURSICOTIER, 2° édition, 3.50.

Paris. — Imp. Balitout et C°, 7, rue Baillif.

PAUL BELON et GEORGES PRICE

PARIS QUI PASSE

AVEC UNE PRÉFACE

DE JULES CLARETIE

De l'Académie Française

PARIS

NOUVELLE LIBRAIRIE PARISIENNE

ALBERT SAVINE, ÉDITEUR

18, RUE DROUOT, 18

—

1888

PRÉFACE

A Messieurs Paul Belon et Georges Price.

Quand j'ai promis à l'un de vous, mes chers confrères, de donner une préface à ce volume, *Paris qui passe*, j'ignorais qu'un des premiers noms que j'allais rencontrer en feuilletant les épreuves serait celui du *préfacier*.

Je suis donc fort embarrassé, voulant tout naturellement tenir ma promesse, et redoutant à la fois de m'entendre reprocher les compliments que je tiens à vous faire pour ces pages si alertes et si vivantes. Et pourvu

qu'on n'aille pas croire que c'est un prêté
pour un rendu !

C'est qu'elles sont tout à fait originales, vos
causeries parisiennes, d'un ton très personnel, d'une verve aimable, d'une sûreté
d'informations vraiment rare. Ce sont les
impressions de lettrés parcourant Paris un
carnet à la main — un carnet qui tient
beaucoup plus de l'album de l'artiste que du
bloc-notes du reporter. La plupart de ces
chroniques, je les connaissais, étant un des
lecteurs du journal où elles ont paru pour la
première fois. C'est dans le *Parti National*
que vous avez regardé passer Paris qui
passe.

Ah ! que c'est un curieux modèle à prendre
que ce Paris ! Toujours nouveau, toujours
intéressant, toujours particulier, toujours
bizarre. Je ne sais qui a posé en axiome qu'on
devrait refaire le *Tableau de Paris*, de
Mercier, tous les dix ans. L'axiome a terri-
blement vieilli depuis le temps où il dut

sembler un paradoxe. Ce n'est pas tous les dix ans, c'est tous les dix mois, tous les dix jours qu'on pourrait recommencer le *Tableau de Paris*. Très routinier au fond, il est si changeant à la surface! Identique à lui-même dans ses caprices, ses engouements, ses colères d'enfant gâté, insaisissable en apparence, terrible parfois, amusant toujours, au demeurant le meilleur enfant du monde, éternellement disposé à prendre les vessies pour des lanternes, et à vous faire prendre ses verrues pour des grains de beauté! Calomnié d'ailleurs et par son propre babil; adoré de l'étranger qui fait mine de le mépriser et qui l'envie, c'est la ville où il fait bon vivre, et dans votre Paris qui passe, un passant qui tombe rencontrera vingt bras pour le relever, ce qui n'arrive pas toujours en de nombreuses cités où les gens sont plus égoïstes ou plus pressés.

Vous l'avez étudié dans ses manifestations les plus diverses, ce grand, ce divertissant

Paris; vous l'avez peint dans ses théâtres, dans ses livres, dans ses travaux de science, dans ses journées de plaisirs. .Je ne saurais ouvrir une page de votre livre sans y trouver un renseignement et un enseignement. Et vive le journaliste honnête qui, pareil à Stendhal, aime les *Petits Faits* par dessus tout! C'est de l'amas des menus faits qu'est bâtie la Grande Histoire.

Soyez certains, mes chers confrères, que je serais beaucoup moins gêné pour vous louer, en toute conscience, si, comme je vous le disais tout à l'heure, je n'étais point pour ma petite part un des acteurs de votre *Paris qui passe.*

A la première page de votre livre, voici que je figure et comme colonel! En vérité, j'ai envie de biffer d'un trait ce que je viens d'écrire sur l'exactitude de vos documents. Je n'ai jamais été colonel, et je portais le soir de Champigny — en revenant du coteau de Villiers où j'avais entrevu dans la fumée comme un fantôme de victoire — le képi de capitaine de la garde nationale, ce qui était déjà un avancement un peu bien rapide. Mon vieux camarade et cher ami Alphonse Daudet rétablirait la vérité stricte de votre récit, s'il lui plaisait d'évoquer, avec son merveilleux talent d'écrivain, le souvenir de cette rencontre qui fut, je regrette d'avoir à le constater, beaucoup moins originale que vous ne voulez bien le dire. Ah ! si les premières pages de votre livre décidaient l'auteur de *Sapho* à publier ces *Souvenirs de l'Année terrible,* dont vous donniez le titre en votre causerie, comme je vous pardonnerais de m'avoir doté d'un grade qui n'était pas le mien !...

Je crois bien que c'est la seule erreur qu'on puisse relever dans vos excellents chapitres sur Paris. Un *à peu près,* c'est fort véniel ! Et ce qui me plaît en vous, c'est que vos chroniques ont de la verve, cette bonne humeur qui est une santé de l'esprit, et

qu'elles gardent, tout en affirmant nettement vos convictions, une certaine indulgence qui attire. C'est quelque chose que
l'indulgence, et les moralistes eux-mêmes
en auraient parfois besoin.

Votre encre, pour tout dire, n'est ni âcre
ni corrosive. Vous ne faites pas comme les
confrères du paysagiste Lambinet, Émile
Lambinet, le peintre des berges de Bougival
et des verdures de Croissy. Un jour qu'un
ami le rencontre assis devant son chevalet
et *enlevant* un *motif* en plein air :

— Ah ! ah ! Lambinet, toujours à l'huile !

— Oui, fit le peintre, je peins toujours
mes tableaux à l'huile ! Ce sont mes confrères
qui se chargent d'y mettre le vinaigre.

Eh bien ! encore un coup ce qui me séduit
en vos tableaux de Paris, c'est qu'ils sont fort
joliment enlevés, d'une vivacité charmante,
d'une touche très artistique et que... vous
n'y avez point mis de vinaigre. Tout y est

dit et bien dit sans grossissement de voix et sans froncement de sourcils.

Et voilà un volume de plus à ajouter à tous ceux que consultera l'avenir, s'il s'inquiète de notre époque de transition ! Car le plus sûr moyen de faire un livre qui reste, c'est peut-être tout simplement de peindre au jour le jour la vie qui passe. Je sais bien que nos petits-neveux, quel que soit l'agrément de ces volumes, se plaindront sans doute d'un surmenage exagéré, s'ils sont condamnés, pour nous connaître, à lire tout ce qu'on aura imprimé sur nous.

Mais parmi les écrits consacrés à nos mœurs et à nos caractères, bienvenus soient ceux qui ne nous calomnient pas et montreront aux bons Français futurs — s'il en est encore — que nous n'étions en ces années, non pas terribles, mais attristantes, ni tous corrompus, vendus, niais ou méchants comme voudraient le faire croire nos ennemis et même nos compatriotes !

Allons, c'est quelque chose que de l'esprit sans venin et de la chronique sans scandale. Votre *Paris qui passe* a vraiment ces qualités là. Mais je ne le dirai point trop haut et vous ne le répéterez pas, de crainte qu'on ne vous accuse de manquer du « vinaigre » dont parlait Émile Lambinet. Il y est pourtant ce vinaigre, ou il y sera. Les confrères l'y mettront.

JULES CLARETIE.

15 *Mars* 1888.

A *NOTRE AMI*

ADOLPHE BRISSON

PARIS QUI PASSE

Il y a seize ans ! — Daudet. fusilier, et Claretie. colonel. — Souvenirs de la guerre.

3 janvier.

Si ce n'est pas Bouchardy, c'est Pixéricourt, ou encore Victor Ducange, ou simplement M. Dennery, qui écrivit un gros drame sous ce titre : *Il y a seize ans!* mais la question importe peu, puisqu'il s'agit ici d'une histoire vraie, ou comme on dit plus volontiers « vécue », qui n'a d'ailleurs rien de commun avec le « mélo » de larmoyante mémoire.

Donc, il y a seize ans, jour pour jour, nous étions en pleine guerre — en pleine déroute, hélas! — et déjà les premiers uhlans rabattaient dans Paris les habitants de la banlieue, effarés. Sur tous les chemins, à toutes les portes. l'encombrement des camions, des charrettes, des voitures de déménagement était extraordinaire; mais, du côté de Vincennes, il se compliquait d'un perpétuel défilé de troupes de toute arme, de chevaux, de canons allant au fort ou en revenant, sans ordre, à la débandade, car l'affolement gagnait les plus intrépides et la masse surtout manquait de sang-froid. Lignards, francs-tireurs, mobiles pataugeaient dans la neige glacée et dure, se croisaient tristement sans - une parole, tandis que les officiers, tordant leur moustache, juraient comme des païens et rabrouaient leurs hommes pour leur donner du cœur au ventre.

Un bataillon de la garde nationale occupait Saint-Mandé depuis le matin et devant y rester cantonné, postait des grand'gardes ou des sentinelles perdues jusque sur l'avenue de Vincennes.

Or, vers les cinq heures du soir. quatre hommes et un caporal se détachèrent et vinrent relever le soldat qui était de faction au croisement des deux routes. Il y eut un cliquetis de crosses, quelques mots furent échangés à voix basse, la nouvelle sentinelle se détacha du groupe où l'ancienne la remplaça et la petite troupe se perdit dans le brouillard.

Une fois seul, le fusil sur l'épaule, baïonnette au canon, l'homme abandonné se mit à faire les cent pas réglementaires, en regardant curieusement autour de lui, un peu inquiet des ordres formels qu'il avait reçus. A la première troupe en armes qui passerait : « Qui vive ! Avance au ralliement! » Et tout de suite les mots qu'on se dit à l'oreille : « Paris, Trochu! »; hier, c'était « Nancy, Ducros ! »; il ne fallait pas se tromper.

Le factionnaire — sans doute un novice, un « bleu » qui n'avait jamais servi et peut-être jamais monté la garde — ne paraissait pas bien sûr de lui. Il portait des lunettes, de grosses lunettes de myope qui lui donnaient l'air bon enfant; et, cependant, sur sa poitrine, brillait la croix de la Légion d'honneur.

D'ailleurs, il ne passait personne sur la grande avenue qui semblait élargie. Les derniers traînards chassés par la nuit s'étaient hâtés de rejoindre leur rang dans la colonne, qui elle-même avait disparu du côté de Paris. Un lourd silence, fait de rumeurs sourdes, envahissait la campagne blanche, qui se piquait au loin de lueurs jaunes, tremblottantes. Il faisait très froid.

A six heures, le garde national, à demi gelé, battit la semelle contre la borne kilométrique. Rien ne bougeait à l'horizon, mais le brouillard s'était dissipé et dans le ciel clair la lune se levait, immuablement pâle.

A sept heures, finissait la faction. La sentinelle regarda sur la route de Saint-Mandé si elle ne verrait pas surgir le caporal et les quatre hommes.

A sept heures et quart, personne n'avait surgi. Jusqu'à huit heures, l'homme attendit, accusant sa montre et son impatience. A la fin, cependant, il réfléchit qu'on pouvait bien l'avoir oublié et resta perplexe. Devait-il abandonner son poste ou passer la nuit à la belle étoile par vingt degrés au-dessous de zéro? Grave problème!

Il cherchait encore à le résoudre quand soudain le galop d'un cheval frappa son oreille. Il écouta; le

bruit se rapprochait, grossissait, venait à lui. A tout
hasard, il croisa la baïonnette, et quand il distingua
le cavalier, à dix mètres, il l'arrêta d'un retentissant :

— Qui vive !

— Ronde d'officier ! répondit le cavalier en mettant pied à terre.

— Avance au ralliement !

L'officier, tenant son cheval par la bride, obéit à
cette injonction et la sentinelle put compter à son
aise les galons qui chamarraient son uniforme. Il y
en avait cinq. C'était un colonel.

Le simple soldat lui présentait les armes de son
mieux, lorsque tout à coup il lâcha son fusil et deux
cris partirent.

— Toi !

— Moi !

— Eh ! que fais tu là, mon pauvre ami ?

— Tu le vois, je monte la garde.

— Mais, malheureux, tu es gelé !

— A qui le dis-tu ?

— Alors, viens avec moi, je te relève de tes fonctions. J'en ai le pouvoir, ne crains rien.

Et, bras dessus, bras dessous, le colonel et le soldat s'en allèrent dîner à Saint-Mandé et boire ensemble à la santé de la France.

Le colonel s'appelait Jules Claretie et le simple
garde national myope s'appelait Alphonse Daudet.

MM. Alphonse Daudet et Jules Claretie, que le
même décret vient de faire officiers de la Légion
d'honneur, aux applaudissements de tous, débu-
tèrent ainsi dans cette funeste guerre dont le dernier a écrit l'histoire.

Peut-être, de son côté. M. Alphonse Daudet se décidera-t-il un jour à publier ses *Souvenirs de l'année terrible*, pour lesquels il a tant ramassé « d'observations » et ce sera un beau livre de plus à son actif.

Mais, quoi qu'il en soit, je saisis avec empressement cette occasion de rappeler que le fusilier Daudet, engagé volontaire, fit plus que son devoir en bien des circonstances.

Seulement, il ne monta pas toujours de faction aussi longue qu'à l'avenue de Vincennes. Bien souvent, notre excellent confrère M. Ebner, qui est encore aujourd'hui son secrétaire et qui à cette époque était déjà son ami, lui prit son fusil des mains et devint sentinelle à sa place. La substitution ne choquait personne, sauf le sergent de garde, qui parfois s'étonnait peut-être en retrouvant son factionnaire grandi ; car Alphonse Daudet est de taille moyenne et mon camarade Ebner a six pieds. Mais le brave homme n'en laissait rien paraître, et tout allait pour le mieux.

II

7 janvier

Derrière le Palais-Royal, à côté du passage qui mène à la rue des Petits-Champs, une porte cochère surmontée d'une enseigne : SOCIÉTÉ D'ÉTUDES PSYCHOLOGIQUES ! Je grimpe au premier étage, et un domestique, après m'avoir débarrassé fort poliment de mon pardessus, — le vestiaire est obligatoire — m'introduit sans plus de façons dans la salle des séances où une centaine de personnes se trouvent déjà réunies. Je parviens à me caser, non sans peine, près d'une grosse dame qui tient beaucoup de place et qui consent difficilement à m'en céder une partie. Ce doit être une habituée : elle me regarde comme un intrus et son profil de tireuse de cartes prend une expression dédaigneuse qui n'a rien de flatteur pour moi, je suis forcé d'en convenir. Néanmoins, je me décide à passer outre et comme le président n'est pas encore arrivé, j'en profite pour examiner la salle.

C'est une pièce simplement meublée, moitié salon. moitié bibliothèque, au plafond bas, éclairée par des lampes posées dans les encoignures. Une douzaine de personnes sont déjà installées parmi lesquelles quelques hommes barbus et graves.

Peu nombreux, en somme, les spirites mâles — le sexe fort préfère aller au café — et peu intéressants, sauf deux ou trois dont la chevelure noire, l'œil vif et la mine « fatale » rappellent les beaux jours d'Antony. Ce sont des émules de Donato ou bien des *médiums* qui vont, tout à l'heure, faire tourner des tables.

Mais voici que la séance est ouverte. Le président s'installe au bureau entre deux assesseurs et celui de droite, qui a la parole, en profite pour adresser aux esprits, sous la forme d'une prière, une sommation de se tenir prêts à tout événement et d'accourir au premier appel. La Société des études psychologiques ne plaisante pas avec eux et j'apprends avec stupeur qu'elle les classe par catégories selon leurs habitudes. Il y a les bons esprits, les mauvais et les pires.

Les premiers sont d'excellente composition et de caractère aimable. Ils ne se font jamais attendre, répondent à toutes les questions, fournissent avec exactitude les renseignements demandés et ne réclament jamais de pourboire. Les seconds sont généralement mal élevés et ne se dérangent pas pour rien. Ils font la sourde oreille ou disent tout simplement qu'ils sont sortis. — Ce sont les esprits « benoitons. »

Mais la troisième classe renferme une espèce beaucoup plus dangereuse. La société psychologique leur
a donné le nom d'esprits « trompeurs » ! Ceux-là
passent leur temps à fourvoyer les âmes candides
qui les consultent, et se livrent à des plaisanteries
de mauvais goût au détriment des simples mortels.
Au boulevard, on les traiterait d'esprits « fumistes »
et ce ne serait que justice.

La prière finie, la discussion commence à propos
d'un médium américain, M. Slade, qui a inventé,
paraît-il, un procédé pour traduire la pensée des
absents au moyen d'un appareil inscripteur. Un spi-
rite qui est dans la salle déclare nettement que
M. Slade est un charlatan et un imposteur, condamné pour escroquerie en Angleterre. Là-dessus le
président bondit :

— Vous parlez d'une affaire dont vous ne savez
pas le premier mot, M. Slade a été en appel. On l'a
acquitté.

— Pas du tout.

— Je vous dis que si !

— Je vous dis que non !

Il est difficile de s'entendre. Cependant, après
une explication confuse, je crois démêler que
M. Slade a été acquitté sans l'être, c'est-à-dire qu'il a
été renvoyé indemne parce que la loi ne lui était pas
applicable, en l'espèce.

Pour calmer le public surexcité par cet incident,
le deuxième assesseur tire un papier de sa poche et
lit une pièce de vers qu'il a composés lui-même.
C'est une satire mordante où le scepticisme et l'indifférence modernes reçoivent plus d'un coup de

boutoir à ce qu'il m'a semblé ; car je n'ai pas très
bien compris la pensée de l'auteur, qui m'a paru,
d'ailleurs, animé des meilleures intentions. En tous
cas, le résultat qu'il voulait obtenir ne lui a pas
échappé, puisqu'au bout d'un quart d'heure les plus
belliqueux spirites s'étaient assoupis doucement sur
leur chaise. Une fois de plus, j'ai eu moi-même la
preuve que la poésie adoucissait les mœurs. Ma voisine grincheuse daignait sourire !

Mais le moment est venu des expériences. On va
faire tourner une table dans un salon voisin.

Cette fois je me lève pour ne rien perdre du spectacle qui, je m'empresse de le dire, ne m'a pas convaincu. Et pourtant, le guéridon tourmenté bondis-
sait sous mes yeux, comme une chèvre! Il est vrai
qu'un monsieur barbu y appuyait les mains outre
mesure. J'ai eu de la méfiance, comme Jean Hiroux.

Cependant, des hommes sensés, en qui j'ai foi, et
dont la parole ne saurait être mise en doute, affir-
ment ce phénomène, et en allant l'autre soir chez
les spirites, j'avais présentes à la mémoire les scènes
curieuses que notre éminent confrère, M. Auguste
Vacquerie, a racontées dans ses *Miettes de l'histoire*.
M. Vacquerie croit aux tables qui tournent et qui
parlent — avec le pied. C'est une « autorité » que je
signale à la Société psychologique, et j'espère qu'elle
m'en sera reconnaissante.

Malheureusement, avec les affirmations de M. Vacquerie, je me suis rappelé une anecdote que nous
contait un jour James Tissot, le peintre des élé-
gances parisiennes, et le doute m'a envahi.

James Tissot était à Londres, dans une réunion de

1.

spirites où l'on évoquait les esprits — des esprits célèbres, historiques. Déjà César, Cromwell, Napoléon. Marie Stuart et quelques autres avaient répondu à l'appel de leur nom, sans trop se faire prier. Vint le tour du peintre. Il évoqua Homère. Pourquoi ? Je n'en sais rien, mais Homère arriva. La table écrivit sa réponse. Stupéfaction générale ! Par l'intermédiaire d'un guéridon britannique, Homère parlait français.

James Tissot doit être loin, s'il court encore.

III

Une visite à M. Paul Bourget. — Son nouveau roman. — « André Cornélis » et Hamlet. — La genèse d'un livre. — Principes d'art.

12 janvier.

Parler à cette place d'un événement littéraire qui passionne déjà l'opinion publique : présenter à nos lecteurs l'œuvre inédite d'un écrivain justement classé parmi les plus distingués et les plus personnels de ce temps : raconter le premier la fabulation d'un roman que tout le monde voudra lire et que personne n'ignorera demain : traduire pour les lettrés et les délicats les préoccupations artistiques, les tendances, les scrupules, les efforts qui ont présidé à sa mise au point ; — telle est la bonne fortune qui m'échoit aujourd'hui et dont je me hâte de profiter, avec le seul regret de n'avoir pas à ma disposition la plume, à la fois si souple et si ferme, et la précision impeccable de l'auteur des *Essais de Psychologie contemporaine.*

André Cornélis, le nouveau roman de M. Paul
Bourget, ne se trouve pas encore aux étalages et ne
s'y trouvera guère avant quelques jours, malgré l'impatience si légitime des éditeurs et du public. Je sais
bien qu'il a paru en feuilletons quotidiens dans une
grande feuille et des mieux achalandées: mais l'ensemble d'une œuvre souffre de ce découpage inévi-
table et, pour la bien juger, il est indispensable
d'attendre que le livre lui ait donné sa forme définitive. Dans ces conditions, on comprendra que l'auteur seul pouvait me renseigner d'une façon exacte
et me fournir, si l'on peut dire, sur son propre ouvrage une appréciation « avant la lettre. » Voilà
pourquoi je suis allé le trouver.

Dans le fumoir d'un hôtel coquet, au fond d'un
jardin, rue Monsieur, le jeune écrivain, déjà célèbre,
me reçoit comme un ami, sans se départir du tact et
des usages de l'homme du monde. On sait que M. Paul
Bourget est un gentleman accompli qui a rapporté
de ses longs séjours en Angleterre un léger parfum
de « cant »; il en a tout juste ce qu'il faut pour impri-
mer à ses manières polies et fines, à sa physionomie
mobile, à sa parole vive et abondante, une parfaite
distinction. C'est l'homme de son style, élégant,
nerveux, toujours correct et un peu froid.

La conversation s'engage sur le motif de ma visite.

— « Vous voulez des renseignements sur *André
Cornélis*, me dit-il, je suis très heureux de vous sa-
tisfaire : voici l'histoire exacte de ce roman. Vous
vous souvenez peut-être d'un procès retentissant qui
se déroula devant la cour d'assises de Bruxelles, il y
aura deux ans bientôt. Tous les journaux l'ont ra-

conté. Laissez-moi succinctement vous rappeler les faits.

» Un homme amoureux d'une femme mariée, qui était une très honnète femme et qui voulait le rester, fut poussé jusqu'au crime par sa malheureuse passion. Il fit assassiner le mari, seul obstacle à son bonheur, espérant épouser la veuve. Un détail insignifiant — une lettre dont on reconnut l'écriture — renversa tous ses projets. Le crime fut découvert, l'assassin arrêté, — c'était le frère de l'amant — il avoua et la justice suivit son cours.

» Ce qui me frappa le plus dans cette sinistre affaire, ce fut l'existence d'un enfant, un fils de la victime, âgé de cinq ou six ans. Je vous fais grâce de mes réflexions; mais supposez, un instant, le crime resté impuni. L'assassin du mari épouse la mère, l'enfant grandit, devient un homme; à vingt ans, il veut venger son père, il recherche le coupable et il le découvre, comme Hamlet, dans sa propre maison, occupant précisément sa place. »

— Ainsi, *André Cornélis* est un Hamlet moderne?

— Je ne m'en cache pas. Jusqu'à présent, la plupart de mes livres ne renferment guère que des luttes entre diverses passions, abstraction faite des événements. Vous connaissez mon esthétique et mes procédés de composition. On me fait une réputation de pessimiste que je ne mérite guère. Je ne suis pas un pessimiste; je suis un « analyste », ni plus ni moins. Mes livres sont des planches d'anatomie intellectuelles. Le roman « d'observation » que nous avons aujourd'hui — et dont je ne nie pas les mérites — n'est pas mon fait, voilà tout. Je crois seulement qu'il y a une place dans notre littérature pour le roman de Stendhall et de Benjamin Constant.

» Dans *André Cornélis,* j'ai essayé pour la première fois d'étudier une action dramatique avec mes moyens ordinaires. C'est un drame vu au microscope, si vous voulez.

» J'ai essayé — la critique et le public diront si j'ai réussi — de démonter pièce à pièce et jusqu'aux plus petits ressorts cette machine psychologique qu'on appelle un crime. J'ai choisi exprès une trame de roman-feuilleton, de gros effets bien vulgaires, pour y porter le scalpel de l'anatomiste et en déterminer les causes initiales, infinitésimales. Et voilà mon roman. »

Je ne voudrais, pour rien au monde, dépasser la pensée de M. Paul Bourget, ni l'atténuer en aucune façon, dans cette profession de foi rapportée de mémoire. Mais je crois avoir bien retenu, sinon la lettre, du moins le sens exact de ses paroles. M. Paul Bourget, pour user comme lui d'un terme scientifique, fait, à proprement parler, de l'histologie littéraire. Il recherche les causes de nos actions jusque dans les cellules qui forment le tissu du cœur humain, en quoi il va beaucoup plus loin que Beyle. Il est d'ailleurs autrement doué au point de vue de l'art. Parmi les contemporains, nous le rapprocherions volontiers de Léon Tolstoï et de quelques autres romanciers russes, si à la mode en ce moment.

IV

Chez M. Alexandre Dumas. — L'histoire de « Francine ». — Une première à sensation. — Pas de thèse ! — Sujet scabreux. — Sauvé par les femmes.

15 janvier.

La scène représente le vestibule d'un hôtel somptueux, avenue de Villiers. Courant d'air au fond. A droite, premier plan, la statue de Dumas Ier, en bronze. qui me regarde et me sourit. A gauche. une grande porte vitrée. défendue par un sévère domestique dont je m'approche respectueusement :

— M. Alexandre Dumas, s'il vous plaît.

— Il est sorti.

— Naturellement! — Voulez-vous lui passer ma carte?

Ahuri, le domestique sévère, prend le carré de Bristol que je lui tends. y jette un regard dédaigneux. et disparaît sans ajouter un mot. Deux minutes s'écoulent. Le domestique reparaît. mais, dans la coulisse, il a perdu son arrogance :

— Si monsieur veut se donner la peine de passer au salon...

Changement de décor. Je reste seul, au milieu des fauteuils, canapés, poufs, crapauds, vis-à-vis, tête-à-tête, coussins brodés, toutes les merveilles de l'ameublement moderne; et j'en profite pour examiner à mon aise les tapisseries de haute-lice, les tableaux, les terres cuites, les marbres, les bronzes et les mille bibelots d'art qui encombrent la vaste pièce bien connue du Tout-Paris. Ma curiosité va des uns aux autres, un peu au hasard, sans se presser, et je tombe en arrêt devant une superbe figure taillée dans le Paros par le statuaire Adrien Gaudez.

— C'est la nymphe Écho, me dit Alexandre Dumas, qui me surprend en pleine admiration. Une de mes plus belles choses.

— Cela ressemble joliment à un chef-d'œuvre.

— Vous pourriez dire que c'en est un — et vous ne seriez pas le premier. Vous aimez la peinture?

— Je l'adore, mon cher maître, mais j'aime aussi la littérature et le théâtre, et précisément je venais...

— Je veux vous montrer un Corot.

— J'en suis enchanté, si ce n'est pas un Trouillebert. On n'est jamais sûr de rien en ce monde! Je disais donc que je venais pour...

— Pour me parler de *Francine*? (1).

— On ne peut rien vous cacher.

M. Alexandre Dumas fait une moue terrible; il

1) La pièce de M. Alexandre Dumas qui a obtenu un si grand succès à la Comédie Française sous le nom de *Francillon*, devait primitivement s'appeler *Francine*.

fronce le sourcil : décidément il est furieux ! Non,
son visage s'éclaire d'un bon sourire : sa mauvaise
humeur s'évanouit soudain, et déjà il n'y paraît
plus.

Je connais peu d'hommes aussi séduisants que
M. Alexandre Dumas : s'il veut être aimable, personne ne lui résiste. Dans la conversation, c'est un
perpétuel feu d'artifice, un pétillement d'étincelles
qui jaillit naturellement par le choc des idées : un
papillotage de mots pittoresques, d'adjectifs éblouis-
sants, de phrases courtes, à l'emporte-pièce, d'expres-
sions drôles ; un mélange bizarre d'esprit et d'humour, qui vous conquiert avant de vous convaincre
et ne cesse de vous tenir sous le charme où il vous
place d'abord.

Pendant vingt bonnes minutes, j'ai savouré ce ré-
gal de l'entendre parler, sans songer un seul instant
à l'interrompre. Que n'ai-je sténographié ses paroles ! Je vous les servirais toutes chaudes et encore
vous y perdriez, car vous n'auriez ni sa voix ni ses
gestes, ni ces finesses et ces malices du regard qui
soulignent un trait et l'aiguisent en quelque sorte.
Je dois donc me borner à vous offrir, de ses idées, le
commentaire succinct et dépouillé d'ornements.

L'histoire de *Francine* est bien simple. Une jeune
femme, du meilleur monde, qui adore son mari,
lui a juré dans son cœur et devant M. le maire
une éternelle fidélité, à la condition expresse que
cette fidélité serait partagée et réciproque. Sinon,
non ! Francine ne plaisante pas là-dessus. Coup de
canif pour coup de canif. Si monsieur trompe madame, madame trompera monsieur.

Et c'est précisément ce qui arrive. L'adultère du mari est découvert par la femme et le lendemain, elle vient froidement lui annoncer son propre adultère. Le mari refuse d'y croire d'abord. Elle est folle : elle veut l'éprouver. Mais la femme insiste et finit par le persuader. Alors il devient fou à son tour :

— Le nom de votre amant, madame ! Son nom, je le veux !

— Je l'ignore. J'ai pris pour amant le premier venu, un monsieur qui passait. Qu'importe !

La situation légèrement scabreuse, amène une scène qui, je le crois, produira un grand effet au théâtre, celle où le mari va consulter son propre père, lequel lui tient ce raisonnement assez logique :

— Que veux-tu que je te dise, mon garçon ? Tu n'as que ce que tu mérites, si ta femme t'a réellement trompé ; mais je ne le pense pas. Et puis, tu parles beaucoup de sa faute qui n'est pas prouvée et tu ne dis rien de la tienne, indéniable cependant. Si nous en causions un peu, pour changer.

La situation paraît insoluble. Le mari, dans le doute affreux, ne peut plus vivre. La femme ne démord pas de ses affirmations et pourtant, à la fin, tout s'arrange. Comment ? La critique dramatique nous le dira.

M. Alexandre Dumas, en composant *Francine*, n'a pas voulu soutenir une thèse, mais seulement étudier un caractère de femme, bien moderne et plus commun qu'on n'imagine. Néanmoins, par la force des choses, il a été amené à émettre certaines idées morales et philosophiques qui soulèveront bien des discussions, pour et contre.

L'interprétation sera très remarquable. comme toujours à la Comédie-Française. et Mlle Bartet obtiendra, sans doute, un éclatant succès. puisque l'auteur y compte — et moi aussi.

Celui de la pièce paraît assuré.

— La représentation sera peut-être un peu houleuse, me dit Alexandre Dumas en me reconduisant, mais l'élément féminin me défendra, je l'espère ; et vous savez que les femmes sont braves.

— Soyez tranquille, mon cher maître. Dans ce cas, la bataille est à demi gagnée avant le lever du rideau.

V

**Une séance de graphologie. — Les secrets de l'é-
criture. — Opinions d'Aristote, de Démétrius de
Phalère, de Suétone, de Shakespeare, de Gœthe
et de George Sand. — Emilie de Vars et l'abbé
Michon. — Conseils pratiques.**

23 janvier.

Il y a. au coin de la rue Victor-Cousin, place de
la Sorbonne, un café d'honnête apparence dont la
clientèle, composée en grande partie de professeurs
et d'étudiants rassis. contraste par ses habitudes
paisibles avec la tourbe hurlante et tapageuse qui
remplit les établissements voisins. S'il vous arrive
jamais d'y entrer prendre un bock. vous y verrez des
consommateurs graves qui jouent supérieurement le
whist ou fument leur pipe lentement, majestueuse-
ment, avec la conscience tranquille de gens qui ont
bien rempli leur journée. tout en échangeant des
aphorismes philosophiques et des réflexions con-
gruentes sur les événements de la veille.

Ce café, qui ressemblerait en somme à pas mal de
cafés, possède une originalité incontestable en ce

sens que le patron, M. A. Manvieu, est un graphologue expert, capable de vous dire, à la simple inspection d'une écriture, la nature, les instincts, les goûts, les aptitudes, les facultés, les passions, l'esprit et le caractère de la personne qui le consulte.

Je n'exagère pas le moins du monde : j'en ai fait l'expérience hier, et comme M. Manvieu, en véritable apôtre, exerce pour l'amour de l'art, il est permis aux incrédules de se rendre un compte exact de ce que j'avance, en allant, en personne, lui rendre visite.

La graphologie d'ailleurs n'est pas d'invention moderne. Aristote — pour ne pas remonter plus haut — enseigne « que le discours signifie la conception de l'âme et que l'écriture rend le discours et la conception. »

— Vraiment, monsieur, Aristote dit cela ?

— Oui, monsieur, dans son chapitre des chapeaux.

Démétrius de Phalère, — quelle érudition ! — affirme, en outre, que « la lettre rend l'âme. »

L'historien des douze Césars, Suétone, remarque qu'Auguste « ne sépare pas les mots, qu'il ne transporte pas à l'autre ligne les lettres qu'il a de trop à la fin des vers, mais qu'il les place de suite au-dessous et les entoure d'un trait », ce qui, en bonne graphologie, indique l'ordre, l'économie, un esprit prévoyant et soigneux, qualités qui se rapportent admirablement à Auguste.

M. Manvieu invoque encore l'autorité de Shakespeare qui répétait volontiers : « Donne-moi de l'écriture d'une femme et je te dirai son caractère ! » Mais

Shakespeare, très malin, a gardé pour lui son procédé avec la manière de s'en servir.

Ce fut un Italien, Camillo Baldo, professeur à l'é-
cole de Bologne, qui publia le premier, vers 1622, un
*Traité : Comment par une lettre missive se reconnaissent
la nature et les qualités de l'écrivain;* mais c'est de nos
jours avec l'abbé Flandrin, aumônier de l'Ecole normale supérieure, avec Mme Émilie de Vars et surtout
avec l'abbé Michon, que la graphologie, basée sur
l'expérience, s'est définitivement établie à côté des
autres sciences physiques.

Car nous ne sommes plus ici dans le domaine de
la fantaisie déséquilibrée des spirites. Nous nous
trouvons en face de faits probants, ou simplement
curieux, mais toujours indéniables.

Par la concordance absolue de milliers d'exemples
choisis au hasard, l'abbé Michon, dans son traité qui
synthétise toute la science, est arrivé à formuler des
lois que les adeptes considèrent comme aussi justes
et aussi invariables que celles de la pesanteur.

Je puis vous en citer quelques-unes :

La liaison des lettres ou leur séparation sont des
signes non équivoques de raison et de bon sens.

La sensibilité se reconnaît à l'inclinaison de ces
mêmes lettres : lorsqu'elles sont couchées, c'est la
passion débordante et tumultueuse qui anime la personne qui écrit.

Pour mes lectrices, j'ai noté que la coquetterie se
trahissait infailliblement par un penchant à tortiller
les lettres ; la vanité par des lettres grosses et larges ; la franchise, par les mots de hauteur égale ;
une nature affectueuse par des o et des a ouverts ;

la douceur, par l'écriture arrondie et contournée ; la constance, par la rectitude des lignes.

L'égoïsme se reconnaît surtout aux majuscules recroquevillées : l'horrible jalousie étant une nuance de l'égoïsme, présente les mêmes signes graphologiques mélangés avec ceux de la puissance affective.

Si les t sont barrés et massués, la volonté doit être vive et résolue : les lettres lourdes, très appuyées proviennent d'un esprit épais, matériel, sensuel, tandis que l'écriture fine, élégante appartient sans conteste aux idéalistes.

Il est bien entendu que ces divers caractères, pour être affirmatifs, doivent porter sur un certain nombre de remarques et que souvent les signes se contredisent, s'annulent ou s'atténuent les uns les autres. Il faut savoir tirer leur résultante, ce qui semble assez délicat tout d'abord ; mais avec la méthode de l'abbé Michon et un peu d'expérience on y parvient très vite.

Je ne sais pas jusqu'à quel point la science de l'écriture est susceptible de se développer. Gœthe y attachait une importance énorme, et notre grande George Sand en fut préoccupée toute sa vie.

Aujourd'hui, la graphologie excite autant de curiosité, qu'il y a trente ans, la phrénologie et la chiromancie révélées par Desbarolles. Je lui souhaite un plus long et un plus durable succès.

VI

A travers le monde. — Paris qui danse. — Dîners et réceptions. — Les jeudis de Mme Alphonse Daudet. — Un grand salon littéraire.

28 janvier.

Après le bal de l'Opéra, la saison d'hiver bat son plein, si j'ose m'exprimer ainsi. Dîners et soirées se succèdent, se multiplient dans les deux faubourgs aristocratiques où les fenêtres des hôtels flamboient jusqu'à six heures du matin et où les équipages de gala stationnent en interminables files. Partout les violons résonnent sous les lambris dorés ; les lustres et les girandoles, ruisselant de clarté, scintillent à travers la guipure des rideaux comme des milliers d'étoiles et de chaque côté des larges portes cochères, une haie de laquais, chamarrés superbement, reçoivent les invités qui descendent de voiture, les hommes en habit, les femmes en toilette de bal, les épaules nues, protégées par les mantelets de satin, garnis de fourrures ou de dentelles.

Bien banales au fond, ces réceptions mondaines et un peu monotones, avec leur luxe apprêté qu'on retrouve tous les soirs, sur l'une ou l'autre rive, et que la riche bourgeoisie emprunte à la noblesse ! Pas toujours amusants ces dîners de cérémonie où

l'on mange du bout des dents, ces soirées du high-
life où l'on bàille derrière un éventail en attendant
la traditionnelle tasse de thé !

Combien se font rares les salons où l'on cause, —
comme on savait causer autrefois, — avec esprit,
simplement, sans pose, sans prétention : où les hommes et les femmes ne forment pas deux camps ennemis qui se regardent en chiens de faïence : où l'on
ne subit point ce supplice qu'on appelle un concert
d'amateurs et où le monologue stupide n'a jamais eu
ses entrées !

Il en reste deux ou trois à Paris, peut-être quatre,
parmi lesquels le plus recherché est sans contredit
celui de Mme Alphonse Daudet qui vient de reprendre, la semaine dernière, ses réceptions si suivies du
jeudi.

C'est un véritable événement dans le monde des
artistes et des littérateurs qui fréquentent son joli
salon de la rue de Bellechasse, car Mme Alphonse
Daudet n'est pas seulement la plus exquise et la plus
gracieuse des maîtresses de maison, on l'apprécie
encore comme une femme de goût, écrivain délicat,
raffiné, dont la conversation offre la séduction et le
charme des pages délicieuses qu'elle a signées dans
l'*Enfance d'une Parisienne* ou dans les *Fragments
d'un livre inédit*.

Aussi, tout ce qui porte un nom illustre, tout ce
qui touche de près ou de loin à cette aristocratie
intellectuelle, qui peu à peu détrône l'autre, l'ancienne, démonétisée aujourd'hui, se presse à ces
soirées *selected* où j'ai coudoyé la fine fleur et le dessus du panier de nos gloires.

2

MM. Barbey d'Aurévilly, Théodore de Banville, Leconte de Lisle, François Coppée, s'y rencontrent avec MM. Émile Zola, Hennequin, Huysmans, Paul Alexis, Henri Céard, Guy de Maupassant, J. H. Rosny, Paul Bonnetain.

Des journalistes, MM. Aurélien Scholl, Henri Fouquier, Philippe Gille, Albert Wolff, Gustave Geffroy, Toudouze, Charles Martel, s'y croisent avec des critiques comme MM. Brunetière, Ganderax, Jules Lemaître, Léon Pillaut, Adolphe Brisson, avec des savants comme le docteur Charcot, avec des ministres comme M. Lockroy, avec des éditeurs comme MM. Charpentier et Lemerre, avec des peintres comme MM. Stevens, James Tissot, Louis Montegut, José Belon, *e tutti quanti.*

Quand on y fait de la musique, ce qui arrive souvent, c'est Massenet qui tient le piano avec sa maestria accoutumée et qui chante d'une voix légèrement meurtrie — une voix de compositeur — quelques mélodies encore inédites ; ou bien Raoul Pugno, en véritable virtuose, traduit pour le plaisir de tous, un passage inconnu des grands maîtres, de Wagner ou de Berlioz, ou fait applaudir une de ces rapsodies hongroises importées par les Tziganes et qu'il exécute à la perfection.

On entoure beaucoup M. Edmond de Goncourt qui compte si finement de si jolies anecdotes et le maître de la maison, M. Alphonse Daudet, qui exagère son accent du Midi pour parler de *Numa Roumestan,* sa nouvelle pièce de l'Odéon.

Car le Midi, comme partout, domine quelquefois dans ce salon si parisien, et l'élément pro-

vençal y tient toujours beaucoup de place. Je me
rappelle encore la fête que l'on y donna, en l'honneur de Mistral, lors de son dernier voyage à Paris.
Troun de ler! Ce soir-là, les gens du Nord n'eurent
qu'à se bien tenir ou à se laisser gagner par l'enthou
siasme des autres.

Le poète de *Mireille* ne dit pas seulement ses vers,
il les chanta, à pleine voix, sans se faire prier, comme
chez lui, en Avignon ou à Maillane, et au refrain,
tous ses compatriotes présents reprirent en chœur :
Sus la montagno, manja dé castagno, etc., ce qui valut
à l'un d'eux cette jolie réflexion de Philippe Gille.

— Au fond, le provençal, c'est de l'auvergnat
distingué!

MM. Ernest Daudet, Jean Aicard, Paul Arène —
qui étaient présents — trouveront sans doute cette
appréciation un peu sévère quoique juste; seulement
je ne suis pas bien sûr que M⁻ᵉ Alphonse Daudet
soit tout à fait de leur avis.

L'auteur des *Fragments d'un livre inédit* est une
Parisienne de race, qui rappelle, par certains côtés,
Mᵐᵉ de Girardin, telle que nous pouvons l'imaginer
à travers les souvenirs de nos pères. Mais la célèbre
Delphine ouvrait son salon avec moins d'empressement devant Balzac que devant un duc et pair et se
serait crue déshonorée, si parmi ses invités de marque, se fût glissé un jeune littérateur inconnu et
timide. Mᵐᵉ Alphonse Daudet n'a pas de ces peti-
tesses; je m'empresse de le dire, pour rassurer les
prosateurs en herbe et les poètes de talent, peu
répandus, qui aspirent au très grand honneur de lui
être présentés.

VII

**Autour de « Numa Roumestan ». — Le livre et la
pièce. — Les décors et la musique. — Les accessoires. — Histoire curieuse et lamentable du
véritable Valmajour.**

7 février.

« L'indiscrétion, c'est ma carrière! » disait je ne
sais qui, dans un vaudeville célèbre : et cette phrase
mémorable que j'ai soigneusement retenue, pourrait au besoin servir d'exergue aux notes rapides
qu'on va lire.

Je sors d'une répétition de *Numa Roumestan* (1),
la nouvelle pièce que M. Alphonse Daudet a tirée de
son roman pour le théâtre national de l'Odéon.
Comment je suis parvenu à y assister, par quelle
ruse infernale j'ai su tromper la vigilance de Porel,
au moyen de quels arguments machiavéliques j'ai
capté la confiance d'un machiniste qui m'a prêté sa
casquette et son bourgeron d'uniforme et m'a cédé

1. *Numa Roumestan*, joué à l'Odéon, a remporté le succès
que nous avions prédit.

sa place dans le cintre, c'est ce qu'il serait trop long de vous expliquer. Sachez seulement qu'à la dernière minute j'ai été pincé — à la descente de mon observatoire — par le terrible monocle de l'auteur, et que pris, *flagrante delicto*, j'ai dû jurer de ne rien dire sur la jolie comédie que la troupe du second Théâtre-Français venait d'avoir l'honneur de représenter devant moi.

Serment difficile à tenir, certes, et plus qu'on ne pense, à l'heure où le public avide exige de nous des informations précises, non seulement sur les événements de la veille — la belle affaire ! — mais encore et surtout sur ceux du lendemain. Car, de raconter ce qui s'est passé hier, il n'est rien de plus aisé et le premier venu s'en charge. Mais, parler, au contraire, de ce qui se passera dans huit jours, voilà qui semble moins commun et où éclate le mérite. C'est presque aussi difficile que faire bonne chère avec peu d'argent.

Quand je pense que j'avais résolu ce problème, que j'avais réussi à m'approvisionner de détails piquants et inédits, d'anecdotes légères et croustillantes, sur une actualité de la semaine prochaine et que je dois rester bouche close parce que j'ai donné ma parole d'honneur, j'éprouve un sentiment de dépit qui me portera peut-être à une extrémité fâcheuse. Tous les vrais journalistes me comprendront.

Imaginez, si vous le pouvez, un supplice plus effroyable ! Je sais que la nouvelle pièce de M. Alphonse Daudet, qui sera représentée le samedi 12 février et que tout le monde voudra connaître,

2.

ne ressemble que de très loin au célèbre roman —
que tout le monde connaît. — Je sais que l'auteur,
entre autres choses, a cru devoir supprimer le sympathique Bompard qui tient tant de place dans le livre
et que la tante Portal, dont nous n'avions qu'une
silhouette, est devenue un grand premier rôle que
remplit merveilleusement la drolatique Mme Cros-
nier.

Je sais que le premier acte se passe aux Arènes et
qu'on y entend tous les airs de farandoles connus :
que le second, le troisième, le quatrième et le cinquième acte sont également émaillés de chansons ;
que les décors sont superbes et, quand la scène se
passe en Provence, d'une scrupuleuse exactitude ;
que M. Paul Mounet fera de *Roumestan* une création
hors ligne : que Mlle Cerny est adorable en petit
mitron et qu'elle chante à ravir le duo de *Mireille*.

Je sais que M. Alphonse Daudet ne néglige même
pas les accessoires et qu'il prévoit tout, à ce point
qu'un de ses interprètes devant fumer la pipe, il
vient de lui acheter un lot entier de « marseillaises »
avec la marque de fabrique si recherchée des véritables amateurs.

Je sais encore beaucoup de choses que je ne
peux pas dire. Non, je ne le peux pas ! Ainsi, tenez
au troisième acte, il y a, au lever du soleil, une
scène terrible — au petit jour blanc, entre Mme Roumestan et son mari, que je dois passer sous silence.
Après la fête de la nuit, dans l'appartement dévasté
par la farandole finale et encore en désordre, cette
explication matrimoniale vous glace d'effroi. Numa,
le bon Numa, devient un homme violent, grossier ;

il menace sa femme qui lui tient tête, froide. implacable. hautaine, mordante, sarcastique, et qui l'abandonne à son repentir, à son désespoir, au milieu de son salon en déroute, dans la maison, désormais vide.

Et je ne dois pas davantage raconter l'épisode du cinquième acte. où le tribun, du balcon de la tante Portal, harangue ses concitoyens en délire. Ah ! si je n'avais pas juré !

Par exemple. Valmajour m'appartient. Valmajour le tambourinaire, dont le flûtet strident égrène tout le long du drame ses notes aigres, suraiguës, qu'accompagnent les ronflements sonores de la peau d'âne. Valmajour a existé. C'est M. Alphonse Daudet, lui-même, qui m'a conté son histoire.

« Le véritable Valmajour. m'a dit l'auteur de *Numa Roumestan*, était. à Draguignan. le chef de la musique municipale. Il s'appelait Buisson. Pourquoi vint-il à Paris chercher fortune ? je l'ignore. Mais, je le vois encore, tombant chez moi, à sept heures du matin, en hiver, un jour de brouillard, avec une lettre de Mistral dans une main et dans l'autre son *tutu-panpan*, pour tout bagage. Il voulut, bon gré mal gré, me montrer son savoir faire et me donna aussitôt une aubade qui réveilla toute la maison.

» J'eus l'imprudence de lui promettre mon appui et dès lors il s'installa à ma porte. Quand je sortais, il m'emboîtait le pas : il me suivait partout. Je m'occupais de lui. cherchant à le caser et n'y parvenant guère. A la fin, cependant, je le fis débuter, non sans peine, et j'obtins pour lui quelques réclames

dans les journaux. Et quand, par hasard, on refusait
d'insérer son éloge, il s'en prenait à moi et devenait
féroce :

— Eh! bé! elle ne passe pas cette note? Il est
propre votre ami!

« Ce fut un vrai cauchemar!

» Le plus drôle, c'est que j'avais dû lui apprendre
moi-même les airs provençaux qu'il ne connaissait
pas, les *Noëls de Saboly*, la *Marche de Turenne*. Auparavant, il ne jouait que les *Pantins de Violette*.
Comme couleur locale, c'était peu !

» Heureusement qu'un *impresario* étranger ne
tarda pas à m'en débarrasser. Buisson partit pour
l'Angleterre, l'Amérique, que sais-je? Pendant longtemps, il m'envoya les journaux qui parlaient de lui,
mais depuis la guerre j'ai perdu sa trace. »

Je ne pense pas que M. Alphonse Daudet ait gardé
l'espoir de la retrouver : le *Valmajour* de l'Odéon
lui suffit amplement et à nous aussi. Il possède
un tout autre talent que l'ancien tambourinaire. On
le verra bien le jour de la première, où il fera sensation, sans nul doute, mais une fois de plus : soyons
discret !

VIII

**A travers les ateliers. — Intérieurs d'artistes. —
Chez le peintre Roll. — Un tableau militaire. —
Le portrait de Mᵐᵉ Jane Hading.—Aventure scan-
daleuse de Pasiphaé.**

10 février.

Avant le Salon de 1887, qui s'ouvrira le 1ᵉʳ mai,
comme à l'ordinaire, rien ne m'a paru plus intéressant qu'une promenade artistique à travers les ateliers de peintres et de sculpteurs, et j'ai commencé
hier ce pèlerinage d'un nouveau genre dont je vous
rendrai compte dans une série d'articles.

J'ai commencé hier parce que le temps presse. Les
envois au Salon seront terminés le 15 mars, délai de
rigueur. Il faut donc se hâter, si l'on veut surprendre
en pleine activité, dans le coup de feu de la dernière
heure, les maîtres chez qui j'ai l'intention de vous
introduire et que je vais vous représenter, en tenue
de travail, la palette ou l'ébauchoir au poing. Car
c'est dans l'atelier, au milieu des essais informes, des
ébauches incomplètes, devant les œuvres inachevées

qu'on devine et qu'on étudie le tempérament d'un artiste. sa nature. son esthétique. C'est dans la vie intime. dans les habitudes journalières, dans les mille détails qui constituent le cercle familier. que se dévoilent les efforts. les tendances, les préoccupations. les goûts. On pénètre tous les secrets du métier ; on s'assimile la facture : on assiste à l'élaboration lente et souvent pénible du tableau ou de la statue qu'on admirera demain : on connaît leur histoire. leurs transformations successives : on en a visité les dessous, et de ces investigations préliminaires jaillit une clarté qui guide votre jugement et vous aide à comprendre quand l'œuvre vous apparaît enfin dans sa forme immuable. J'ose espérer que tout le monde sera de mon avis. et, sans m'attarder plus longtemps, je me mets en route.

Qui n'a pas vu l'atelier de Roll. rue Brémontier, n'a rien vu ! Figurez-vous un hall immense. un garage monstrueux où les toiles de dix mètres carrés évoluent à leur aise. où les chevalets sont remplacés par des échafaudages, où l'œil contemple, à des hauteurs inaccessibles. des pochades grandioses. des cartons gigantesques. premiers essais d'œuvres bien connues : un atelier où manœuvrerait une armée de modèles, où l'artiste. à différentes époques. a pu copier, d'après nature. une charretée de charbon, des pierres de taille. des poutres, et où l'on trouve aujourd'hui des armes de toute espèce. des appareils de télégraphie optique. des capotes d'officiers et de soldats. des pantalons rouges, des képis, et jusqu'aux objets les plus disparates et les moins importants de l'équipement militaire moderne.

Du grand vitrage qui sert de toiture, le jour tombe
en nappes claires sur les murs simplement blanchis
à la chaux. Pas de tentures, de tapis ni de bibelots,
pas de luxe intempestif dans ce sanctuaire du travail
où rien ne trouble la pensée qui se concentre. Dès
en entrant, on y respire la paix, le calme et le re-
cueillement qu'on éprouve dans ces églises de village
si doucement silencieuses. On se croirait loin de
Paris, dont la grande rumeur vient mourir à la porte,
si par une baie latérale on n'apercevait la masse ver-
dâtre et irrégulière que forment les talus des fortifi-
cations.

Le peintre Roll est cependant un Parisien attaché
à sa ville. Il l'aime comme un fils et nul mieux que
lui n'en a rendu les côtés pittoresques. Qui ne se rappelle ce merveilleux tableau si clair, si gai, si lumineux représentant la *Fête du 14 juillet sur la place de
la République* et qu'il exposa au Salon de 1882? Ou
encore — en 1885 — ce *Chantier de Suresnes*, d'un
réalisme si sincère, si attachant et si ému?

Car il y avait de l'émotion dans cette composition
titanique et brutale. J'insiste sur ce point, parce que
d'aucuns — et des mieux intentionnés — s'y sont
mépris. On n'a voulu admirer sincèrement que les
qualités de facture, l'habileté de l'ouvrier, et on a
nié l'artiste. Beaucoup ne voient encore dans ses
œuvres que le « morceau » supérieurement peint.
Ceux-là le connaissent mal. Il suffit de regarder
l'homme pour s'en convaincre.

Une tête fine — qui aurait tenté le pinceau de Van
Dyck — sur un corps d'athlète. Des épaules larges,
puissantes, des muscles qui saillent de toute part et

des extrémités aristocratiques qui révèlent la race.
L'œil est bleu, le regard profond, très doux, presque
rêveur. La parole lente, mesurée au début, se presse
peu à peu, s'anime dans la conversation et s'échauffe
quand on discute les questions d'art qui le passion-
nent.

Il professe, en peinture, les idées que Zola défend
au point de vue littéraire. Il partage sa haine du cliché, du poncif et du convenu. Il veut être moderne,
original, en dehors des traditions d'école et des formules. Il peint ce qu'il a sous ses yeux et avant tout
cherche à faire « vivant. »

Comme l'auteur de *Germinal,* il aborde les sujets
les plus vastes et, cette année, il enverra au Palais
de l'Industrie : *Les Grandes manœuvres,* une composition magistrale qui fera sensation. Je me garderai
bien de la décrire, mais si, avec quelque raison, on a
qualifié Zola de poète épique, je déclare tout uniment que Roll est le Zola de la peinture.

Une toile qui sera doublement remarquée — en
1888 seulement — c'est le portrait de Mme Jane Hading, du Gymnase, que j'ai vu hier à l'état d'ébauche.
Celui de Coquelin, que l'artiste entreprendra bientôt, lui fera pendant et j'attends, pour ma part, deux
chefs-d'œuvre.

Avant de quitter l'atelier de la rue Brémontier, j'ai
eu la bonne fortune de revoir cette merveilleuse
Étude de femme, cette *Pasiphaé,* — pourquoi ne pas
lui donner son vrai nom? — qui obtint un si grand
succès à l'avant-dernière Exposition.

Pasiphaé revient d'Amérique, où les Yankees l'ont
déclarée *schoking.* On l'a ramenée l'autre jour à son

propriétaire sur une charrette à bras qui arrivait directement de la gare.

Et au coin de la place du Havre, *Pasiphaé*, qu'on n'avait même pas recouverte d'un voile, ameuta un tel concours de badauds, que la circulation en fut interdite.

Je me demande aussi pourquoi ce superbe tableau n'est pas encore au Luxembourg. Il y a beau temps que je voudrais l'y rencontrer.

IX

**A travers les ateliers. — Intérieurs d'artistes. —
Ceux qui n'exposent pas au Salon. — Le statuaire
Rodin (1). — La grande sculpture. — Histoire d'un
buste par Henri Rochefort.**

16 février.

Ayant à parler d'un sculpteur, aujourd'hui, si je
vous disais que c'est le Michel-Ange du dix-neuvième siècle, vous croiriez peut-être que j'exagère, et
cependant vous auriez tort. Consultez, en effet,
n'importe quel artiste — excepté quelques membres
grincheux de l'Institut — et demandez-lui de vous
déclarer sincèrement quel est le plus grand statuaire
français, à l'heure actuelle ? Si l'artiste consulté ne
vous répond pas aussitôt : c'est Rodin, je consens à
relire tous les matins, pendant un an, le dernier
discours de M. Hervé à l'Académie.

(1) Par décret du président de la République publié récemment au *Journal officiel*, le statuaire Rodin a été fait chevalier de la Légion d'honneur.

Entendons-nous bien. Je ne prétends pas que Rodin soit le seul grand statuaire moderne. J'en connais d'autres que je vous présenterai un jour : Dalou, Aubé, Frémiet, Adrien Gaudez, Falguière. qui ont un immense talent. Mais je dis que Rodin reste leur maître, sans croire les rabaisser beaucoup.

Je dois ajouter que le public, en général, connaît à peine le sculpteur dont je parle, et que son nom même ne se rencontre guère sous la plume autorisée de MM. les Critiques d'art qui, pour la plupart, l'ignorent. Voici pourquoi :

A tort ou à raison, depuis quelques années, un certain nombre d'artistes, peintres et sculpteurs, redoutant la cohue des salons officiels où monte le flot toujours grossissant de la médiocrité, hésitent à y exposer leur œuvre. Ils préfèrent se tenir à l'écart et attendre tranquillement chez eux que la gloire les visite. Ou bien, ils organisent des expositions particulières — comme celles de Meissonnier ou de Munkacsy — et y convient seulement les amateurs que leur genre de talent intéresse.

Dans ces conditions, la popularité doit être lente à venir, si elle vient jamais, surtout lorsque l'artiste, loin de la rechercher, se dérobe, pour ainsi dire, à toute espèce de réclame. C'est le cas du statuaire Rodin, chez qui je vais vous introduire, — en dépit de lui-même; car il est temps de violenter sa modestie extraordinaire et de lui prouver, bon gré mal gré, que personne en France ne doit avoir du génie *incognito*.

Rue de l'Université, tout près du Champ-de-Mars, dans une grande bâtisse qu'on appelle le *Dépôt des*

Marbres, se trouve l'atelier du sculpteur qui me reçoit très gracieusement. parce qu'il ignore encore jusqu'à quel point je pousse l'indiscrétion professionnelle.

Le sculpteur Rodin peut avoir quarante ans. Il est mince, distingué, un peu raide d'allure. Sa barbe blonde et son lorgnon lui donnent l'air anglais, au premier abord. Mais on s'aperçoit vite, dans la conversation, qu'on se trouve en face d'un vrai compatriote, d'un Français et même d'un Parisien de Paris. ce qui est plus rare.

Il me montre avec complaisance les moulages, les terres, les cires, les bronzes qui encombrent la vaste salle et me voilà émerveillé. Chaque figure. chaque groupe se dispute mon admiration. Il y a des morceaux qu'on ne se lasserait jamais de contempler et des ébauches qu'on voudrait revoir encore quand déjà d'autres vous attirent. Chacune mériterait une étude approfondie. une critique à part qui m'est interdite, et devant cette affluence de chefs-d'œuvre, je recule, comme à Waterloo le vieux grenadier. qui disait en regardant l'ennemi en face : « Ils sont trop ! »

Rodin a la grâce et il a la force. Il fait du grand, du nerveux. du poignant, du tourmenté, du tendre, du délicat, de l'élégant et du sublime. Rapprochez ces figures du *Précurseur* et de l'*Age de Pierre* qui sont au Luxembourg, de ce groupe : *Paolo et Francesca* qui fut exposé chez Georges Petit, et vous aurez la synthèse de son art. Mais il m'en a donné lui-même la formule :

« La sculpture, m'a-t-il dit, peut et doit exprimer

tous les sentiments et même les nuances des sentiments ! »

Il le prouve surabondamment avec ses œuvres.

Rodin travaille à deux grandes compositions qui.
à elles seules, le rendront illustre. La première est
une entreprise colossale qu'il a menée à bien et que
le public pourra, cette fois, admirer à son aise à
l'Exposition universelle de 1889. C'est la porte de
bronze destinée au palais des Arts décoratifs, dans
laquelle l'artiste a fait entrer une vision géniale de
l'*Enfer* du Dante. J'ai promis de ne pas la décrire
mais, à dire d'expert, cette porte égalera la splendeur du baptistère de Florence, par Gibberti, que
Michel-Ange appelait la porte du Paradis.

La seconde composition est un groupe représentant *les Bourgeois de Calais* apportant les clefs de leur
ville au roi d'Angleterre. Eustache de Saint-Pierre
et ses compagnons ont inspiré à l'artiste une œuvre
immortelle que le monde entier nous enviera.

Ces immenses travaux que le statuaire Rodin mène
de front ne l'empêchent pas de mettre la main à des
œuvres de moindre importance qui portent toutes
l'empreinte de sa force. On se rappelle avoir vu. au
Salon, les bustes de Victor Hugo et du sculpteur Dalou.

Il avait commencé dans le temps celui de M. Henri
Rochefort, et c'est peut-être le seul qu'il n'ait pas
terminé. Pourquoi? Demandez-le à l'auteur de la
Lanterne, il vous répondra ceci :

« Quand Rodin faisait mon buste, il venait chez
moi. tous les matins. vers onze heures. Nous mon-
tions à l'atelier, il posait une boulette de terre et
nous allions déjeuner.

» Après déjeuner, nous remontions à l'atelier, nous causions un moment. Alors, Rodin enlevait la boulette — très sérieusement — et il s'en allait, pour recommencer le lendemain. Cela aurait pu durer longtemps, et nous avons interrompu les séances. »

La version du directeur de l'*Intransigeant*, plus spirituelle que juste, diffère un peu de celle que m'a donnée l'artiste. Je n'insiste pas. J'ai vu hier le buste en question et je ne puis dire qu'une chose, à M. Henri Rochefort : Qu'il se rappelle son aventure avec Manet !

X

**Le naturalisme au théâtre.— Le « Ventre de Paris ».
— Autour de la pièce. — Chez M. Émile Zola. —
Les idées de l'auteur.**

18 février.

Décidément le naturalisme triomphe! Ces jours-ci,
le nom de M. Alphonse Daudet était acclamé, à
l'Odéon, par un public enthousiaste, et, ce soir
même, on se pressera pour aller applaudir celui de
M. Émile Zola, à l'ancien théâtre de feu Ballande, où
sera représentée la pièce que M. William Busnach a
tirée du célèbre roman : le *Ventre de Paris*.

Avant la première, j'ai voulu savoir l'opinion de
l'auteur de *Germinal*, dont on connaît depuis longtemps les théories d'art dramatique, sur le travail
de son collaborateur habituel, et, hier matin, je
frappai à sa porte. M. Émile Zola habite rue de
Boulogne, ou plutôt rue Ballu, puisque M Mesureur
le veut ainsi, une maison de belle apparence dont il
occupe deux étages quand il est à Paris, car per
sonne n'ignore qu'il passe à Médan les trois quarts
l'année.

Pour arriver jusqu'à lui, je franchis un concierge, une cuisinière et une femme de chambre, échelonnés savamment le long de l'escalier, comme des travaux de défense, pour interdire aux intrus l'accès de l'écrivain, et après des pourparlers où je déploie, sans me vanter, le talent d'un vrai diplomate, on m'introduit enfin dans le cabinet du maître, dans l'officine mystérieuse où s'élaborent les chefs-d'œuvre, l'usine où se forgent les colosses d'airain qui forment la série michelangesque des Rougon-Macquart.

L'illustre romancier me reçoit en me tendant sa main, large ouverte :

— Vous voulez des renseignements sur ma pièce, me dit-il, interrogez-moi ! Je suis très surmené, mais je vous accorde volontiers dix minutes. Allons-y !

Et il s'installe en face du canapé où il m'a fait asseoir, attendant ma première question pour y répondre.

Pendant ce temps, je le regarde.

M. Émile Zola porte si allègrement ses quarante-sept ans qu'on le croirait beaucoup plus jeune. Il a une carrure épaisse, une encolure puissante, des épaules à ne jamais plier sous le plus lourd fardeau, le physique de son tempérament littéraire en somme, de son talent plein de force et de santé. Mais la tête est fine, le regard — un regard de myope — semble chargé d'une buée vague, d'un halo très doux comme on en voit dans les yeux des tout petits enfants. Un grand pli coupe en deux le front large, légèrement dénudé et crispé sous une contraction habituelle. L'ensemble de la physiono-

mie révèle un penseur, un concentré, qui ne se
dépense ni en paroles, ni en gestes, et dont l'exubé-
rance méridionale refoulée avec soin ne se trahit, de
temps à autre, que par un éclat de voix. Il s'exprime
d'ailleurs en peu de mots, dans une langue sobre,
ne dépassant jamais sa pensée et ne disant que ce
qu'il veut qu'on sache. Je lui demande si la pièce de
ce soir sera la mise en pratique de son esthétique
théâtrale, formulée depuis plusieurs années et bien
connu de tous?

— Oui et non, me répond-il. Le *Ventre de Paris*
est une de ces pièces qui appartiennent à ce que j'ai
appelé le genre mixte. Comme l'*Assommoir*, comme
Nana, elle est construite en dehors des formules du
mélodrame mais ne représente pas encore mon idéal
au théâtre. Le public exige qu'on lui fasse certaines
concessions qui sont contraires à toutes mes idées,
et c'est pour cela que je ne signerai pas, une fois de
plus, et que j'ai pris un collaborateur. Quand le
moment sera venu, que l'évolution des esprits me
le permettra sans crainte de me heurter à trop de
préjugés ou de parti pris, alors, soyez tranquille, je
travaillerai seul et je ferai des pièces comme je veux
en faire.

« Dans l'*Assommoir* aussi bien que dans le *Ventre
de Paris*, il y a des scènes qui me satisfont déjà et
que j'endosserai avec plaisir, mais il y en a d'autres
que je réprouve. C'est un commencement, un ache-
minement si vous voulez. Ce n'est pas le but.

» Pour en revenir à celle qui vous occupe, je crois
très sincèrement que le public lui fera un accueil
favorable. C'est une pièce « bon enfant » mêlée de

3.

rires et de larmes, avec des coins pittoresques. Le sujet n'est pas rebattu, quoique choisi dans un milieu aussi populaire que les Halles. Les derniers mélodrames qui représentent des types analogues aux nôtres remontent à 1804 et tournent toujours autour de la fontaine des Innocents. Dans le *Ventre de Paris*, la scène se passe aux dernières années du second empire et, bien entendu, dans les Halles modernes que nous connaissons.

» La pièce comprend sept tableaux, quatre d'intérieur qui marcheront très bien, je pense, et trois autres qui exigent une figuration nombreuse, des accessoires encombrants au milieu desquels les artistes ont assez de peine à évoluer. J'aurais voulu quelques répétitions supplémentaires, mais il fallait passer avant les jours gras et ma foi : au petit bonheur

» Nous avons d'ailleurs de vaillants interprètes, aguerris, un peu usés même, mais qui retrouvent au feu de la rampe toute leur ardeur, comme ces vieux chevaux de bataille que le combat transforme et qui chargent furieusement à la tête des escadrons.

» Je n'ai qu'à me louer, pour ma part, de leur zèle. Pensez que nous les faisons circuler sur la scène à travers des voitures attelées que quelques-uns doivent conduire. A ce propos, Lacressonnière a failli l'autre soir verser dans l'orchestre, mais, aujourd'hui, toutes les précautions seront prises, et le public n'aura rien à craindre. »

Sur les dix minutes qu'il m'avait accordées, une seule me reste, et j'en profite pour souhaiter à M. Émile Zola, auteur dramatique, le succès de M. Émile Zola, romancier.

XI

La succession du docteur Béclard. — M. le docteur
Brouardel. — Réforme de l'expertise médico-lé-
gale. — L'affaire Pel. — La prétendue partialité
des experts. — Différents travaux du docteur
Brouardel. — Son portrait.

20 février.

La succession scientifique du docteur Béclard est
ouverte et la place de doyen de la Faculté de médecine vacante. Parmi les hautes personnalités médicales entre lesquelles les autorités compétentes auront à choisir, se détache le docteur Paul Brouardel.

Certes, nous ne prétendons en rien diminuer ses
honorables compétiteurs. Mais le docteur Brouardel
doit à sa situation de médecin-légiste une notoriété
plus étendue. Dans la plupart des affaires à sensation
qui se sont jugées depuis une vingtaine d'années, il
a été appelé à donner un avis qui pesait d'un grand
poids dans les décisions de la justice, et il ne se passe
guère de semaine, pour ne pas dire de jour, sans
qu'on apprenne que les juges d'instruction l'ont
chargé d'une nouvelle expertise.

Il est impossible de porter plus haut que lui la conscience des devoirs imposés par cette redoutable mission de l'expert judiciaire.

On ne doit pas oublier que Brouardel a été l'initiateur d'une réforme personnelle dans le rôle des médecins-légistes. Jusqu'à Tardieu inclusivement, et même après lui, l'homme de l'art commis par les magistrats à l'examen d'une affaire parlait en oracle et montrait, il faut bien le dire, quelque prétention à l'infaillibilité. L'un d'eux même, qu'il n'est pas utile de nommer, a dû renoncer aux expertises, après deux retentissantes affaires où ses affirmations avaient laissé, même après les condamnations, un doute cruel dans beaucoup de bons esprits.

Le docteur Brouardel s'est montré moins tranchant, et au palais on a eu quelque peine à s'habituer à cette liberté d'examen : juges et jurés, en effet, aimaient à se reposer, dans leurs verdicts, sur les conclusions d'un savant sûr de lui, qui abritait leurs consciences inquiètes d'honnêtes gens derrière une responsabilité nettement acceptée.

Dans le procès Pel, par exemple, à propos de la mort d'Eugénie Buffereau, sa première femme, M. Brouardel expose comment on a trouvé des traces d'arsenic dans le cadavre exhumé, et combat l'explication que donne Pel de cette intoxication. Suivant l'accusé, l'arsenic provient d'un traitement suivi par sa femme.

L'expert discute pied à pied cette hypothèse, en démontre l'inanité ; mais il conclut ainsi :

« Nous ne pouvons nier néanmoins que si Mme Pel a subi un traitement arsenical jusque dans les pre-

miers jours d'octobre 1880, les petites quantités d'arsenic trouvées dans les viscères ne puissent être
considérées comme ayant cette origine. »

Je faisais observer un jour au docteur Brouardel
que, dans l'immense majorité des cas. les experts
étaient les auxiliaires de l'accusation.

— Je vais vous en dire la raison, qui est bien simple. me répondit-il en souriant : c'est que lorsque
nos conclusions sont contraires ou seulement peu
favorables à l'accusation, l'affaire se termine par une
ordonnance de *non-lieu*, et vous n'en entendez pas
parler. L'expert ne paraît donc en public que lorsque ses conclusions sont favorables à l'inculpation.
De là cette présomption de partialité qui pèse sur
lui. »

Au reste. l'éminent médecin a remis à la commission de la Chambre chargée d'étudier la revision du
Code d'instruction criminelle un rapport présenté au
nom de la Société de médecine légale, et qui mo-
difie les expertises dans un sens profondément juste
et libéral, en faisant intervenir. dans le cas de contestations entre experts. une sorte de conseil suprême scientifique. Une commission de ce genre
fonctionne à Berlin sous le nom de *superarbitres*.

On doit encore au docteur Brouardel la réorgani-
sation de la Morgue et de ses laboratoires et services
accessoires destinés à assurer le bon fonctionnement
et la promptitude des investigations médico-légales.

Mais à côté du médecin-légiste. nous trouvons en
lui un hygiéniste de premier ordre. C'est le docteur
Brouardel qui a définitivement résolu la grosse question du salicylage des substances alimentaires et

prouvé que cette opération était nuisible; c'est lui
qui a établi l'innocuité relative des sels de cuivre employés au verdissage des conserves; c'est lui qui, à
la suite de l'épidémie de Pierrefonds, a trouvé le
microbe de la fièvre typhoïde. Enfin, il a rectifié,
dans un beau travail, une théorie erronée sur les
maladies de foie.

D'une taille un peu au-dessus de la moyenne, le
docteur Brouardel porte allègrement ses cinquante
ans. Une incessante activité lui a laissé toute sa
sveltesse de jeune homme. Le regard est vif, clair et
franc : les cheveux presque blancs ainsi que la barbe,
taillée en pointe. A première vue, on éprouve pour
ce grand travailleur une vive et respectueuse sympathie, qui s'accroît encore lorsqu'on entend sa parole
nette, claire, prompte à trouver le mot juste et la
repartie nette et profonde.

Parmi les illustrations de notre corps médical dont
nous sommes justement fiers, on pourra trouve
aussi bien pour cette haute distinction de doyen de
la Faculté. On ne trouvera pas mieux (1).

(1) Cette appréciation a été justifiée par l'événement : le
docteur Brouardel est aujourd'hui doyen de la Faculté de médecine.

XII

A travers les ateliers. — Intérieurs d'artistes. — Le peintre Besnard (1). — La légende du prix de Rome. — Pour l'École de pharmacie. — Influence néfaste de la chimie dans les arts.

23 février.

Tout au bout de l'avenue de Villiers, après avoir dépassé la place de Courcelles et la gare du chemin de fer de ceinture, on trouve, sur la gauche, la rue Guillaume-Tell, où habite le peintre Besnard, à deux pas de Jean Richepin, d'Émile Bergerat, de Roll et de tant d'autres célébrités parisiennes. Ce coin des Ternes est un microcosme artistique. Tous les genres, toutes les écoles y comptent des adeptes, des représentants autorisés, et en cherchant bien, on y découvrirait jusqu'à des membres de l'Institut, mais ils sont rares.

(1) Depuis le 1ᵉʳ janvier 1888, M. Besnard est chevalier de la Légion d'honneur.

Or, dans cette rue qui porte un nom suisse, on distingue bientôt une maison d'apparence hollandaise. Frappez! Une femme de chambre italienne vous ouvrira.

— *Moussu* demande?

— M. Besnard.

C'est un domestique anglais qui prendra votre carte et qui, cinq minutes après, viendra vous dire :

— Volé-vô suivre moâ.

Ne manifestez aucune surprise, vous n'êtes pas au bout de vos étonnements! Vous avez lu dans le catalogue officiel du Salon : Besnard (Paul-Albert), élève de M. Jean Bremond. — H. C. — *né à Paris*, et tout à coup vous vous trouvez en face d'un Américain du Nord, d'un véritable Yankee. C'est le maître de la maison. Qu'on vous parle encore ethnologie et différences de races !

En dépit de son extrait de naissance, le peintre Besnard semble venir en droite ligne de Boston ou de Chicago. Sa taille, au-dessus de la moyenne, ses cheveux courts, sa grande barbe, son costume, ses allures, tout correspond au type bien connu du *gentlemm farmer*, tel qu'on se le représente, élevant des troupeaux innombrables au fond de l'Illinois ou du Texas. Pour ma part, j'aurais juré qu'il arrivait de New-York où il possédait un hôtel somptueux sur la 5ᵉ Avenue, et qu'il avait débarqué en Europe, les poches gonflées de dollars, pour acheter de la peinture. Cinq minutes de conversation avec lui m'ont démontré la stupidité de cette hypothèse.

Mais il me restait une autre idée fausse. Besnard

est un ancien prix de Rome, et j'appréhendais de retrouver dans ses tableaux, ou tout au moins dans ses esquisses, des traces non équivoques de son long séjour dans la Ville Éternelle : j'en ai été quitte pour la peur.

Pas plus que son camarade Comerre — qui fait aujourd'hui des portraits de danseuses — il n'a gardé de son passage à la villa Médicis, ni les errements surannés, ni les préjugés absurdes d'école. Il s'est débarrassé lestement de tout le fatras encombrant des formules conventionnelles ; il s'est affranchi des théories étroites, des procédés mesquins, et son tempérament original et vigoureux a fait éclater les bandelettes dont les grands prêtres de l'art officiel voulaient le ficeler. Qu'il ait eu à lutter pour y parvenir, qu'il ait dépensé beaucoup d'efforts à se ressaisir, à se repêcher dans le courant banal où se noient tant de natures d'artistes, je ne saurais le mettre en doute. Mais je tiens à constater une fois de plus que le prix de Rome n'est point une tare indélébile, s'il n'est pas toujours un certificat de talent.

Nourri de Grecs et de Romains, élevé dans le respect des traditions et des légendes, le peintre Besnard partage en somme, les idées qui commencent à se répandre dans les ateliers modernes. Être de son siècle, peindre ce qu'on voit, dégager le côté artistique des choses que nous touchons, la poésie de la blouse et de l'habit noir, faire de l'histoire d'après nature et laisser au râtelier les défroques bariolées d'un moyen âge plus ou moins fantaisiste, voilà le programme facile à suivre.

Besnard l'applique, en conscience, à ses grandes compositions décoratives comme à ses toiles de chevalet. On se rappelle les panneaux qu'il exposa au Salon et qui ornent le vestibule d'honneur à l'École de pharmacie. Il m'en a montré deux autres qui doivent leur faire face et deux plus petits qui forment le dessous des fenêtres. Ces derniers surtout, dont le sujet allégo.ique : l'*Homme primitif* et l'*Homme moderne* a été imposé à l'artiste, m'ont paru merveilleux.

J'ignore si le public pourra les voir au palais des Champs-Elysées où cette année le peintre enverra une *Étude* de premier ordre. C'est une femme accroupie qui se chauffe devant le feu et dont la chair violacée par le froid se dore de lueurs fulgurantes.

On sait que Besnard se joue de toutes les difficultés et triomphe surtout dans ces oppositions de tons qui naissent de la multiplicité des éclairages. Tout le monde se rappelle le beau tapage soulevé l'an dernier par ce portrait étourdissant qu'on surnomma *la femme Jaune*. Il avait voulu peindre M⁜ R. J. dans cette clarté indéfinissable que donnent les premiers rayons du jour en se mêlant à la lumière chaude des bougies dont la flamme s'allonge et il avait réussi à rendre les plus délicates nuances de ce joli tableau que nous connaissons tous, l'ayant eu plus d'une fois sous les yeux à la fin d'un bal.

Malheureusement, il se produisit un phénomène sur lequel le peintre était loin de compter. Entre l'achèvement du portrait et son exposition, les laques, qui entraient pour beaucoup dans la facture de l'œuvre, ne résistèrent pas et disparurent, fondues pour ainsi dire dans les jaunes. Les chimistes expliquent très bien, parait-il, cet accident qui n'en fut pas moins déplorable. Espérons qu'il ne se renouvellera plus, ô mon Dieu ! Mais l'influence néfaste de la chimie dans les arts était à signaler.

XIII

Les récompenses de la Société de géographie.— Le restaurant des explorateurs. — Un singulier jeune homme. — Une aventure de Petitpierre-Pellion.— Un mot de Brazza.

2 mars.

La Société de géographie vient de décerner ses récompenses annuelles. Parmi ses lauréats. nous relevons les noms de MM. Ch. Rouvier, médaillé pour ses travaux géographiques dans le Congo français: Joseph Martin, pour ses voyages en Sibérie ; Alphonse Aubry, pour ses explorations au Gabon, etc.

Ces noms sont certainement inconnus du public. L'explorateur est. en effet. modeste par profession. Il trouve sa récompense dans ses travaux et, d'autre part, ses longues absences l'empêchent de cultiver cette précieuse camaraderie, qui est, hélas ! un si grand auxiliaire du succès. Aussi, que de dévouements obscurs. que d'héroïsmes ignorés dans cette vaillante phalange des pionniers de la civilisation !

Il y a rue Mazarine un établissement bien curieux. C'est une simple laiterie, une petite boutique peinte en blanc, et qui porte comme enseigne : *Laiterie belge*.

En passant, vous voyez un étroit magasin, avec ses jattes de lait, ses corbeilles d'œufs, et ses mottes de beurre. Si vous êtes initié, vous pousserez la porte du fond, et alors vous trouverez, après la cuisine, une salle un peu sombre dont les fenêtres grillées donnent sur la cour. Au milieu se trouve une table à laquelle se sont assis et s'assoient tous les jours les hommes qui ont échappé aux tempêtes, aux déserts, aux maladies — ou aux hommes.

Pendant vingt ans, M. Maunoir, l'éminent et aimable secrétaire de la Société de géographie, y a pris ses repas. Et c'est lui qui a été le noyau de cette illustre clientèle.

C'est dans ce petit coin perdu et ignoré de la grande ville que se retrouvent les explorateurs après avoir tracé sur toutes les terres du globe leur fertile sillon. Là, on a vu la tête énergique et fine de Brazza, les moustaches blondes et le regard clair de son compagnon de Chavannes, la physionomie austère de Dutreuil de Rhins, son historiographe. Là, se sont rencontrés Jean Dupuis, l'inventeur du Tonkin, un petit homme actif et remuant malgré sa taille un peu replète ; Petitpierre-Pellion, l'explorateur de l'île Haïti, à qui sa haute taille et ses immenses moustaches grises donnent l'apparence d'un colonel de cuirassiers. Mme Dieulafoy elle-même a frappé le sol vermoulu de la salle de ses fines bottines, qui en ont vu bien d'autres.

La première fois que j'ai vu Mme Dieulafoy, j'ai
éprouvé une bien curieuse impression. C'était dans
le cabinet d'un des associés de la maison Hachette:
en entrant, je trouvai ce haut personnage en conversation avec un tout jeune homme, qui portait le ruban rouge à la boutonnière, et je fus vivement surpris de la déférence respectueuse qu'il lui témoignait.
Je me demandais quel prince étranger pouvait bien
être cet adolescent, lorsqu'une présentation fit cesser
le mystère. Le jeune homme était Mme Dieulafoy, si
bien accoutumée au costume masculin qu'elle ne le
quitte plus.

Parmi ces explorateurs, il n'en est pas un qui n'ait
vu froidement la mort de plus près et plus souvent
qu'un vieux général d'armée.

A cinquante-six ans, Petitpierre-Pellion, déjà cité,
passe huit mois sous la tente dans les régions les
plus insalubres de l'île d'Haïti. En proie aux fièvres
paludéennes, dont les accès augmentent de jour en
jour d'intensité et de durée, il poursuit énergi-
quement sa route. Un matin, on soulève les couches
d'ouate qui, dans la pharmacie de voyage, séparaient
les tubes de quinine et d'aconitine. On croyait en
trouver encore au-dessous : on trouve le fond de la
boîte.

Petitpierre-Pellion sent venir l'accès suprême qui
va l'étreindre sans défense. Il donne ses dernières
instructions à ses nègres. On enterrera son corps
dans un lit de cailloux qu'il désigne, et, comme il
porte à la main droite une bague rivée, signe d'iden-
tité, on embaumera cette main dans le tafia, et on
la fera parvenir à sa famille. Ses papiers et ses ins-

truments seront remis au consul à Saint-Domingue. Ces dispositions prises. il se couche pour mourir.

Alors, un de ses hommes, qui l'adorait, saute sur un cheval et part au galop. droit devant lui. cherchant un secours impossible. O surprise, il trouve deux maisonnettes de bois. dont l'une surmontée d'une clochette et d'une croix. C'est le noyau d'une mission fondée là par un ancien aumônier de chasseurs d'Afrique. Le brave homme ne perd pas une minute. Il fait transporter l'explorateur dans sa cabane, le plonge pendant deux heures dans un bain de tilleul. le couche dans son unique couchette. le veille pendant huit jours, et le guérit suffisamment pour attendre les secours venus de Port-au-Prince.

A peine rétabli. Petitpierre-Pellion se remet en route, et vient terminer les relèvements géographiques de la région même où il avait failli mourir!

L'explorateur a une foi. une énergie particulières. Au repos, il est immédiatement repris de la nostalgie du danger, de l'inconnu. Il parle avec la plus grande simplicité de choses qui effrayeraient ou arrêteraient ceux qui n'ont pas, comme lui. le cœur entouré d'un triple airain.

Au retour d'un de ses derniers voyages, j'étais dans la chambre de Brazza tandis qu'il s'habillait.

— Je ne sais quel chapeau je vais mettre, me dit-il. avec ce diable d'eczéma au milieu du front.

— Ni quelle chaussure, répondis-je, car vous marchez avec difficulté.

— Oui, car j'ai eu une petite plaie au pied, en route. et comme la gangrène s'y mettait, j'ai dû couper tout autour avec mon couteau.

« — Sapristi! Ah ça! pourquoi ne mettez-vous pas de gilet?

— Je ne peux pas. J'ai une maladie de foie. Voyez mon côté.

Effectivement. Le flanc droit présentait une effrayante enflure.

— Les petits désagréments du métier, dit-il en souriant. »

XIV

Le monument de Gambetta sur la place du Carrousel. — Chez le sculpteur Aubé. — Intérieur d'artiste. — Le genre « trumeau ». — Une statue de Shakespeare.

3 mars.

Entre autres phrases mémorables — apophthegmes que la postérité ramasse comme les miettes de l'histoire autour des grands hommes — Victor Hugo a laissé tomber, un jour, celle-ci, dont la naïveté apparente et voulue, enveloppe une idée très philosophique :

« C'est déjà un spectacle fort intéressant qu'un mur derrière lequel il se passe quelque chose ! »

Les Parisiens, qu'on accuse de badauder volontiers et qui sont surtout curieux et avides de s'instruire, ont toujours partagé ce sentiment qui, d'ailleurs, me semble excessif. Pour ma part, je me résous difficilement à rester en deçà du mur qui cache quelque chose, et pour voir ce qui se passe derrière, je tenterais au besoin l'escalade s'il n'était beaucoup plus simple de faire un détour.

Je dirai même plus. La vue seule du mur en question m'exaspère, m'irrite. C'est comme un défi jeté à mon envie de tout connaître, avec l'attrait de vaincre une difficulté de plus et il arrive assez souvent que je me pique au jeu.

Mais si l'épreuve se renouvelle, si la tentation devient trop forte, alors, je ne connais plus d'obstacles. Rien ne m'arrête et je ne me donne repos ni trève avant d'avoir atteint mon but.

Cette profession de foi du parfait reporter fera comprendre pourquoi, passant deux fois par jour, en moyenne, sur la place du Carrousel et me heurtant sans cesse aux baraquements qui entourent le monument élevé à la gloire du Gambetta de la Défense Nationale, j'ai cherché, par tous les moyens, à pénétrer dans l'enceinte où les travaux s'exécutent. J'ai voulu savoir ce qui se passait de l'autre côté de cette barrière bariolée d'affiches multicolores, derrière cette porte gardée par une inscription insolente : *le public n'entre pas ici!* et j'y suis parvenu, aidé par le hasard qu'on devrait appeler la Providence des journalistes.

Dans mes pérégrinations artistiques à travers les ateliers, j'ai rencontré précisément le seul homme qui pouvait me renseigner en toute connaissance de cause sur l'état actuel des travaux, étant chargé lui-même de la partie sculpturale. C'est le statuaire Aubé à qui, vous n'en doutez pas, je suis allé rendre visite.

Aubé, que je connaissais depuis longtemps de réputation, travaille à Vaugirard, non loin de son ami Rodin, dans un vaste atelier encombré par les échafaudages qui supportent les colossales figures allégoriques du monument de Gambetta. La statue elle-même et le groupe de soldats qui l'entourent sont terminés et s'exécutent en pierre à la place du Carrousel.

Quand j'arrive à l'atelier de la rue de Vaugirard, l'artiste, perché au haut d'une échelle, est en train de modeler le bras gigantesque d'une Victoire assise sur un lion ailé. A côté de son œuvre géante, Aubé semble minuscule et me rappelle le souvenir très humoristique de *Gulliver*, dans la seconde partie de ses *Voyages*. Cette sensation bizarre persiste malgré moi jusqu'au moment où il descend de son échelle. Alors je reste stupéfait de lui voir reprendre sa taille naturelle, — un peu au-dessus de la moyenne.

Le statuaire Aubé, dans toute la force de l'âge et du talent, est un des artistes les plus fins et les plus séduisants que je connaisse. C'est aussi l'un des plus instruits. Il raisonne de son art avec la science d'un érudit et la sûreté d'un maître. Le succès — un succès éclatant — est venu enfin couronner les efforts dont sa physionomie nerveuse garde encore la trace : mais aujourd'hui comme autrefois, dans la prospérité comme dans la lutte, il reste d'une modestie sans égale et réserve pour lui seul toute la sévérité de son esprit critique. On se rappelle ses derniers envois au Salon, la statue du Dante, celle de Bailly et le triomphe qu'il obtint à l'École des beaux-arts, lors de ce fameux concours pour le monument de Gambetta, où le ban et l'arrière-ban de nos grands sculpteurs étaient représentés.

Chose curieuse et utile à noter, sa véritable originalité ne réside pas précisément dans ce genre de

sculpture monumentale et décorative qu'il exécute
d'ailleurs en conscience. Il aime au contraire à modeler des statuettes délicates de femmes. des vases,
des amphores ornés de personnages. d'amours joufflus
qui rappellent ceux de Clodion. des fantaisies galan-
tes comme on en voit dans les trumeaux du dix-huitième siècle et où il fait entrer la vie et la force des
figurines de Benvenuto Cellini.

Je ne connais personne. je ne dis pas qui lui soit
supérieur. mais qui puisse seulement lui être comparé
à ce point de vue très particulier. et je ne crois pas
m'avancer beaucoup en affirmant que les statuettes
d'Aubé sont de purs chefs-d'œuvre. Il m'a montré
également un *Shakespeare* de toute beauté que le
public admirera un jour, je l'espère bien. au foyer
de la Comédie-Française où sa place est marquée à
côté du Voltaire de Houdon. et que M. Jules Claretie.
qui est un excellent critique d'art. me permettra de
lui signaler. Jamais l'auteur d'*Hamlet*, tel qu'on peut
l'imaginer à travers ses œuvres. ne m'était apparu
avec une pareille intensité de vie. ni sous une figure
aussi émouvante. Le *Shakespeare* d'Aubé est une
évocation magistrale du poète comique et du redoutable penseur qui fut aussi vraisemblablement un
merveilleux comédien.

Je reviens à Gambetta. La sculpture du monument
est à peu près finie, mais il reste l'architecture qu'on
pousse activement. L'inauguration se fera donc, au
plus tôt. l'année prochaine. Et pendant de longs mois
je reverrai. deux fois par jour. les baraquements de
la place du Carrousel ! Ça m'est égal ! Je sais maintenant ce qui se passe derrière.

XV

Les appareils d'observation des tremblements de terre. — Un souvenir de voyages. — L'observatoire du Vésuve. — Le savant-ténor. — Les différents sismographes.

4 mars.

On a beaucoup parlé, à propos des récents tremblements de terre, d'un appareil, ou plutôt de toute une famille d'appareils appelés les *sismographes*. L'académie des sciences a longuement discuté hier les observations de ces instruments, à la suite d'une communication de M. Mascart, le distingué directeur de notre bureau central météorologique.

Or, si vous avez voulu vous procurer quelque renseignement sur ces appareils, vous avez pu ouvrir tous les dictionnaires scientifiques. Ils sont parfaitement muets. J'ai eu le plaisir de faire connaissance avec le sismographe dans des circonstances assez originales, et j'ai pensé que cette question pouvait intéresser nos lecteurs.

4.

Il y a quelques années, j'étais à Naples, en compagnie d'un de mes amis, Félix J...., qui exerce depuis plusieurs lustres la profession de critique dramatique. Entre autres excursions, nous allâmes naturellement visiter le Vésuve et son observatoire, dirigé par le célèbre professeur Palmieri.

Partis en voiture, nous traversons d'abord les faubourgs populeux de la ville, nous passons entre les élégantes villas qui leur succèdent. Nous laissons successivement derrière nous, en longeant la mer, Portici, avec ses cabanes de pêcheurs, Herculanum avec ses caves où l'on pénètre moyennant un demi-lire par un prosaïque tournique., et après deux heures de voiture, nous arrivons à Torre del Greco, au pied de la montagne, d'où par un chemin en lacet, nous gagnons la masse blanche assez banale de l'observatoire bravement assis à mi-côte.

Le professeur Palmieri était absent. Mais son remplaçant s'offrit courtoisement à nous servir de guide. Dès qu'il le vit, mon ami me dit : « Voilà une tête que je connais. »

Notre hôte nous fit d'abord admirer le spectacle étrange dont on jouit du haut des terrasses : Un océan de laves figées, contournées, tourmentées, des vagues énormes pétrifiées, d'immenses serpents enroulés, des cascades immobiles, tout cela s'étendant à perte de vue. Et au bas, le vaste champ bleu de la mer, avec les bourgades blanches et roses, les ruines de Pompeï, Castellamare, Sorrente et, dans le lointain, l'île de Capri.

Quand nous eûmes admiré ce coup-d'œil unique au monde, notre obligeant cicérone nous offrit des

rafraîchissements variés. Ne voulant pas être en
reste, nous lui fîmes accepter d'excellents cigares.
Une grande cordialité s'établit. Et mon ami, trouvant le moment opportun, voulut éclaircir ses doutes, et demanda à notre guide où il avait bien pu le
rencontrer.

— Sans doute au Théâtre-Italien de Paris, répondit celui-ci sans se démonter.

— Au Théâtre-Italien ?...

— Oui, j'y étais ténor.

— Parfaitement, s'écria J.... Je me souviens de
vous avoir vu dans *Lucie*.

— Je crois bien; c'était un de mes triomphes. Ah!
monsieur, la jalousie et les cabales m'ont forcé à
quitter la scène...

C'est ce singulier savant qui m'a initié au fonctionnement du sismographe.

Il nous fit visiter en détail l'observatoire et, devant
les mystérieux appareils, il nous donna toutes les
explications nécessaires :

— Voyez-vous, messieurs, le sismographe est un
instrument destiné à mesurer les plus légères oscillations du sol. Il se compose de tubes en U dans lesquels se trouve du mercure. Dès que l'horizontalité
des tubes est dérangée, les surfaces du mercure
s'élèvent ou s'abaissent et viennent effleurer des con-
tacts métalliques. Un courant électrique s'établit à
ce contact, une sonnerie retentit, et un crayon marque sur un carton les oscillations de l'écorce ter-
restre.

Et pendant que j'examinais l'appareil, l'ancien
ténor revenait à mon ami le critique.

— Ah! vous m'avez vu dans *Lucie!* je la chante-
rais encore, allez! J'ai encore de la voix.

Et là-dessus, il lança une arpège retentissante qui
fit vibrer les cuivres des instruments.

Puis il reprit ses démonstrations.

— Dans notre région, les tremblements de terre
sont en général précédés d'une recrudescence d'oscillations sur les flancs de la montagne, nos renseignements nous permettent donc de les apprécier, et,
par suite, de prévoir les secousses. Dans d'autres contrées la catastrophe éclate subitement, sans qu'aucun
mouvement de l'écorce l'annonce. Dans ces pays, le
sismographe n'est qu'un simple moyen d'observation, capable seulement de noter les phases du phénomène, mais non de faire pressentir le danger.
Celui dont nous nous servons est d'une sensibilité
extrème. Il enregistre les plus minimes oscillations
du sol. Avant mon illustre maitre, M. Palmieri, on
se servait, et on se sert encore dans quelques pays,
d'un autre appareil composé d'un pendule qui entre
en mouvement lorsque le sol remue. Ce pendule
porte au bas un stylet plongeant légèrement dans
une couche de sable fin. sur laquelle il dessine les
angles parcourus. Mais il arrive que, si les mouvements se répètent. les courbes tracées sur le sable
s'enlacent en informes paraphes, et l'on ne peut
plus les analyser. Le nôtre est donc bien supérieur.
Vous ne sauriez croire, monsieur, combien je suis
flatté que vous m'ayez reconnu. M'avez-vous entendu
dans *Rigoletto?*

— Non, monsieur.

— Ah! tant pis! c'était encore un de mes triomphes. J'avais une façon à moi de chanter *la donna e mobile*... C'était un murmure, une caresse. Vous partez déjà?

— Oui, nous allons continuer l'ascension, et tâcher d'approcher le plus près possible du cône.

— Bon voyage, messieurs. Vous avez deux lires à payer pour les consommations. »

Nous nous exécutâmes ahuris, notre hôte nous fit un salut gracieux, et tandis que, enfonçant dans les cendres, poussés et tirés par les guides, nous gravissions péniblement la pente rude, nous entendîmes dans le vaste ciel tranquille la voix retentissante de l'ancien ténor qui chantait le grand air de *Lucie*.

XVI

Le monument de Berlioz. — Berlioz professeur de guitare. — Les vingt mille francs de Paganini. — Berlioz et Scudo. — Une spirituelle vengeance.

9 mars.

Aujourd'hui, sans faste, sans apparat, sans discours, au milieu de quelques fidèles amis survivants, et à coup sûr de beaucoup d'admirateurs, on inaugure au cimetière un modeste monument sur la tombe d'Hector Berlioz.

Le grand compositeur est resté, pour les artistes et les littérateurs, le type de l'incompris. Il est certain que la destinée pour lui n'a pas toujours été douce. Il a eu en particulier à lutter contre des difficultés matérielles bien faites pour décourager un esprit moins tenace et moins noblement convaincu de sa haute valeur. En 1829, il en était réduit à donner trois leçons par semaine dans un pensionnat de demoiselles, au Marais. Devinez quelles étaient ces leçons? Il enseignait aux petites filles... la guitare. « J'ai toujours été fatalement voué aux instruments étranges », dit-il, à ce sujet.

Il paraît que ces leçons étaient un véritable supplice, et qu'il éprouvait chaque fois une sorte
d'anxiété nerveuse qui le faisait cruellement souffrir
pendant le trajet de sa mansarde de la rue Richelieu
à l'institution du Marais. Un jour, ô surprise, la
porte de la classe s'ouvre, et trois *grandes* font leur
entrée. Elles écoutent, s'intéressent à la leçon, posent
des questions qui prouvaient un certain sens artistique. Alors Berlioz pose sa guitare.

— Eh bien, maintenant, dit-il, si nous faisions un
peu de musique ?...

Il paraît qu'à partir de ce moment, son cours lui
fut moins pénible.

A côté de ses détracteurs, Berlioz trouva de solides
et hautes admirations qui eussent certainement con-
solé un esprit moins chagrin, moins pénétré de l'in-
justice humaine : Reyer, Félicien David, qui devait
lui succéder à l'Académie des beaux-arts, et surtout
Paganini.

A son retour de Rome (il avait obtenu le prix après
avoir échoué quatre fois), Berlioz donna un concert
au Théâtre-Italien. A minuit précis, la séance n'étant
pas terminée, les musiciens, le règlement en main,
posent leurs instruments et se retirent. Furieux,
Berlioz donne un deuxième concert, et s'arrange
cette fois pour finir à l'heure.

« Quand le public fut sorti, raconte-t-il dans ses
mémoires, un homme à longue chevelure, à l'œil
perçant, à la figure étrange et ravagée, un possédé
de génie, un colosse parmi les géants, que je n'avais
jamais vu, et dont le premier aspect me troubla profondément, m'attendait seul dans la salle. Il m'ar-

rêta au passage pour me serrer la main, m'accabla
d'éloges brûlants qui m'incendièrent le cœur et la
tête : c'était Paganini. De ce jour-là (22 décembre
1833), datent mes relations avec le grand artiste
qui a exercé une si grande influence sur ma destinée. »

Cette dernière constatation n'est que de la grati-
tude. C'est ici le lieu de citer un trait peu connu de
Paganini, qui fait le plus grand honneur à l'exécu-
tant célèbre, et aussi au compositeur qui avait su
conquérir l'admiration et l'amitié d'un tel juge.

En 1838, Berlioz, endetté, attaqué, lassé par
l'acharnement de la destinée, ne sachant comment
vivre et faire vivre les siens, donne deux concerts au
Conservatoire, et fait à peine ses frais. Comme au
Théâtre-Italien, il trouve à sa sortie Paganini qui
l'attendait pour le féliciter.

— De ma vie, lui dit le violoniste, je n'ai éprouvé
une émotion pareille (on avait joué la *Symphonie
fantastique* et *Harold*). Votre musique m'a boule-
versé.

Malgré cet encouragement, Berlioz, malade et qui
avait fait un effort pour se lever et diriger le concert,
rentre chez lui brisé et désespéré.

Le lendemain, il reçoit la visite du jeune fils de
Paganini, qui lui apporte une lettre de son père. Le
compositeur se préparait à la décacheter.

— Mon père m'a dit qu'il n'y avait pas de réponse,
monsieur, lui dit le jeune homme. Vous lirez la
lettre quand vous serez seul. »

Et il se retire.

Alors Berlioz lit la missive, qui était textuellement
ainsi conçue :

« Mon cher ami,

» Beethoven mort, il n'y avait que Berlioz qui pût
le faire revivre. Et moi qui ai goûté vos divines compositions, dignes d'un génie tel que le vôtre, je crois
de mon devoir de vous prier de vouloir bien accepter, comme un hommage de ma part, vingt mille
francs qui vous seront remis par le baron de Rothschild, sur la simple présentation de l'incluse. Croyez-
moi toujours votre ami affectionné.

                    » NICOLO PAGANINI. »

De telles preuves d'admiration eussent dû calmer
bien des douleurs, adoucir bien des amertumes. Mais
l'estime de Paganini ne faisait pas oublier à Berlioz
les attaques de la critique. Son ennemi mortel était
Scudo, le critique de la *Revue des Deux-Mondes*, qui
affirmait que « *J'ai du bon tabac*, joué par deux cents
musiciens, produirait exactement le même effet que
les compositions de Berlioz. » Il répondait, du reste,
vertement aux agresseurs dans son feuilleton du
Journal des Débats, car il manquait, a dit Félicien
David, de cette pointe de philosophie nécessaire à
tous les gens en vue. Un jour, il se vengea très spirituellement. Il publia l'*Adieu des Bergers* comme une
mélodie du dix-septième siècle due à un maëstro
inconnu, Pierre Ducré. Puis, quand tout le monde
eût unanimement admiré l'œuvre, il révéla qu'il en
était l'auteur. Scudo en fit une maladie, et l'*Adieu
des Bergers* devint l'épisode principal de la *Fuite
en Égypte*, qui forma elle-même la seconde partie de
l'*Enfance du Christ*.

                                        5

XVII

**L'explorateur Thouar. — Ses voyages. — La re-
cherche de Crevaux. — L'exploration du Pilcomayo. — Les Tobas. — Le juge de paix des ivro-
gnes. — Duels de femmes. — Portrait de Thouar.**

12 mars.

Le ministère de l'instruction publique commu-
nique aux journaux une note flatteuse pour l'amour-
propre national. Elle est de M. Émile Thouar, l'explorateur de l'Amérique du Sud, et datée de Pa-
dilla, 9 décembre :

L'auteur fait savoir, dans ce document, que le
projet de loi relatif à sa nouvelle exploration a été
approuvé à l'unanimité par la Chambre des députés
et par les sénateurs de Bolivie.

Le 2 décembre, à midi, s'était effectué son départ
pour le Paraguay à travers le Chaco.

La population lui a fait une véritable ovation.
Sept jeunes filles des meilleures familles lui ont remis le drapeau bolivien : on lui a fait escorte jusqu'à
une lieue de la ville, aux cris de : Vive la France ! et
aux sons de la *Marseillaise*.

Émile-Arthur Thouar, né à Saint-Martin-de-Ré, est âgé de trente-trois ans. Il appartient à la catégorie des explorateurs pratiques. J'entends par là que, dans ses voyages, il poursuit un but déterminé, commercial, et capable de rendre immédiatement en richesses ce qu'il aura coûté de temps, de travail et de fatigues. Cela n'empêche pas Thouar de délaisser complètement son objectif lorsqu'il trouve à remplir une mission d'humanité. Il l'a prouvé dans la recherche de la mission du brave et infortuné docteur Crevaux.

Il apporte alors dans l'accomplissement du but qu'il s'est imposé une énergie froide, une opiniâtreté britannique, un mépris absolu du danger. Il a ce courage rare que l'on peut appeler la *bravoure solitaire*, celle qui se déploie loin de tout spectateur, dans un combat singulier entre l'homme et les ennemis naturels qui lui barrent la route.

Quand il partit, en 1882, à la recherche des derniers débris de la mission Crevaux, il était accompagné d'une escorte. Il craignit que ce modeste déploiement de forces n'inspirât aux Indiens Tobas des sentiments hostiles pour leurs prisonniers. Il renvoya sa troupe, pénétra *seul* à l'endroit où Crevaux avait succombé dans un guet-apens, au cœur des tribus ennemies et absolument sauvages, et là il apprit, de la bouche même d'une jeune Indienne qui avait servi d'interprète à la mission détruite, que les survivants du massacre étaient morts cinq ou six mois auparavant. Il put seulement rapporter quelques reliques : un baromètre de Fortin brisé, une lettre de Crevaux, un croquis graphique annoté par le dessinateur Ringel, un bordage d'embarcation, une vareuse de matelot.

Au retour de cette expédition. Thouar entreprit de mener à bien l'œuvre entreprise par le malheureux docteur. Il s'agissait d'explorer le Pilcomayo, affluent du Paraguay qui, à travers le désert du Grand-Chaco, pouvait créer une route commerciale rapide entre les États de Bolivie, de Paraguay et la République argentine, entre les deux océans.

Toutes les tentatives, au nombre de *dix-neuf*, faites pour relever géographiquement le cours du Pilcomayo, avaient échoué, autant à cause des difficultés matérielles que par suite de l'hostilité des Indiens Tobas. Après quatre années de voyages, de labeurs surhumains, après avoir risqué vingt fois sa vie, Thouar vient d'atteindre son but.

Les mœurs de ces Indiens Tobas, qui ont tué Crevaux, sont bien curieuses. Quelques traits sont à recommander, même aux Européens : par exemple, les Tobas ont la très mauvaise habitude de se griser abominablement : mais ils ont la prudence, avant chaque *beuverie*, de désigner un des leurs, qui ne boit pas, et est chargé d'apaiser les querelles. Celui-ci ne s'amuse peut-être pas beaucoup ; mais, en revanche, combien son rôle est utile ! — Autre coutume : les Tobas ne se battent pas entre eux. Quand ils ont une querelle, ils la font vider par leurs femmes, qui se labourent alors la poitrine avec de longues arêtes de poisson très aiguës. De même, ils se laissent phlegmatiquement injurier et même battre par leurs épouses. Ils acceptent philosophiquement les gros mots et les coups. Et puis, quand la mesure

est comble. ils se lèvent avec calme et les tuent. On
en fait parfois autant chez nous, mais sans calme.
Enfin, quand une femme meurt en laissant des
enfants à la mamelle. le mari économise les mois de
nourrice grâce à un procédé élémentaire qui consiste
à enterrer les enfants avec leur mère.

Les explorateurs ont tous une pointe de sentimen-
talisme. Après avoir cité ces traits de mœurs.
Thouar nous racontait son arrivée chez les Tobas.
après la mort de Crevaux.

— Pourquoi as-tu tué mon frère blanc? de-
manda-t-il à l'un des chefs.

— Parce que les blancs ont tué mes frères, répondit l'Indien.

Et Thouar d'ajouter en manière de conclusion :

— Nous oublions toujours que dans la poitrine
bronzée de l'Indien bat un cœur d'homme.

Thouar est d'une taille au-dessus de la moyenne,
bien taillé pour résister aux fatigues. Il a le front
vaste et bombé sous une chevelure bouclée châtain
foncé, la barbe très fournie en éventail. terminée par
deux pointes, le nez un peu aquilin, le regard vif,
clair et franc.

Le cours du Pilcomayo est maintenant entièrement relevé par lui. Des traités sont signés avec des
tribus devenues pacifiques. Le nouveau voyage qu'il
entreprend aujourd'hui dans un pays connu grâce à
lui n'a pour but que de consacrer définitivement
l'œuvre dans laquelle tous ses compatriotes doivent
suivre avec bienveillance cet homme. moins connu
et plus utile qu'un conquérant.

XVIII

Le peintre de l'armée française. — Chez M. Édouard Detaille. — Intérieur d'artiste. — A travers les armées étrangères. — Les soldats russes.

15 mars.

S'il est un artiste dont la réputation soit consacrée par le succès et sur le talent duquel il reste peu de choses à dire, c'est bien l'illustrateur de l'armée française, le peintre Édouard Detaille que j'ai l'intention de vous présenter aujourd'hui.

Entrez avec moi dans cet hôtel coquet qui fait le coin de la place Malesherbes — l'hôtel voisin appartient à Meissonier — et après avoir traversé la cour, pénétrons ensemble dans l'atelier spacieux que nous apercevons derrière un immense vitrage. Nous trouverons, en train de parachever un tableau qui représente quelques cuirassiers prussiens emmenant des prisonniers, un homme jeune — on lui donnerait trente ans — sanglé dans un veston de coupe militaire dont la boutonnière est ornée d'une rosette rouge; c'est le maître de la maison.

La barbe soigneusement rasée, la moustache blonde, les cheveux drus plantés droits sur le front bien découvert, l'œil vif, le nez effilé, légèrement aquilin, un grand air de franchise répandu sur son visage, l'élégance d'un officier de cavalerie et d'un gentleman, voilà Édouard Detaille.

Voyons maintenant l'atelier. Des milliers de dessins, de photographies, de gravures, d'études à l'huile et à l'aquarelle, garnissent les murs dont le haut disparaît sous les trophées de drapeaux et d'armures. Un rayon de lumière se joue à travers les baïonnettes qui scintillent, allume un éclair sur la bombe des casques et des cuirasses, fait briller d'un seul coup tous les canons des fusils rangés en bon ordre et sous cet appareil guerrier, dans ce cadre excellent, le soldat nous apparaît soudain, mâle et pittoresque, vivant, plein de crânerie et comme électrisé par une vibrante sonnerie de clairon.

Devant nos yeux éblouis, comme à la grande revue de Longchamps, défile d'abord l'armée française. Voici les commandants de corps d'armée groupés autour du maréchal Canrobert, voici les turcos, voici les zouaves, voici la ligne. Les chasseurs de Vincennes — les petits vitriers — viennent derrière les *marsouins* aux épaulettes jaunes. Plus loin, c'est la cavalerie qui s'ébranle, avec un cliquetis de gourmettes; des chevaux se cabrent, s'ébrouent, frangent leur mors d'écume, passent au galop, au trot allongé, ou s'avancent au pas comme à la parade.

Il y a des hussards, des dragons, des cuirassiers, dans la tenue « dernier modèle » : mais il y a aussi des carabiniers, des guides, des cent-gardes, souvenirs du passé, derniers vestiges de cette armée d'Afrique, de Crimée et d'Italie, balayée par l'ouragan de l'année terrible.

L'œuvre du peintre nous montre encore le soldat français en petite tenue, vaquant dans la cour du quartier à ses occupations habituelles : les fourriers allant au rapport, le peloton de chasse, les hommes de corvée, la salle de police, la cantine, le pansage, autant de scènes prises sur le vif avec la plus minutieuse exactitude. Il ne manque ni un bouton, ni un galon, ni une boucle, ni un accessoire quelconque. C'est la précision de la photographie, et c'est de l'art, quelquefois même du grand art, comme dans ce beau portrait de M. Berne-Bellecour qu'on pouvait voir à l'exposition des aquarellistes.

Édouard Detaille pourrait être général inspecteur, non seulement chez nous, mais en Angleterre, en Allemagne, en Russie ou dans tel autre état européen. Rien de ce qui touche à une armée quelconque ne lui est étranger. Les horses-guards, les highlanders, les uhlans, les cosaques n'ont pas de secrets pour lui. Il connaît leur équipement, leur tenue de ville et de caserne, leur façon de camper, de faire l'exercice, leurs mœurs. Il les a suivis aux grandes manœuvres, il les a vus de près tous les jours, et son crayon ou son pinceau en savent et en disent plus long sur leur compte que beaucoup d'officiers d'état-major.

On sait que le tsar Alexandre III l'honore de son

amitié et qu'il fut reçu et traité comme un prince
pendant le séjour qu'il fit en Russie il y a deux ans.
Il nous montre toute une série de croquis rapportés
de là-bas. des études faites d'après nature. parmi
lesqueiles une douzaine de portraits caractéristiques.
Les costumes sont d'une grande simplicité, surtout
dans l'infanterie: la coiffure est une toque bordée
d'astrakan: les cosaques seuls portent des brande-
bourgs et des fourrures.

Et j'éprouvais malgré moi une émotion intérieure en contemplant ces hommes aux traits énergiques, aux yeux bleus, aux cheveux blonds. au teint
hâlé qui seront peut-être un jour nos seuls alliés
dans la lutte suprême !

XIX

**La suggestion. — Une entrevue avec le docteur
Mesnet. — Un singulier voleur. — Le sergent de
zouaves névrosé. — La suggestion devant la
commission de la Société de médecine légale.**

18 mars.

M. le docteur Mesnet a fait hier à l'Académie de
médecine une communication des plus intéressantes. Il s'agit encore de cette question troublante
de l'hypnotisme et de la suggestion.

Voici les faits : Un jeune homme est arrêté pour
un vol bizarre : passant devant l'étalage d'un marchand de meubles, il s'était emparé... d'une commode qu'il emportait sur son dos. On le conduit au
Dépôt, et là, on remarque qu'il était sujet à des
crises de sommeil hypnotique. En attendant sa com-
parution devant la police correctionnelle, le malade
fut admis à l'Hôtel-Dieu, et entra dans le service du
docteur Mesnet.

Le docteur Mesnet, membre de l'Académie de
médecine, médecin de l'Hôtel-Dieu, chevalier de la
Légion d'honneur, a été le premier à s'occuper avec

le docteur Azam, de Bordeaux, des phénomènes hypnotiques. Il est bon de rappeler cette circonstance
que tout le monde ne connaît pas. Le « voleur »
arrêté devait donc être pour lui un précieux sujet
d'études. D'autre part, les circonstances étaient ex-
ceptionnellement favorables. La *Société de médecine
légale*, émue à juste titre des redoutables problèmes
soulevés par la suggestion, venait de nommer une
commission chargée d'étudier ces troubles à la fois
psychologiques et physiologiques dans leurs rapports avec le droit. Et cette commission, composée
de savants, de juges d'instruction, d'avocats, grossie
d'un grand nombre d'élèves du cours de Charcot, a
assisté à la curieuse expérience qui a fait l'objet de
la communication du docteur Mesnet à l'Académie.

Le sujet est un élève-dentiste, âgé de dix-neuf
ans, suffisamment bien constitué. Au moment de
son arrestation, il parut très surpris de ce qui lui arrivait. Et l'on juge à quel mauvais plaisant le commissaire crut avoir affaire, lorsqu'il entendit cet
homme qu'on avait pris emportant une commode
sur son dos, déclarer avec l'accent de la plus profonde conviction, qu'il ne savait pas ce qu'on lui
voulait, et protester avec larmes qu'il n'était pas un
voleur.

Le docteur Mesnet fut moins sceptique que le
commissaire. Il se rappelait avoir observé, en 1872,
un sergent de zouaves blessé à Bazeilles, et qui,
guéri, était sujet à des crises hypnotiques, ou plutôt,
pour employer l'expression de l'éminent observateur, *automatiques*. Ces crises présentaient ce caractère bizarre qu'elles affectaient une périodicité régu-

lière, de vingt jours en vingt jours. Quand elles se
produisaient, le sergent, très honnête homme dans
l'état normal, vivait d'une sorte d'existence incons-
ciente, reproduisait, en vertu d'une mystérieuse vitesse acquise, des actes de la vie réelle, depuis longtemps accomplis, et surtout, s'attachait à voler
tout ce qui lui tombait sous la main.

Guidé par cet exemple, le docteur Mesnet endor-
mit l'élève-dentiste, et lui suggéra de voler la montre
d'un des internes, mais seulement le lendemain
matin, à la visite. Après quoi, il le réveilla.

Le lendemain matin, en présence d'une assistance
nombreuse, et, en particulier, des membres de la
commission nommée par la *Société de médecine légale*,
le sujet se glissa auprès de l'interne désigné, saisit
sa montre et sa chaîne, et s'enfuit. On s'empara de
lui, on lui fit des reproches, on lui mit sous les yeux
les pièces à conviction : ce pauvre diable avait tout
oublié, et jurait qu'il était innocent?

Et maintenant, voici le point important : Quelle
conclusion la commission tirera-t-elle de ces faits?

Il est probable qu'elle n'en tirera aucune. Nous
nous appuyons pour faire prévoir ce résultat, sur
l'opinion de deux membres très autorisés de la Société, que nous avons vus en même temps que
M. le docteur Mesnet. Ils estiment que, dans l'état
actuel des observations, il serait éminemment dangereux de baser une excuse légale sur la suggestion.
Les phénomènes qui l'entourent sont encore trop
mal définis pour qu'on puisse, sans ouvrir la porte
à de nombreuses supercheries, admettre *en droit* une
pareille annihilation de la volonté. La commission

concluera donc sans doute à un encouragement à
donner aux études capables de préciser et de déterminer les phénomènes hypnotiques, à un redouble-
ment de vigilance dans l'examen de l'état pathologique des accusés. Mais elle s'arrêtera là. Et à notre
sens, jusqu'à nouvel ordre, elle aura raison. Car les
considérations de sentiment doivent se taire devant
l'intérêt social, tant qu'elles ne s'appuient pas sur
des preuves scientifiques généralisées par de nombreuses expériences.

XX

Le bal annuel de la Salpêtrière. — Les idiots et les hystériques. — La véritable incohérence. — Celles qui n'ont pas dansé. — Effet de neige.

20 mars.

Entre la gare d'Orléans et le marché aux chevaux, derrière le quartier désert du Jardin des Plantes, la masse sombre des bâtiments de la Salpêtrière se dresse lugubrement dans la nuit. Séparant les cours glacées, les corps de logis s'allongent sous la neige et rayonnent autour de la lourde coupole qui domine la chapelle ou le grand amphithéâtre. Tel je me figure le Kremlin à Moscou, moitié palais et moitié forteresse, dôme et clocher de cathédrale écrasant des murs noirs de prison percés de meurtrières.

A la lueur tremblotante des becs de gaz beaucoup trop espacés, je traverse des jardins vaguement entrevus et qui ressemblent à autant de steppes froides, sibériennes, se déroulant à l'infini. Je passe sous des voûtes, je tourne à droite, je tourne à gau-

che et j'aperçois enfin la galerie des fêtes tout illu-
minée, où se donne le bal singulier et original pour
lequel j'avais reçu une gracieuse invitation.

A mesure que j'approche, les rafales du vent
m'apportent des lambeaux de quadrilles d'Offenbach
ou d'Hervé, des fragments de valses populaires de
Métra, des airs de polkas bien connus au boulevard
et soudainement je me crois transporté au passage
Jouffroy ou au Palais-Royal, à une de ces soirées
travesties que donnent tous les hivers l'*Abeille du
Commerce*, les *Amis Réunis*, la *Lyre des Batignolles*
et quelques autres Sociétés du même genre.

La salle du bal, précédée d'un salon qui sert de
vestiaire, est ornée de tentures, de drapeaux, de
guirlandes de feuillage en papier doré, d'écussons,
de cartouches aux armes de la ville, de lustres et de
girandoles qui scintillent et répandent des torrents
de clarté sur la foule bigarrée qui tourbillonne. Une
estrade élevée entre deux fenêtres supporte l'orchestre. Tout autour de la galerie, sur un triple
rang, des chaises et des fauteuils sont disposés pour
les invités et les danseuses.

Ces dernières ont été se masser par couple au fond
de la salle pour défiler toutes à la fois. L'orchestre
joue une marche militaire et les voici qui s'avancent marquant le pas et battant la mesure. On se
croirait à l'Eden maintenant, si ce n'était la différence des costumes. J'aperçois des pierrettes, des
pierrots, des débardeurs, des marquises, des lai-
tières, des chaperons rouges et même des *Folies* agi-
tant leurs grelots ; et à mesure qu'elles passent
devant nous, l'interne qui m'accompagne me dési-

gne les plus malades, les plus intéressantes comme
disent les médecins, et me donne sur chacune
d'elles des renseignements complets.

Les premiers sujets de la troupe sont, paraît-il,
une blonde plantureuse, fort jolie dans son costume
oriental, et une brune maigre, à mine espiègle, qui
dansent ensemble. Leur figure rayonne de plaisir,
leurs yeux brillent de fièvre, mais elles resteront
calmes grâce à une dose inusitée de bromure.
Toutes, d'ailleurs, se méfient de leurs nerfs et ne se
livrent à la danse qu'avec réserve : pour plus de
sûreté, beaucoup s'appuient au bras d'une surveil-
lante de service qui ne les quittera pas de la soirée.

La plupart semblent très intelligentes. Elles s'ex-
priment, quand on les interroge, avec une extrême
volubilité. Elles ne veulent pas surtout qu'on les
croie folles et cherchent à le prouver de leur mieux.
Cependant, l'une d'elles, une vieille, il est vrai, m'a
tenu des propos assez incohérents. Elle était coiffée
d'un bonnet garni de rubans rouges et promenait à
la main un bâton où se balançait un lambeau de ca-
licot.

Je lui demandai le nom de son costume.

— Je suis la République ! me répondit-elle, sans
hésiter.

Alors, comme je m'étonnai qu'elle eût un drapeau
blanc, elle ajouta :

— C'est le drapeau de nos rois !

Et tout à coup, le brandissant au-dessus de sa
tête :

— Vive l'empereur !

Impossible d'en tirer autre chose. Je profitai d'un

entr'acte pour aller visiter le bal des idiots qui se
donnait en même temps dans une autre salle aussi
élégamment décorée que la première. Des garçon-
nets et des fillettes — les plus âgés ont quatorze ans
— essayaient de danser en ayant bien soin de ne pas
fripper leur costume. Je n'avais jamais vu à la fois
autant de fronts déprimés, de nez écrasés, d'yeux
éteints, de physionomies stupides, de corps rachi-
tiques. Pauvres petits idiots, têtes sans cervelle,
innocents, craintifs et doux qui se frottent à leurs
surveillants comme un chien se frotte à son maître,
quel crime ont-ils commis pour être ainsi disgraciés
de la nature? Heureusement pour eux que la société
ne les abandonne pas. Une femme dévouée — une
sainte, me dit gravement mon ami l'interne —
M\ᵐᵉ Nicolle (1), s'est consacrée depuis plus de vingt
ans au relèvement moral de ces petits êtres et l'école
qu'elle dirige à la Salpêtrière et qu'elle a fondée
donne aujourd'hui des résultats surprenants.

En traversant les cours désertes pour gagner la
porte de sortie, des plaintes longuement modulées,
des hurlements sinistres ont frappé mes oreilles et
m'ont rappelé tout à coup à la réalité implacable.
Tous les malades de la Salpêtrière ne sont pas au bal
en cette blanche nuit de Mi-Carême. Beaucoup fris-
sonnent, ligotés dans la camisole de force, au fond
d'un cabanon capitonné ou d'une cellule étroite
comme une tombe. Ceux-là sont fous à lier, fous

1) Le zèle et le dévouement admirables de Mᵐᵉ Nicolle
viennent de recevoir leur juste récompense. Mᵐᵉ Nicolle est
depuis le 1ᵉʳ janvier 1888, chevalier de la Légion d'honneur.

pour toujours. fous jusqu'à la fin de leur vie qui, par
bonheur, ne saurait être longue.

Et tout en marchant, le cœur plein de tristesse,
je me demandais où va l'esprit des fous, où s'envole
leur âme? Je répétais machinalement cette phrase si
émouvante et si belle que mon cher maitre Alphonse
Daudet a intercalée dans la préface retentissante du
volume d'André Gill, *Vingt années de Paris :* « Gill,
mon ami, êtes-vous là? m'entendez-vous? Est-ce loin
le pays où vous êtes... » Et malgré les gaietés fac-
tices du bal de tout à l'heure, j'avais en rentrant
chez moi — pourquoi ne pas le dire ? — j'avais presque envie de pleurer.

XXI

M. Leconte de Lisle. — Un académicien en robe de chambre. — Le bibliothécaire du Sénat. — Le poète. — Petits côtés d'un grand homme.

27 mars.

La commission nommée par l'Académie française pour examiner le discours de réception de M. Leconte de Lisle et la réponse de M. Alexandre Dumas vient de prononcer le *dignus intrare* en ce qui concerne l'auteur des *Poèmes Barbares*.

Selon les propres paroles de l'excellent M. Doucet. secrétaire perpétuel : « Les deux discours soumis à la commission compétente se distinguent par une grande hauteur littéraire et philosophique : l'effet en a été considérable et la séance publique dans laquelle ils seront prononcés. le 31 de ce mois, promet d'être particulièrement intéressante. » Allons, tant mieux !

Je souhaite que l'heureuse prédiction de M. Doucet se réalise. Une séance intéressante sous la coupole de l'Institut n'est pas à dédaigner. J'ajouterai même que

le besoin commençait à s'en faire sentir. Mais, encore
une fois, attendons le moment favorable et, pour
aujourd'hui, bornons-nous à présenter au public le
futur académicien.

Il y a plusieurs hommes dans M. Leconte de Lisle.
J'en connais au moins trois. D'abord l'homme privé,
difficilement accessible et que les seuls amis intimes
ont pu rencontrer, au milieu de ses livres, dans son
cabinet de travail, assis devant une petite table chargée de paperasses. Les murs disparaissent derrière
de lourdes tapisseries orientales. Pas de bibelots d'é-
tagère. Seule, à côté de la fenètre, sur une colonne,
une tête colossale du *Moïse* de Michel-Ange, regarde
le poète que rien ne peut distraire et dont la rêverie
n'est même pas troublée par les aboiements de Max,
son caniche noir.

Je connais ensuite M. Leconte de Lisle, bibliothécaire au Sénat. C'est un vieillard aimable, souriant,
très correct et très boutonné, qui fait son service
avec une exactitude scrupuleuse d'excellent fonctionnaire. Celui-là est visible de midi à cinq heures,
tous les jours, excepté le dimanche, au Palais du
Luxembourg. Il accueille tout le monde, même les
reporters de journaux, avec indifférence, fournit p o-
liment les renseignements ou les ouvrages qu'on désire et n'évite aucun des devoirs de sa charge. Entre
temps, il cause amicalement avec le sous-bibliothé-
caire, un poète encore, un de ses élèves, notre confrère au *Temps,* M. Anatole France.

Voici maintenant M. Leconte de Lisle, homme du
monde. Il entre dans un salon discrètement, timidement, s'isole volontiers dans les petits coins et, du-

rant toute la soirée, se dissimule de son mieux. Physiquement, il ressemble à Béranger, un Béranger moins bonhomme que l'amant de Lisette, plus fin, plus noble et qui porte un monocle vissé dans l'œil. Il cause lentement, souvent à voix basse, une voix de prêtre au confessionnal. Il a de l'esprit, beaucoup d'esprit et des reparties amusantes, quelquefois même des traits incisifs, qu'il cache de son mieux ou qu'il émousse par des restrictions.

C'est le samedi, aux réceptions intimes du boulevard Saint-Michel, dans le salon coquet de Mme Leconte de Lisle, que le poète se livre en toute franchise. Un petit cercle d'amis fidèles l'entoure d'une auréole de respect et d'aduiation. Dans ces réunions *selected*, on remarque Étienne Arago, M. et Mme Henry Houssaye, M. et Mme Benjamin Constant, Robert de Bonnières, les sculpteurs Godebski et Christophe, Mme Judith Gautier, M. et Mme José-Maria de Heredia et le poète Edmond Haraucourt, l'élève favori, l'auteur déjà célèbre de l'*Ame nue*. On y fait quelquefois de la musique, mais le plus souvent on y dit des vers.

Là, personne n'ignore les *Poèmes Barbares*, les *Poèmes Antiques* et les *Poèmes Tragiques*, que la foule connaît si peu ; là, tout le monde a lu les superbes traductions d'Homère, d'Eschyle et de Sophocle et cet immortel poème des *Erynnies* auquel Leconte de Lisle va donner un pendant avec les *États du Diable*.

Ce dernier ouvrage, qui est en préparation, ne manquera pas de soulever un certain tapage dans le Landernau littéraire. M. Alexandre Dumas regrettera peut-être de n'avoir pu l'analyser dans son discours.

et l'Académie frémira tout entière en le lisant, mais il sera trop tard. Le poète aura son fauteuil et son bel habit à palmes vertes.

Théoriquement, dans le domaine des abstractions philosophiques, Leconte de Lisle — qui l'eût cru? — est un révolutionnaire, un anarchiste, un nihiliste! Je connais une pièce de vers, signée de son nom, qu'il a craint un moment de revendiquer et sous laquelle il écrivit : *Traduit du poète russe Assakoff*. Or, il n'existe pas en Russie de poète Assakoff, et, d'ailleurs, le traducteur d'Homère n'a jamais su le russe.

Tout cela n'empêche pas que Leconte de Lisle ne soit lui-même un grand poète et le digne successeur de Victor Hugo au palais Mazarin. On sait qu'il est créole de la Réunion. Son grand-père a laissé des poésies et des chansons restées populaires en Bretagne, dont sa famille est originaire. Son grand-oncle — M. Alexandre Dumas nous en parlera sans doute — était Évariste de Parny, ce qui explique jusqu'à un certain point la prédilection de Leconte de Lisle pour les *États du Diable*. Il n'a pas voulu cependant, croyez-le bien, recommencer la *Guerre des Dieux*.

XXII

La suggestion et le crime de la rue Montaigne. — M. Alfred Reybaud. — Le monde des « sujets ». — Trois expériences extraordinaires.

1er avril.

Il fallait s'y attendre : voilà qu'on met le crime de la rue Montaigne sur le compte de la suggestion. Il ne faudrait pas, cependant, aller trop vite en besogne et voir dans tous les assassins de malheureuses victimes. Imitons la prudence de la commission nommée par la Société d'études médico-légales, laquelle, ainsi que nous l'avons dit, n'a pas encore conclu et n'est pas près de conclure à l'admission de l'excuse hypnotique dans l'ordre judiciaire.

Quoi qu'il en soit, l'hypothèse présentée par M. Hugues Le Roux, et d'après laquelle Pranzini aurait été un instrument inconscient, ramène sur ces matières l'attention publique, qui, du reste, ne semble pas s'en désintéresser.

J'ai assisté hier à une série d'expériences bien curieuses faites par M. Alfred Reybaud, le conférencier de la salle des Capucines. Cette séance était toute privée, et plusieurs personnalités marquantes, magistrats et médecins, se trouvaient dans l'assis-'ance. M. Reybaud étudie depuis trente ans les phénomènes magnétiques. C'est un homme très simple, d'aspect un peu ascétique, et qui se garde soigneusement, aussi bien dans l'exposé scientifique des théories que dans leur mise en pratique, de toute apparence de charlatanisme.

Suivant M. Reybaud, l'intensité et la variété des phénomènes suggestifs dépendent beaucoup moins de l'expérimentateur lui-même que du choix des sujets. Ceux sur lesquels il opère sont remarquablement *sensitifs*, pour employer le terme technique. Un mot, en passant, sur ces intéressants auxiliaires. Ils forment tout un petit monde féminin appartenant aux classes les plus diverses de la société, depuis les polisseuses sur métaux jusqu'à des femmes du monde, et entre autres la femme d'un de nos confrères, qui est aussi un romancier, M. L...-B... Ce petit monde a ses jalousies, ses rivalités, ses gloires, absolument comme celui des coulisses et au même degré. Dès qu'une séance est terminée, le sujet interroge ses amis ou ses parents présents pour savoir ce qu'elle a fait, si ses expériences ont été plus remarquables que celles de Mlle X..., plus nouvelles que celles de Mlle Y. Et le sujet est très mécontent quand l'expérimentateur a fait jouer un rôle plus important à une débutante.

Rien n'est plus bizarre que cet amour-propre de

l'inconscience, cette fierté de l'automatisme. Et si le
lecteur s'étonne que tous ces sujets trouvent à employer leurs facultés spéciales, je lui répondrai qu'un
grand nombre d'amateurs s'occupent aujourd'hui de
ce genre d'études, non seulement dans les sphères
scientifiques, mais aussi parmi les gens du monde.
Pour n'en citer qu'un, on peut révéler sans indiscrétion, le fait étant déjà assez connu, que M. le
comte de Constantin est un concurrent souvent heureux du docteur Charcot.

Ceci dit, je vais vous raconter trois expériences de
M. Reybaud. J'ai joué un rôle dans deux d'entre
elles. Il n'y a donc aucun compérage de possible.

Dans la première, M. Reybaud déchira une carte
à jouer en plusieurs morceaux. Je cachai un des
fragments, grand comme une pièce d'un franc, dans
mon portefeuille, n'en laissant dépasser que le bord.
Inutile d'ajouter que j'avais pris toutes les précautions nécessaires pour que personne ne me vît mettre le fragment dans mon carnet et le carnet dans
ma poche. A cet effet, je m'étais retiré dans une pièce
voisine.

Lorsque j'eus repris ma place, la personne endormie vint droit à moi, plongea sa main dans ma poche, et, sans toucher à quelques autres papiers qui
dépassaient également le bord de mon portefeuille,
elle saisit délicatement le morceau de carte à jouer.

La deuxième expérience est une transposition de
sens :

M. Reybaud enleva la faculté de l'odorat à son sujet et lui tint sous le nez une tabatière pleine de tabac
à priser, sans provoquer la plus légère contraction.

Ensuite il étendit, un peu en arrière, le bras de la personne hypnotisée, et sur la paume de sa main il posa quelques grains de tabac.

Immédiatement, la femme éprouva ces spasmes croissants qui précèdent l'éternuement. Puis elle éternua sept ou huit fois de suite. Et je vous affirme que les éternuements n'étaient pas feints.

Enfin, voici la dernière et la plus bizarre :

L'expérimentateur plaça dans les mains du sujet endormi, mais les yeux ouverts, un carton ayant vaguement la forme d'un face-à-main. Il lui suggéra qu'elle tenait un miroir. La personne s'y mira avec complaisance, arrangea sa coiffure, se souriant à elle-même, se livrant au petit manége d'une femme qui se sert d'une glace.

Je passai alors derrière elle. M. Reybaud était éloigné du sujet, ne prononçait pas une parole, ne faisait pas un geste.

Je pris et j'élevai successivement, derrière la tête de la personne hypnotisée, divers objets comme si j'avais voulu les refléter dans la glace imaginaire. J'avais pris ces objets dans mes poches. La femme nomma immédiatement : un canif, une pièce de deux francs, un crayon de nickel et un portefeuille de *cuir rouge*.

J'ai assisté à beaucoup d'expériences d'hypnotisme, mais j'avoue que je n'avais rien vu d'aussi étonnant que ce renversement complet des lois naturelles et des sens, et j'ai pensé qu'elles pouvaient intéresser le lecteur.

XXIII

Les progrès de la médecine. — Une merveilleuse découverte. — Le traitement des poitrinaires. — L'œuvre de la tuberculose. — L'institut Verneuil. — Communication importante du docteur Arthaud.

7 avril.

L'actualité, qui se charge de faire varier à l'infini le fond de nos articles, amène aujourd'hui sous ma plume un événement d'une importance capitale, sur lequel il me paraît urgent d'appeler l'attention du public.

On nie généralement les progrès de la médecine. Les plaisanteries classiques de Molière, sur l'ignorance des médecins, sont rééditées chaque jour par quiconque se pique de fréquenter chez nos bons auteurs. Dans la conversation, on cite volontiers Sganarelle : la théorie des humeurs peccantes, le cœur à droite, le foie à gauche, le pain trempé dans du vin et le célèbre « voilà pourquoi votre fille est muette », qui excite encore une douce hilarité.

Peut-être serait-il temps de mettre un terme à ces facéties vieillottes et puériles. Comme les autres sciences, la médecine a marché en avant depuis le siècle de Louis XIV et quant aux médecins, ils ne ressemblent guère, quoi qu'on dise, à M. Purgon, ni à son illustre confrère, M. Diafoirus.

Parlons sérieusement. Voici un fait qui démontrera jusqu'à l'évidence à quel point sont poussées, à l'heure actuelle, les investigations de nos savants et de nos praticiens. Les travaux de Pasteur sur les *Bactéries* et les résultats déjà obtenus par sa méthode de vaccination dans le traitement du Charbon et de la Rage ont ouvert la voie à une foule d'expérimentateurs qui, depuis quelques années, se livrent dans les cliniques et les laboratoires, à des recherches similaires.

On peut dire, sans exagération, que toutes les maladies de nature infectieuse ont été attaquées à la fois et combattues, pour la plupart victorieusement. Les preuves abondent. De partout les mémoires et les communications officielles surgissent. La théorie féconde de Pasteur triomphe sur tous les points. Il s'agit maintenant d'en obtenir des fruits, d'en tirer un bénéfice pratique.

Quelques savants y sont parvenus et, parmi eux, un groupe important de médecins qui s'étaient plus particulièrement tournés vers l'étude approfondie de la tuberculose. Tout le monde connaît les ravages causés par cette terrible maladie qu'on appelle la phthisie pulmonaire. Les statistiques hebdomadaires, tant à Paris qu'en province, accusent de ce chef un chiffre énorme de décès. Chacun de nous a vu mourir autour de soi des poitrinaires.

Or, c'est ce mal réputé incurable, contre lequel la

science luttait désespérément depuis plus d'un siècle, que les savants dont je parle ont résolu d'enrayer. C'est pour le combattre et pour le vaincre qu'ils ont réuni leurs efforts sous la haute direction de M. le professeur Verneuil, chirurgien des hôpitaux, et ce sont les premiers résultats de cette action commune, que je crois intéressant de publier.

Sans entrer ici dans les détails techniques, ni dans une étude complète des travaux préparatoires qui ont amené des découvertes vraiment merveilleuses, je puis dire que les traitements de la tuberculose, nouvellement institués, n'ont rien d'empirique. Ils sont basés sur des théories aussi ingénieuses qu'inattaquables au point de vue scientifique. Ils ne sont peut-être pas définitifs, mais ils marquent un progrès réel. Le plus important de ces traitements qui a été inauguré par le docteur Arthaud, chef des travaux d'histologie au Muséum et appliqué par son collaborateur, le docteur Raymond, professeur agrégé à la Faculté de médecine, repose sur l'emploi du tannin à haute dose.

Les expériences du docteur Arthaud sont des plus curieuses et des plus concluantes. Il les a faites d'abord sur des lapins dans son laboratoire. Trois de ces animaux étaient nourris au tannin et trois autres ne l'étaient pas. Tous les six furent inoculés avec des tubercules et les trois lapins soumis au traitement *tannique* échappèrent à la tuberculose. Ceux qui n'avaient pas suivi ce traitement, gagnés rapidement par cette maladie, moururent six semaines après.

Naturellement, on recommença plusieurs fois la tentative. Le résultat fut toujours le même. Alors les

6.

docteurs Arthaud et Raymond firent des essais directement sur l'homme. Le tannin, même à haute dose, s'administre sans aucun danger. Les malades le supportent parfaitement et au bout de quelques jours, les effets les plus heureux se produisent.

« Grâce à ce régime, dit le docteur Bertrand, on peut constater, après quinze jours environ, à moins que les lésions ne soient excessivement vastes ou qu'il n'existe un obstacle absolu à la nutrition du malade, une amélioration très sensible de l'état général, la disparition des accès fébriles nocturnes et des sueurs profuses, la diminution des quintes de toux et une augmentation du poids du malade qui persiste et s'accentue ».

Les docteurs Arthaud et Raymond ont communiqué à leurs collègues une série « d'observations » des plus probantes. D'ailleurs, je le répète, leurs études se poursuivent comme celles de MM. Verneuil, Dujardin-Beaumetz, Grancher, Bergeon, Landouzy. etc., etc.

Malheureusement, les travaux de laboratoire sont longs et coûteux. Pour certaines expériences, on manque quelquefois des fonds nécessaires. Voilà pourquoi M. le professeur Verneuil fait appel à tous ceux que ces questions intéressent, c'est-à-dire à tout le monde. Les professeurs de la Faculté, M. Brouardel en tête, ont souscrit pour environ cinquante mille francs. Il faut que les municipalités et les particuliers suivent cet exemple et nous aurons prochainement l'*Institut Verneuil* pour la tuberculose comme nous avons l'*Institut Pasteur* pour la rage.

XXIV

**La candidature de M. Bergerat à l'Académie. —
Chez le candidat. — Son discours de réception. —
Vie et aventures du sieur Caliban. — Jeanne
d'Arc et l'Académie.**

8 avril.

Il y a des nouvelles bien extraordinaires. Beaucoup, parmi nos confrères, ont annoncé qu'il était
question de la candidature d'Émile Bergerat à l'Académie française. Je ne sais si vous sentez bien toute
la saveur de ce rapprochement inattendu. C'est un
peu comme si l'on eût dit que M. Renan intrigue
pour se faire nommer chanoine de Saint-Denis.

Il est certain que, à ne considérer que le talent,
M. Bergerat ferait excellente figure sous la coupole
de l'Institut. Mais chacun sait que le talent n'est
qu'une des conditions requises pour endosser l'habit
à palmes. Chacun sait que Bergerat est un indépen-
dant entre les indépendants. Si beaucoup parmi les
gens de lettres ont commencé par railler l'Académie,
qui, plus tard, leurs ouvrages sous le bras, se sont
soumis à la cérémonie des trente-neuf visites, une
telle palinodie nous a paru invraisemblable de la
part de Caliban, et, comme dans tous les cas la nou-

velle voulait une explication, nous sommes allés la
demander à Caliban lui-même.

Bergerat habite une jolie maisonnette dans un
quartier neuf, tout près de la porte Bineau, au sein
d'une colonie d'artistes et de gens de lettres, parmi
lesquels on compte le peintre Lambert, Caran d'Ache,
l'organiste Aranda, Jean Richepin, etc. Son logis est
plein de bibelots et d'objets d'art, parmi lesquels
beaucoup de tableaux du maître de la maison. On
sait, en effet, que, comme disait Musset en parlant
précisément du beau-père de Bergerat, — Théophile
Gautier, — notre confrère

> ... Possède un joli brin de plume
> A son crayon.

Je l'ai trouvé dans son cabinet de travail, sis au-
dessous de son atelier, et tous les deux, avant même
d'avoir causé, nous avons ri, je vous jure que nous
avons bien ri.

Par exemple, d'explications, point. Le rusé Caliban s'est tenu à ce sujet sur une réserve excessivement diplomatique. Il a bien voulu m'affirmer que la
nouvelle était fausse — parbleu ! mais quant à m'aider à trouver son origine... rien. Un vague sourire
avait succédé à la franche gaieté de tout à l'heure,
éveillant dans mon esprit tout un monde de mystérieux sous-entendus.

Plein de discrétion, je n'ai pas insisté, et j'ai exprimé tous mes regrets, avouant que j'avais déjà caressé l'espoir d'entendre un discours de réception qui
eût fait époque dans les annales de l'Institut. Cette
insinuation rendit rêveur mon interlocuteur. Au fait,

me dit-il. j'aurais eu un bien joli texte ! Et là-dessus, il improvisa le début de cette œuvre oratoire :
« Messieurs. l'honneur que vous me faites en m'appelant au sein de l'Académie française, me touche plus que je ne saurais le dire, car mieux que personne. je puis en sentir le prix. Je n'ai qu'à chercher dans ma propre famille. pour trouver un écrivain à qui son talent universellement reconnu n'a pas valu la faveur insigne de siéger parmi vous, et l'exclusion de Théophile Gautier est bien faite pour accroître ma reconnaissance et me rendre plus fier encore de suffrages si difficiles à acquérir. Et puisque j'ai prononcé le nom de l'auteur d'*Émaux et Camées*, permettez moi, messieurs, de m'écarter quelque peu des usages séculaires de votre illustre Compagnie, et de prononcer ici son éloge, qui sera au moins aussi intéressant que celui de mon immortel prédécesseur, et qui a l'incontestable avantage d'offrir à mon éloquence un sujet beaucoup mieux connu... »

Je m'amusais en l'écoutant. Mais je ne perdais toujours pas de vue mon idée. Qui diable avait pu lancer le canard, puisque c'était un canard. Je crus la défiance de Caliban, endormie par son accès d'éloquence académique, et je posai de nouveau la question. Mais Caliban eut le même sourire machiavélique, et haussa les épaules, en me disant seulement :

— Ce qu'il y a de certain, c'est que je n'y suis pour rien, et que même cela ne m'a pas fait plaisir.

Je ne pus rien en tirer de plus, et pris congé de lui.

Rentré chez moi, il me vint à l'idée de fouiller dans ma bibliothèque. J'y retrouvai un livre intitulé : *Vie et Aventures du sieur Caliban*, par Émile Bergerat,

et paru en 1885. Dans ce livre, ô bonheur ! je mis
la main sur un chapitre intitulé : *Caliban se présente
à l'Académie française*. Étrange coïncidence ! prophé-
tique vision de l'avenir ! Oui, dans ce chapitre, Caliban raconte qu'il a été sur le point de faire ses
visites. Il a même pris à cette occasion un cocher à
l'heure. Seulement, il a été arrêté par un obstacle
imprévu : il lui a été impossible de retrouver dans sa
tête les noms de plus de treize académiciens. Il s'est
alors adressé à Richepin qui, triomphalement, lui en
a trouvé un quatorzième.

Naturellement, il passe en revue les treize immortels, et décoche à chacun un trait acéré. Au fait,
pourquoi s'est-il arrêté à ce chiffre de treize ? Ne se-
rait-ce pas pour garder l'espoir de pouvoir réunir
encore une majorité en dehors de ces victimes ?

Quoi qu'il en soit, Caliban, ne pouvant se rappeler
le nom des autres, renonce à ses visites, et s'écrie
mélancoliquement :

« Faut-il aller ainsi quêter les voix ! Heureuse
Jeanne d'Arc, les *voix* venaient la trouver, elle ! »

Mais tout cela ne me dit toujours pas qui a eu
l'idée saugrenue de mettre en avant la candidature
de Bergerat.

J'y songe. Au moment où je prenais congé, il m'a
fait voir le premier feuillet de l'article qu'il écrivait
pour le *Figaro* lorsque je suis venu troubler sa retraite studieuse.

Et cet article était dirigé... contre la réclame !

Il est donc bien certain qu'il n'est pour rien dans
la publication de la nouvelle en question.

Mais alors ?

Mystère et librairie !

XXV

M. Paul Dalloz. — Sa carrière. — Les ministres et
le « Moniteur officiel ». — M. de La Valette, le
sonneur de Saint-Paul. — L'éloge malencontreux
de M. de Laboulaye. — La pléiade de M. Dalloz.

14 avril.

M. Paul Dalloz, qui est mort hier, a été une physionomie intéressante. Heureux dans ses entreprises,
n'ayant rien connu des difficultés de la vie, il avait
cependant cette indulgence que laissent seuls habi-
tuellement les douloureux apprentissages, et il a
traversé de longues années de politique militante
sans s'être fait d'ennemis.

Il était né le 18 novembre 1829. Après des études
marquées par de nombreux succès universitaires, il
fit naturellement son droit, ce qui était obligatoire
pour le fils du célèbre auteur du *Répertoire de juris-
prudence*, et se trouva, à vingt ans, reçu avocat, sans
grande envie d'exercer, et un peu embarrassé du choix
d'une autre carrière. Son oncle, M. Panckouke, dirigeait alors le *Moniteur Universel*, fondé le 24 novembre 1789 par un autre Panckouke et par Mme Agasse.

Il offrit à son neveu de le prendre avec lui. Celui-ci accepta, et se tailla rapidement une large place dans ce journal qui était dans sa famille, suivant l'expression de Gustave Claudin, une sorte de fief héréditaire. Après la retraite de son oncle, il en devint le directeur, conjointement avec M. Turgan, et introduisit dans son organe une importante modification, en publiant, sous le titre de partie non officielle, un véritable journal littéraire, à côté de la sèche nomenclature des actes de l'Empire.

Cette réforme, comprise d'ailleurs dans son principe par les ministres d'alors, trouva dans l'application de grandes difficultés. Il fallait, même dans cette partie littéraire, suivre le précepte de Beaumarchais, et parler de tout, à condition de ne toucher ni à quelqu'un ni à quelque chose. Aussi on vit commencer entre les ministères qui se succédaient et le *Moniteur*, une petite guerre sourde, dont les épisodes sont parfois amusants.

Il y eut un jour un grand scandale, parce qu'un des rédacteurs avait écrit que « Mme de Warrens avait dû à ses faiblesses de passer à la postérité ». Le ministre reprocha amèrement au directeur d'avoir laissé passer une telle phrase dans un organe officiel, et il y eut une série de ricochets jusqu'à l'infortuné collaborateur. Le ministère, étant le plus fort, avait généralement l'avantage dans cette lutte. Parfois, cependant, M. Dalloz prenait sa revanche. En voici un exemple :

M. Laboulaye se présentait comme candidat de l'opposition à Strasbourg. — C'est même à cette occasion, par parenthèse, que lui fut offert le fameux

encrier resté légendaire. Naturellement, le préfet
avait reçu l'ordre de combattre à outrance cette
candidature. Or, voilà que, en pleine lutte électo-
rale, le *Moniteur* publie un éloge pompeux du même
Laboulaye.

Stupéfaction du préfet qui écrit au ministre. Fureur du ministre qui fait comparaître Dalloz. Celui-
ci laisse passer le flot de la colère ministérielle, puis
il tire de sa poche la copie sur laquelle l'éloge avait
été composé à l'imprimerie, et la met sous les yeux
du ministre, qui reste coi : la copie portait comme
en-tête : *Palais des Tuileries, Cabinet de l'Empereur*,
et l'article, qui était le compte rendu d'une séance
académique où se trouvait intercalé le dithyrambe
en faveur du candidat opposant avait été envoyé par
le général Favé, aide de camp du souverain.

La guerre continuait ainsi avec des alternatives
diverses. Au *Moniteur*, on se vengeait par de bons
mots. Un des ministres les plus hostiles était M. de
La Valette, qui était incapable de prendre une déci-
sion sans sonner son secrétaire général, M. de Saint-
Paul, — le même qui eut depuis une si large part
dans le coup d'État du 16 Mai. M. Dalloz avait sur-
nommé M. de La Valette : *Le Sonneur de Saint-Paul*.

Le traité qui faisait du *Moniteur* le journal officiel
expirait le 1er janvier 1869. On pense bien que, dans
de telles conditions, il ne fut pas renouvelé. M. Dalloz soutint à ce propos contre le gouvernement impérial un procès dont on parla beaucoup alors. Le
ministère avait prétendu continuer à donner le titre
de *Moniteur* à son organe. Le procès fut perdu par
l'État en première instance. On alla en appel, et

7

même. pour que l'affaire fût jugée vite. on suspendit les vacances de la cour. Puis au jour du procès. le gouvernement déclara qu'il se désistait. et qu'il gardait simplement pour son journal. le nom de *Journal officiel*.

A ce moment. M. Dalloz était jeune encore et riche. Il eût parfaitement pu se retirer de la lutte. Mais c'était un travailleur par tempérament. Il se mit à l'œuvre avec plus d'ardeur que jamais. fonda des publications nouvelles. agrandit les anciennes. et constitua cette puissante société de publications qui compte jusqu'à douze organes. et une des premières imprimeries de France.

Pendant la guerre. il suivit la Délégation à Tours. puis à Bordeaux. ayant repris la direction du *Moniteur officiel*, et il rendit ainsi au gouvernement de la défense nationale les plus grands services. Depuis, il fut un des apôtres les plus écoutés de l'orléanisme.

Dans les différentes publications qu'il a dirigées. M. Dalloz a su s'entourer des premiers écrivains de la presse contemporaine. Pour ne citer que quelques noms, nous trouvons parmi ses collaborateurs : Sainte-Beuve, Paul de Saint-Victor, Prosper Mérimée, Édouard Thierry, Amédée Achard, Jules Amigues, Fiorentino, Edmond About, de Cormenin, Théophile Gautier, Henri Lavoix. Gustave Claudin. Il passait ses journées au milieu de cette brillante pléiade. et ne se résignait guère à quitter Paris qu'un mois par an. bien qu'il eût des propriétés où il n'allait qu'en passant. et un yacht où il séjournait six heures chaque année. Avec cela. passionné pour

les recherches scientifiques, et particulièrement
plein de sollicitude pour les inventeurs: c'est ainsi
qu'il aida de sa bourse plusieurs entreprises, telles
que les moteurs à gaz Lenoir, beaucoup d'applications de l'électricité, et surtout la phototypie et la
lithochromie.

Une autre de ses passions était l'amour des chinoiseries et des japoneries. Il fut un des premiers en
France à collectionner les bronzes, les émaux cloi-
sonnés, les faïences et les étoffes de soie qui nous
viennent de l'Extrême-Orient.

Paul Dalloz est mort après une longue et doulou-
reuse maladie qui, depuis des mois, le tenait éloigné
de ce journal qui est si bien son œuvre qu'on ne peut
raconter la vie du directeur sans narrer l'histoire du
Moniteur. Sa mort est une grande perte pour le journalisme contemporain.

XXVI

Avant la première de « Renée ». — Les précurseurs du naturalisme au théâtre. — Les frères de Goncourt et leur « journal ». — L'auteur de la « Faustin ». — La maison d'un artiste.

16 avril.

On nous promet pour samedi, au Vaudeville, la première représentation d'une pièce de M. Émile Zola — *Renée* — qui, n'ayant pas encore vu le feu de la rampe, soulève déjà les plus ardentes polémiques. Il s'agit d'une tentative extrêmement curieuse et qui passionne au plus haut point le monde spécial des théâtres. On n'ignore pas que *Renée* est une œuvre franchement naturaliste, un drame construit selon les théories chères à M. Émile Zola, et dans lequel il a, pour ainsi dire, condensé son esthétique.

Dans l'*Assommoir*, comme dans le *Ventre de Paris*, le public n'avait pu juger qu'en partie les procédés de la nouvelle école. Cette fois, il pourra les condamner ou les absoudre en toute connaisssance de cause. L'auteur n'a transigé sur aucun détail. Bonne ou mauvaise, sa pièce est telle qu'il l'a voulue.

M. William Busnach n'y a pas collaboré. Nulle main
sacrilège ne lui a fait subir de coupures. La soirée
de samedi, défaite ou victoire, sera donc mémorable. M. Émile Zola livre enfin une grande bataille
au théâtre et très crânement.

Le seul reproche qu'on pourrait lui adresser serait
de ne pas l'avoir fait plus tôt. Les raisons qu'il
donne de ce retard ne sont guère probantes. *Renée*,
que l'ancien administrateur de la Comédie française
aurait peut-être montée, fut refusée par MM. Porel
et Koning. Mais rien n'empêchait l'auteur de se retourner immédiatement vers le Vaudeville. M. Émile
Zola a préféré attendre ce qu'il appelle : l'évolution
du public préparée par des pièces mixtes. Tran-
chons le mot, il n'avait pas encore la foi.

Cependant, l'introduction du naturalisme au
théâtre, comme dans le roman du reste, ne date pas
de l'*Assommoir*. Il convient de rendre à chacun ce
qui lui appartient. La personnalité puissante et un
peu encombrante du grand pontife de Médan ne
peut pas éclipser les talents originaux des écrivains
qui entrèrent avant lui dans la carrière. Elle ne nous
cache ni Balzac, ni Flaubert, ni les frères de Goncourt, qui publièrent *Germinie Lacerteux*, devançant
la série des Rougon-Macquart, et donnèrent *Henriette Maréchal* au théâtre, avec l'acte fameux du bal
de l'Opéra qui, au point de vue naturaliste, ne le
cède en rien à ce *Réveil des Halles* dont on nous a
tant parlé.

Pour ma part, je ne suis pas fâché de rappeler, à
l'occasion de *Renée* et de M. Émile Zola, le souvenir
de ces grands hommes de lettres, celui surtout de

ces deux frères longtemps méconnus, ignorés, et que nous rangeons aujourd'hui orgueilleusement parmi nos gloires. La collaboration féconde de Jules et Edmond de Goncourt a produit des chefs-d'œuvre que le public ne connaît guère. *Mme Gervaisais, Manette Salomon, Charles Demailly* passèrent inaperçus devant la foule indifférente; *Henriette Maréchal* fut chutée par une cabale imbécile et retirée de l'affiche dans les trois jours.

On reprochait aux auteurs leurs attaches officielles. Le naturalisme n'était pas encore inventé, et la vérité implacable de leurs études de mœurs choquait comme une impertinence. Mais leur style surtout, cette forme *artiste* qu'ils inventèrent en commun, cette monture merveilleuse, ouvrée, niellée, guillochée, dans laquelle ils enchâssaient les idées comme des perles fines, ameuta contre eux les masses profondes des grammairiens et des cuistres de collège incapables de les comprendre.

Le *Journal des Goncourt*, dont le premier volume vient de paraître, raconte au jour le jour cette guerre acharnée de coups de plumes et de coups d'épingles où l'un des deux frères, le plus jeune, le plus impressionnable, succomba. Par bonheur, l'aîné supporta mieux la lutte. Il a vu diminuer chaque année le nombre de ses ennemis à mesure que ses admirateurs devenaient innombrables. Il a vu la gloire lui sourire. Il est aujourd'hui triomphant.

Si nous galonnions nos chefs dans la grande armée des lettres, Alphonse Daudet, Émile Zola seraient parmi nos jeunes généraux de division, mais Edmond de Goncourt marcherait au rang des maréchaux de

France. Par exemple, je le vois, avec sa moustache de mousquetaire et sa belle tête poudrée à frimas, comme un maréchal de l'ancien régime, un Villeroy grand seigneur, avec des dentelles à son jabot et des rubans à la garde de son épée.

Car le gentilhomme se retrouve sous l'homme de lettres. Il faut le regarder dans un salon, assis carrément dans un fauteuil, la tête renversée, les jambes croisées, très à l'aise au milieu d'un groupe empressé et respectueux de disciples et de jolies femmes qui l'écoutent narrer quelque piquante anecdote.

L'auteur de la *Faustin* parle du dix-huitième siècle et conte finement les petits potins de la ville et de la cour. Il est dans son élément, dans son monde : il s'y rattache par son éducation aristocratique, par ses traditions de famille, par ses goûts personnels, sa nature d'artiste, ses travaux passés. Il est, comme dirait Balzac, justaucorps bleu, rocaille, pompadour, tout ce qu'il y a de plus Régence. Quand il commence ainsi : « Un jour, à Trianon, Mme de Villedeuil, ma parente... », on croirait revenu le bon temps des robes à paniers et des pastels de La Tour ou de Chardin.

Dans sa petite maison d'Auteuil, où se trouve ce musée délicieux d'anciennes choses et de japonaiseries qu'il appelle son *grenier*, Edmond de Goncourt vit avec le souvenir de son frère, qu'il aima passionnément, et à la mémoire duquel il a voué un véritable culte. Rien de touchant comme de l'entendre faire l'éloge de l'absent, vanter son esprit charmant, ses reparties, sa beauté même : « Mon frère était si

beau qu'en Italie on le prenait pour une femme. » Il
lui attribue toujours la meilleure partie de leurs
ouvrages communs, et si on lui cite une belle page,
une phrase plus miroitante, une pensée mieux sertie,
il ne manque jamais de vous dire : « Elle est de Jules
tout seul. »

Tous les dimanches, après midi, le grenier des
Goncourt s'emplit de visiteurs, littérateurs ou artistes qui viennent apporter au maitre le tribut de
leur admiration. Il y a là les romanciers les plus
connus, les poètes les plus illustres, à côté des débu-
tants, des jeunes qu'Emond de Goncourt encourage,
et dont il suit les efforts avec le plus grand intérêt.
A le voir lui-même si alerte, si vif, si gai, si pétulant,
on le prendrait pour un jeune homme, pour un
camarade de lutte, et on oublie presque l'énorme
distance qui vous sépare, bien moins par l'âge que
par le talent.

XXVII

**Le ballon dirigeable des Allemands. — Vingt-cinq
mètres à la seconde. — Est ce vrai ? — L'école de
Chalais. — Entrevue avec un célèbre ingénieur
aérostier.**

25 avril.

Voilà de nouveau les regards qui se tournent du
côté de la frontière. Au moment même où naissait
l'incident de Pagny-sur-Moselle, on annonçait — ce
qui est moins grave à la vérité, mais encore digne
d'attention, — que les Allemands avaient procédé, à
Metz, à des expériences décisives d'aérostation militaire.

On disait qu'ils avaient trouvé le ballon dirigeable
idéal. On ne se gênait pas pour fournir des chiffres à
l'appui On parlait de vitesse de vingt-cinq mètres à
la seconde, qui permettaient au nouvel engin la
lutte contre le vent dans l'immense majorité des cas,
et lui donnaient toute la facilité d'évolution désirable.

Cette découverte nous sembla si belle qu'elle nous
laissa un peu sceptique. Il nous parut en effet dou-
teux que nos voisins eussent dépassé eu si peu de

7.

temps et d'une telle distance les expériences faites à Meudon en 1884 et 1885.

On sait que c'est « l'École d'aérostation de Meudon ». A vingt-cinq minutes de la gare, se trouve un terrain boisé où s'élevait jadis un haras. Après la guerre, il fut transformé en parc d'artillerie, et affecté à la construction et au dépôt des mitrailleuses et canons Reffye. Puis, en 1877, la jouissance en fut donnée à MM. les capitaines Renard et Krebs pour y fonder un atelier et des écoles d'aérostation militaire. Ce terrain, assez vaste, s'appelle le parc de Chalais.

Il comprend les ateliers, les champs d'expérience, et un musée, qui est encore à l'état embryonnaire : il contient en effet seulement les nacelles et agrès de quelques ballons du siège de Paris, du ballon dirigeable de Dupuy-de-Lôme, et, en particulier la série des appareils qui, par d'inévitables tâtonnements, ont amené MM. Renard et Krebs à résoudre le problème au moins en temps calme. Mais peu à peu, cette collection se développera et elle présentera alors un très vif intérêt : surtout lorsque les progrès auront vulgarisé la science aérostatique, et auront fait tomber dans le domaine public des découvertes qui ont actuellement presque l'importance de secrets d'État. On ne visite aujourd'hui l'école de Chalais qu'avec la plus grande difficulté. Nous l'avons cependant visitée, ayant l'habitude de n'entretenir nos lecteurs que des choses que nous connaissons.

A Chalais, outre les expériences et les recherches relatives aux ballons dirigeables, qui se poursuivent toujours, tant pour perfectionner les résultats acquis que — et c'est là le point essentiel, — pour les ap-

pliquer à leur destination militaire. on construit tout
ce qui concerne le matériel de ballons captifs à treuils
mobiles dont sont aujourd'hui pourvues nos places
fortes. Le personnel est variable. suivant la quantité
de ballons à faire ou à réparer. Il comprend à peu près
une cinquantaine d'ouvriers. tous militaires. et pris
parmi les soldats du génie. Ces troupes d'élite fournissent également les détachements d'aérostiers qui
viennent. dans un stage à Chalais. se mettre au courant de leur service.

C'est avec ces éléments assez restreints que MM. Renard et Krebs sont arrivés aux expériences concluantes de 1884 et 1885. Il est impossible. en effet.
de résoudre plus complètement le problème, au
moins théoriquement. puisque les aérostats partis
de Chalais ont évolué dans un rayon de quatre ou
cinq kilomètres. et *sont revenus à leur point de départ.*
Malheureusement. ce magnifique résultat ne peut
s'obtenir que dans les temps calmes. Les Allemands
avaient-ils donc été plus heureux encore que nos
officiers ?

Nous sommes allé demander l'avis d'un des personnages les plus compétents parmi ceux qui s'occupent d'aérostation. Bien qu'il ne nous ait rien dit
de compromettant. il nous a prié. en raison de sa
situation... particulière. de ne pas le nommer. Tout
ce que nous pouvons dire. c'est qu'il nous était impossible de nous adresser à quelqu'un qui fût plus
au courant de la question.

— Vous voulez mon avis sur le ballon de Metz ? le
voici très catégoriquement exprimé. C'est un pur et
simple canard.

— Et sur quoi basez-vous cette opinion ?

— Sur plusieurs raisons : d'abord, les chiffres qu'on donne sont trop beaux pour être vrais. On prétend que le ballon atteint une vitesse de vingt-cinq mètres à la seconde. Or, le ballon de Chalais donnait six mètres cinquante. On aurait parlé d'un bénéfice d'un ou deux mètres, j'aurais dit : c'est possible. Mais dix-huit mètres et demi de plus, c'es fantastique ; avec les sources de force dont nous disposons, un moteur, quelque ingénieux qu'il soit, capable de produire une telle vitesse, atteindrait un poids que les plus grands aérostats qu'on puisse concevoir seraient incapables d'enlever. Vous me direz qu'il y a bénéfice à accroitre les dimensions de l'aérostat, puisque le poids qu'il enlève croit comme le cube de ses dimensions, et que la résistance que le moteur est chargé de vaincre augmente seulement comme leur carré. C'est juste en principe : mais, dans l'application, il faut réfléchir que les substances employées sont toutes spéciales, que les fragiles enveloppes ne reposent sur aucune membrure, qu'il ne s'agit pas là de tôles boulonnées ou rigides, mais d'étoffes souples, sans consistance, faciles à déchirer. Il est donc impossible de dépasser certaines limites dans les dimensions des ballons.

» Ma deuxième raison, c'est que l'on n'arrive pas du premier coup à trouver la solution définitive. J'en sais quelque chose. Or, cette découverte éclate ainsi comme un coup de foudre, sans qu'on ait jamais entendu parler de la progression de succès partiels qui caractérise ces délicates investigations.

» Enfin, j'avoue que je suis étonnamment surpris

que les Allemands, lorsqu'il leur était si facile de
procéder à ce genre de recherches dans n'importe
quelle partie de l'empire, soient venus justement s'y
livrer à Metz, pour nous écraser de ces brillants résultats, et exciter ainsi notre émulation. »

— Conclusion ?

— Conclusion, un correspondant zélé a vu un
ballon monter, descendre, aller, venir, retourner. Il
en a conclu qu'il avait devant lui un ballon dirigeable, et il l'était en effet, car on le dirigeait de terre
avec un câble enroulé sur un treuil et traîné par
deux bons chevaux.

XXVIII

**Autour de l'incident franco-allemand. — Chez un
ami de M. Schnaebelé. — Souvenirs de jeunesse.
— Le commissaire de Pagny. — Sa biographie et
son portrait.**

26 avril.

L'émotion causée à Paris par ce qu'on est convenu d'appeler l'incident de Pagny-sur-Moselle,
commence à peine à se calmer à l'heure où nous
écrivons ces lignes. L'opinion publique, très surex-
citée par les premières dépêches, attend avec confiance les résultats de la double enquête entreprise
par les gouvernements français et allemand qui ne
peuvent tarder à s'entendre si, comme tout le fait
présumer, l'arrestation du commissaire Schnaebelé
provient d'une simple erreur judiciaire.

Mais il ne s'ensuit pas nécessairement qu'on se
désintéresse d'une affaire aussi grave, au point
d'oublier notre malheureux compatriote. On
peut dire, au contraire, que toutes les sympathies lui sont acquises et l'accompagnent dans les
cachots de Metz ou de Strasbourg, dont les sbires de
M. de Bismarck gardent les portes. Sa mise en
liberté, qui ne saurait être trop prompte, ne lui

enlèvera même pas cette auréole de gloire que lui font aujourd'hui les cœurs vraiment français et personne, désormais, n'oubliera parmi nous cet homme courageux, qui aura eu le très grand honneur d'incarner, pendant quelques jours, l'âme de la patrie.

Hâtons-nous d'ajouter que M. Schnaebelé n'en était point indigne. Les journaux de Meurthe-et-Moselle qui publient sa photographie l'accompagnent des commentaires les plus élogieux. Le commissaire de Pagny jouissait de l'estime et de la considération générales. Tous ses concitoyens s'accordent sur ce point : on ne lui connaissait pas d'ennemis : c'était un honnête homme dans la force du terme.

J'ai eu la bonne fortune de rencontrer hier, dans un salon, un Alsacien-Lorrain qui l'a beaucoup connu et qui a bien voulu me fournir sur son compte les renseignements les plus complets. Établi à Paris depuis la guerre, M. K... appartient à une des familles les plus considérables des pays annexés. Son nom est des plus populaires à Mulhouse et, si je ne le donne pas ici en toutes lettres, c'est d'abord pour céder à sa prière et ensuite, et surtout, parce que je reste persuadé que ses nombreux amis le reconnaîtront.

Ces réserves faites, M. K... ne fit aucune difficulté pour me répondre, et voici en substance ce qu'il me dit :

« Mes relations avec le commissaire Schnaebelé datent de loin. J'avais dix ou douze ans quand il devint mon professeur. Il était alors attaché à l'école primaire de Mulhouse qui fut transformée par la suite en école professionnelle. Mon père lui demanda de nous donner des répétitions. Nous étions quatre ou cinq à la maison, garçons et fillettes, à qui il enseigna consciencieusement la grammaire et l'écriture..., l'écriture surtout. C'était un calligraphe de premier ordre. Je le vois encore arriver à l'heure des leçons. Un jeune homme, vingt-cinq ans au maximum, de petite taille, râblé, vigoureux, la barbe et les cheveux noirs, l'œil vif et la main preste. Il avait plutôt l'allure d'un Méridional que d'un Alsacien. Je me rappelle qu'il nous faisait travailler ferme, mais nous l'aimions beaucoup, parce qu'il savait à l'occasion nous distraire.

» Il ne détestait pas faire étalage de sa force physique. En nous surveillant, il enlevait les chaises à bout de bras, et quand nous avions été bien sages, il nous donnait un petit spectacle qui nous plongeait dans la plus vive admiration : il tordait une clef ou une pièce de monnaie entre ses doigts.

» J'insiste sur ces faits, en apparence insignifiants, parce qu'à mon sens ils caractérisent on ne peut mieux l'homme énergique qui devint plus tard mon ami. Sa réputation à Mulhouse était excellente. Mon père l'estimait pour sa franchise, la droiture de son jugement et de son caractère. Ma mère elle-même lui donna un témoignage de sa confiance dont il s'est depuis montré reconnaissant. Elle le maria.

» Il avait abandonné le professorat qui convenait peu à son tempérament pour rentrer dans une carrière où son activité devait trouver un emploi quotidien. Son père, ancien instituteur comme lui, était commissaire central à Strasbourg. On le nomma commissaire de police à Kehl, puis à Sarreguemines, puis à Mayence et enfin à Thionville où il resta jusqu'en 1870.

» Sous l'Empire, de pareilles fonctions ne laissaient pas d'être fort délicates. On ne s'occupait guère des Allemands à cette époque, malheureusement. On servait le gouvernement ou on le combattait. C'était la grande affaire. La politique intérieure aveuglait l'opinion. On ne voyait rien au delà des frontières. Les agrandissements successifs de la Prusse n'inquiétaient personne.

» C'est pendant ce temps-là que le rôle d'un commissaire de police devenait difficile. Combien de fonctionnaires de cette catégorie se sont rendus odieux, à cette époque, par leurs excès de zèle. M. Schnaebelé eut le rare mérite de contenter tout le monde et son maître. Il y parvint grâce à son tact, à son intelligence, à la souplesse de son esprit, à son caractère flexible et conciliant. Amis et adversaires furent unanimes à le proclamer et la meilleure preuve, c'est que le gouvernement de la République s'empressa de le maintenir dans son emploi.

» On l'envoya en avancement à Bellegarde, puis à Audun. Enfin on lui donna le poste de confiance qu'il occupait encore il y a quelques jours, à Pagny. Personne plus que lui n'était capable de se tenir correctement dans cette position délicate. Soyez assuré qu'il n'a pas commis la plus légère imprudence. Il en est incapable. Mais, croyez aussi qu'il a rempli son devoir jusqu'au bout, tout en restant strictement dans son droit. Les Allemands se défient de lui et ils ont raison. Ils voudraient bien s'en débarrasser et cherchent tous les moyens de le compromettre. Malgré le guet-apens dans lequel ils l'ont fait tomber, je ne crois pas qu'ils aient réussi, pour cette fois du moins. Voilà mon opinion. »

XIXX

Un agent secret prussien.

29 avril.

Je connaissais la présence à Paris d'un policier allemand. Ce personnage a appartenu pendant six ans à la police politique prussienne. Il a eu à se plaindre de ses chefs, a quitté l'Allemagne, et tout récemment est venu s'installer à Paris. Je pensais qu'il pourrait me donner des renseignements qui emprunteraient un surcroit d'intérêt aux circonstances que nous traversons ; je me suis donc mis à sa recherche, et, non sans peine, je l'ai découvert.

M. Trautner a élu domicile dans une maison meublée, doublée d'une petite brasserie allemande qu'on est obligé de traverser. Je passai entre deux files de tables, garnies de gens blonds comme les piles de *brechtels* entre lesquelles ils dévoraient les saucisses de Francfort noyées dans la choucroute fumante. J'ai gravi ensuite un escalier où une seule personne a littéralement quelque peine à passer sans s'effacer. Au troisième, une petite porte : c'est là.

M. Trautner m'introduit dans sa chambre. C'est un jeune homme de vingt-huit à trente ans, châtain, presque brun. Il est d'assez haute taille, et porte les cheveux en brosse, la moustache et la mouche. Les yeux noirs, petits, mais expressifs, s'abritent derrière un lorgnon. Les épaules carrées, la jaquette rigidement boutonnée, donnent au maître du logis cette allure militairement germanique dont les hiérarchisés d'Allemagne ne peuvent jamais se défaire.

La chambre d'hôtel est assez vaste, et simplement, mais convenablement meublée. Tout y respire l'ordre. M. Trautner a apporté à peu près tout son bien avec lui, et les livres, les brochures, parmi lesquels figurent les ouvrages de mon excellent ami Victor Tissot, sont rangés en belle ordonnance sur des tables. Dans une vaste embrasure de croisée se trouve un petit bureau et au-dessus, accroché au mur, à portée de la main, un grand revolver dont le barillet laisse passer les broches de cuivre de ses cartouches. Cette arme n'est pas seulement là comme ornement, ainsi qu'on le verra tout à l'heure.

Dans ma conversation avec M. Trautner, j'ai acquis la certitude que, pour les Allemands, l'espionnage est un métier comme un autre, et qui n'entache en rien l'honneur de celui qui le pratique. Et je ne parle pas seulement de l'espionnage militaire, qui peut être expliqué par un désir violent de servir son pays par tous les moyens possibles, mais aussi de l'espionnage politique et s'exerçant à l'intérieur même de l'Empire. M. Trautner me parle de ses fonctions avec la plus grande aisance, et commence par m'expliquer qu'il est venu en France afin de se venger de

ses chefs, qui avaient cherché à « ruiner son honneur. » Il a gardé en sa possession une foule de documents authentiques, et il va bientôt les publier en
volume.

— Mais il me semble, lui dis-je, que la tâche que
vous entreprenez là ne va pas sans quelques dangers.
Car enfin, si ces documents sont réellement importants, n'avez-vous pas peur que les autorités alle-
mandes...

— Vous n'avez pas tout à fait tort. Et il est certain
que si je commettais aujourd'hui l'imprudence de
passer la frontière, je courrais grand risque de ne
plus revenir à Paris.

— On vous emprisonnerait ?

— Oh non, me répond flegmatiquement M. Trautner, l'entretien d'un prisonnier dans une forteresse
coûte encore assez cher. On s'y prendrait autrement.

— Et que ferait-on ?

— On me *suiciderait*

— Pardon ?...

— Je m'explique. Et je ne saurais mieux le faire
que par un exemple. En 1884, l'agent secret de la police prussienne Wolf, en service à Londres, écrit à
la direction de la police que, si on ne lui donne
pas une somme de 20.000 marks, il publiera des documents compromettants qui sont en sa possession.

Le directeur lui répond une lettre habile, lui disant,
après quelques reproches, qu'il peut venir à Berlin
chercher son argent. Il laissera ses documents en
Angleterre comme sûreté, et ne les fera remettre
qu'après paiement. Wolf se laisse convaincre et arrive à Berlin. On l'appréhende au corps; il passe de-

vant le tribunal supérieur, qui le condamne pour chantage à deux ans de prison. A l'expiration de sa peine, Wolf, plus décidé que jamais à faire du mal à son gouvernement, reprend le chemin de l'Angleterre.

A Hambourg, il est arrêté comme vagabond par le commissaire de police Engels : notez qu'il voyageait avec une somme sérieuse sur lui. On l'emprisonne, et deux jours après, on le trouve dans sa cellule pendu à l'aide de son foulard. Or, il est à remarquer que trois ou quatre autres policiers, arrêtés dans des conditions semblables et pour des motifs analogues, ont eu la même inspiration de se pendre ans leur prison avec leurs foulards.

— Diable !

— Ici, je suis à peu près en sûreté. Dans tous les cas, vous voyez que j'ai de quoi me défendre, et que je me tiens sur mes gardes.

Et il me montrait son revolver.

— Ainsi, repris-je, vous avez été attaché aux... services étrangers de la police prussienne ?

— Oui, en Belgique, en Suisse et en Italie.

— Voulez-vous m'expliquer comment fonctionne ces services ?

— Volontiers. La direction en appartient à un personnage dont le titre est : *conseiller de police, aide-collaborateur des affaires étrangères*. Il est lui-même assisté d'un commissaire de police qui remplit les fonctions de sous-directeur.

Les agents, soit qu'ils soient agents de carrière, soit qu'ils appartiennent aux diverses classes de la société, correspondent isolément et directement avec ces deux personnages. Quand je dis directement,

cette expression n'est pas rigoureusement exacte,
car leurs lettres mises à la poste en pays étranger, ne
sont naturellement pas envoyées à l'adresse du directeur de la police, mais à des adresses convenues,
d'où elles parviennent à leur véritable destination.
Le directeur et son secrétaire répondent *eux-mêmes*
aux lettres et aux rapports. Ils sont seuls, en effet, à
connaître leur personnel.

Les correspondances sont divisées en trois catégories. Celles qui concernent le mouvement socia-
liste sont transmises au ministère de l'intérieur. Celles
qui ont trait aux événements politiques et diploma-
tiques vont au ministère des affaires étrangères, c'est-
à-dire à M. de Bismarck, et celles qui traitent des
choses militaires sont remises au Grand-Etat-Major.

— Les agents secrets sont-ils nombreux?

— Très nombreux. A Paris, il y en a une douzaine,
rien que dans les sphères élevées.

— Sont-ils bien payés?

— C'est selon. Vous comprenez que les émolu-
ments varient suivant la condition sociale des émis-
saires. Moi, qui étais un agent de carrière, j'étais
payé 300 marks par mois, plus certains frais, dé-
placements et autres indemnités, qui portaient à
peu près mes honoraires à cinq mille marks par an.

— Maintenant, causons un peu de la situation actuelle: qu'est-ce que vous en pensez?

— J'ai quitté l'administration en janvier 1887. Je
ne puis donc rien savoir des instructions actuellement données aux agents. A l'époque où je suis sorti,
rien, dans les ordres que nous recevions, ne faisait
prévoir une intention de provocation systématique.

C'est tout ce que je puis vous dire. Quant à ce qui
arriverait au cas où la guerre serait déclarée, je puis
être plus explicite, et je me retrouve sur mon terrain. L'attaque de l'armée allemande contre la
France se ferait à travers la Belgique, et, entendez-
moi bien : avec le concours de la Belgique.

— Mais ce que vous me dites là est d'une extrême
gravité.

— Je le sais bien. Mais cela ne m'empêche pas de
l'affirmer, attendu que j'ai été pendant plusieurs
mois agent secret en Belgique, et que mes instructions que j'ai là, ajoute M. Trautner en me désignant
un secrétaire, *sont toutes conçues dans ce sens*. Je dirai
plus : je pourrais vous citer des noms d'officiers de
police belges qui sont à la solde du gouvernement
prussien.

Là-dessus, la conversation est devenue très confidentielle, et les autres renseignements, d'un intérêt
très vif, que m'a donnés M. Trautner, sont d'une
nature telle qu'il m'est impossible de les reproduire.
Mais le lecteur peut se rassurer. Ils ne seront pas
perdus.

XXX

**Le Fleuriste de la Muette. — Une exposition d'aza-
lées. — Les fleurs de la Ville de Paris. — Les jardins et les squares. — Un budget de huit cent
mille francs.**

11 mai.

Les Parisiennes, qui adorent les fleurs, ne manquent pas d'aller visiter chaque année la superbe
exposition d'azalées qui vient de s'ouvrir à la Muette,
avenue Henri-Martin, dans l'établissement horticole de
la ville. C'est une excursion charmante que beaucoup
d'entre elles ont déjà faite hier dimanche, et qu'elles
recommenceront plusieurs fois sans doute avant la
fin de la saison, car le spectacle en vaut la peine.

Plus de trois cents variétés d'azalées de toutes
nuances sont massées sur les gradins d'une serre et
forment une énorme couronne de fleurs, un gigantesque bouquet dont les couleurs s'harmonisent déli-
cieusement et se fondent dans une savante dégrada-
tion de tons, depuis le vermillon et la pourpre jusqu'au blanc pur, en passant par la gamme chroma-
tique des roses. C'est inouï! c'est féerique! c'est
éblouissant comme un feu d'artifice qui ne s'étein-
drait pas! Et c'est exquis.

L'azalée dans sa floraison éclatante, orgueilleuse, semble le type des plantes de luxe, fleurs décoratives créées pour le plaisir des yeux. Elle est aristocratique, elle est hautaine. Mais son triomphe ne dure qu'un mois : il faut donc se hâter si l'on veut en jouir. Elle passera sans laisser seulement la trace d'un parfum.

L'exposition du Fleuriste de la Muette attirera peut-être l'attention sur cet établissement, que j'ai pu voir hier dans tous ses détails et dont bien peu de gens soupçonnent l'existence. Le Fleuriste a été créé vers 1855 par M. Alphand, quand il réorganisa le service des promenades. Son but est de cultiver et d'entretenir les plantes et les fleurs destinées à l'embellissement des jardins et des squares ou à l'ornement des fêtes officielles à l'Hôtel de Ville, dans les ministères et les mairies. Il couvre une superficie d'environ trois hectares, possède quarante-trois serres, une belle orangerie et près de deux mille châssis vitrés.

Le Fleuriste fournit chaque année douze cent mille plantes de printemps, d'été et d'automne, réparties selon les besoins du service. Les corbeilles de fleurs que tout le monde admire sont préparées et composées dans l'établissement, et leur composition n'est pas le travail le moins intéressant à étudier.

Au commencement de chaque saison, dans tous les quartiers de Paris, les chefs jardiniers attachés à un jardin quelconque soumettent un projet de décoration à un jardinier principal qui l'examine, donne son avis et en réfère au jardinier en chef, M. Laforcade, qui est précisément le directeur du Fleuriste.

8

Le jardinier en chef a donc la responsabilité tout entière de l'ornementation des jardins. C'est lui qui dirige, à sa guise, les travaux neufs exécutés tous les ans, qui fait varier à l'infini l'aspect de nos squares et qui donne à nos promenades un attrait irrésistible. Pour arriver à de pareils résultats, on comprend qu'il doit posséder des aptitudes spéciales en dehors de la science particulière à sa profession, et je n'étonnerai personne en affirmant que M. Laforcade, architecte-jardinier en chef de la ville de Paris, est un véritable artiste.

Avec une complaisance qui n'a d'égale que sa modestie, il a bien voulu me fournir lui-même des renseignements précieux sur l'organisation de ses différents travaux et sur le recrutement de son personnel :

« A l'origine, m'a-t-il déclaré, l'administration ne pouvait guère se montrer exigeante, et les premiers jardiniers de la ville furent pris un peu au hasard. Ils formèrent un noyau qui s'accrut bientôt d'un certain nombre d'élèves, et le personnel ne tarda pas à se trouver au complet. Aujourd'hui, nous ne recevons parmi nos jardiniers que ceux qui ont été apprentis au Fleuriste. Nous avons des enfants, des jeunes gens de quatorze ou quinze ans, qui travaillent sous nos yeux pendant quelques années. Ils passent élèves-jardiniers, puis jardiniers en titre, et, avec le certificat que nous leur donnons alors, ils se placent très facilement chez les particuliers ou s'établissent à leur compte. A l'étranger, on les recherche beaucoup, et peut-être devons-nous en tirer vanité. Cependant, au point de vue spécial de l'horticulture, nous ne sommes pas les premiers en Europe.

» L'Angleterre, la Belgique surtout. nous dament le pion. Il y aurait là-dessus beaucoup à dire. La ville de Paris fait bien les choses, puisque notre budget s'élève à huit cent mille francs. mais l'État ne nous seconde guère. Il est vrai que l'État a d'autres soucis que les fleurs.

» Malheureusement. les Compagnies de chemins de fer nous ruinent. Croyez-vous que nous achetons des palmiers en Belgique ? Des palmiers ! Comme si nous n'avions pas l'Algérie et la Tunisie pour nous en fournir ! Seulement, vous comprenez, le transport nous reviendrait beaucoup plus cher, et nous avons plus vite fait de nous adresser à Bruxelles.

» Néanmoins, on peut affirmer que le goût des fleurs se développe de plus en plus en France et particulièrement à Paris. Il s'en fait un commerce énorme dépassant plusieurs millions de francs, mais le Fleuriste de la Muette n'y est pour rien. Nous ne vendons pas ; tout au plus échangeons-nous nos produits avec d'autres pour enrichir nos collections, qui sont, du reste, assez complètes. Nous avons ainsi plus de 30.000 plantes que nous conservons et qui ne sortent jamais d'ici. Elles nous coûtent cher et ne nous rapportent rien, puisqu'on ne peut les utiliser. Mais nous mettons un point d'honneur à les entretenir, c'est le cas de le dire, pour l'amour de l'art ; car, même sous ce rapport, Paris ne doit pas être pris au dépourvu. »

XXXI

L'acteur Hyacinthe. — Hyacinthe sportsman. — Ses poches. — Hyacinthe à Plombières. — Un dangereux cri du cœur. — Les quenelles de poisson.

12 mai.

Hier, après l'enterrement d'Hyacinthe, je causais avec Luguet, l'excellent régisseur du Palais-Royal ; nous parlions naturellement du pauvre artiste et, le croiriez-vous, après les tristesses de la journée, nous avons fini par sourire malgré nous en nous rappelant certains épisodes de la carrière du comique populaire.

Populaire, certes. Hyacinthe l'a été autant qu'on peut l'être. Dans sa petite province artistique et littéraire d'Asnières, sur la ligne de l'ouest, le long des rues qui étendent leur réseau entre la gare Saint-Lazare et le Palais-Royal, tout le monde connaissait et saluait au passage cet homme dont le nez s'abritait sous un immense feutre bolivar qui couvrait à peine de son aile cette protubérance proverbiale. Vêtu d'un grand paletot-sac, dont les poches avaient de mystérieuses profondeurs, chaussé de souliers d'une dimension invraisemblable. Hyacinthe s'en allait d'un pas égal et tranquille, en homme blasé depuis longtemps sur les sourires amicaux qu'éveillait son passage. De temps à autre, il s'arrêtait devant une petite voiture des quatre-saisons, débattant le prix d'un artichaut, ou d'un céleri-rave et, la négociation terminée, enfouissait le légume dans les cavités inexplorées de ses poches.

Oh ! ces poches ! ce qu'elles ont vu passer d'objets hétéroclites, disparates, réunis dans une captivité commune et inattendue ! Hyacinthe avait la petite faiblesse d'emporter des échantillons variés des repas auxquels il assistait. Il y a encore deux ans, au Vésinet, à une pendaison de crémaillère chez M{ᴵⁱᵉ} D...., une de ses camarades, nous l'avons vu avec stupéfaction faire disparaître dans ces réceptacles babyloniens des écrevisses, des meringues à la crème, des petits fours, des beignets d'ananas, et des cigares !

Je crois que tout le monde en France connaissait Hyacinthe. Mais je suis sûr que bien peu de personnes savent que l'étonnant comique a été autrefois un élégant, un *sportsman*. Parfaitement, un *sportsman*. A vrai dire, cela remonte loin. Ce souvenir date de 1833 ou 34. Il avait alors vingt ans, et venait répéter aux Variétés à cheval, en culotte basanée de cuir jaune, en jaquette de drap anglais, en gants de daim, et une rose à la boutonnière.

Qui eût pu s'en douter en voyant l'indigène d'Asnières, avec son chapeau d'auvergnat et son paletot-sac, rapporter sa provision d'oignons et de radis noirs !

Cet homme pacifique a pourtant cru un instant

qu'il allait être envoyé à Cayenne ou à Lambessa.

L'empereur venait d'adopter la station thermale de Plombières. Il paraît qu'il s'en trouvait bien au point de vue de la santé, mais qu'il s'y ennuyait fort. Un jour, M. Mocquart a une idée lumineuse : Si l'on faisait venir la troupe du Palais-Royal? L'Empereur accepte la proposition avec enthousiasme. On télégraphie à Dormeuil, le directeur, et l'on établit tant bien que mal une salle de spectacle.

Ce lieu de plaisir était des plus primitivement installés. Il n'avait pas de loges : de simples banquettes de bois couvertes de tapis attendaient les spectateurs, et la place d'honneur, celle qui était naturellement réservée à l'Empereur, était .....le fauteuil du chef d'orchestre, exilé avec les musiciens derrière les portants des coulisses.

Bref, on y passa néanmoins d'amusantes soirées. Les artistes jouaient tous les deux jours, en sorte que le service n'était pas trop fatigant, et, dans l'intervalle des répétitions, ils se livraient, eux aussi, aux douceurs de la villégiature, et faisaient des excursions dans les environs.

Un jour, Hyacinthe, Grassot et Luguet s'égarent dans un bois. Ils rencontrent un ruisseau, avec un petit pont en planches, et, immédiatement après, un long couloir, entre deux murailles de rocher à pic, et où deux personnes ne pouvaient passer de front. Au bout de cent pas, ils se trouvent nez à nez avec deux personnages en toilette du matin. C'était l'empereur suivi d'un de ses aides de camp, M. de Béville.

Nos excursionnistes de s'aplatir immédiatement

contre la muraille. Ils formaient un alignement rigide que dépassait seul le nez d'Hyacinthe. Le souverain regarde ce nez, qui est pour lui, si j'ose m'exprimer ainsi, un trait de lumière, quelque chose comme le drapeau, l'enseigne de la Compagnie du Palais-Royal. Il s'arrête, complimente les acteurs, cause un instant avec eux, et leur dit mille choses gracieuses. Puis il continue sa route, et les trois camarades reprennent la leur. Après quelques pas, Hyacinthe s'écrie, de sa voix de clarinette :

— Il a tout de même du bon, cet animal-là !

O effroi ! le couloir de rocher fait l'office de porte-voix, et le cri du cœur d'Hyacinthe grandit, répercuté par les échos, enflé par les sonorités des parois de pierre. Le souverain a évidemment entendu. Hyacinthe défaille, Grassot verdit, Luguet a la chair de poule. Tous trois restent cloués sur place. Enfin, Luguet ose se retourner et il voit l'empereur qui continuait sa route en se tordant de rire, tandis que derrière lui, M. de Béville leur jetait par dessus son épaule des regards courroucés. Naturellement, l'affaire n'eut pas de suites.

Les comédiens avaient emmené avec eux à Plombières leur ami Brébant, le « restaurateur des lettres », dont l'établissement était situé, à cette époque, rue Neuve-Saint-Eustache. Brébant leur avait fait faire la connaissance d'un très gros personnage, M. Benoît, chef des cuisines de Napoléon III. De temps à autre, ils allaient prendre le madère avec ce fonctionnaire, dans les cuisines impériales. Or, à Plombières, ces cuisines étaient installées d'une façon aussi sommaire que le théâtre. C'était une enceinte palissadée, à ciel ouvert, qui s'étendait derrière la villa de l'empereur.

Un matin, Grassot et Hyacinthe trouvant que le
madère leur ouvrait l'appétit, risquèrent une reconnaissance du côté des fourneaux. Une certaine casse-
role attira leur attention par son appétissant fumet.
Elle contenait de jolies quenelles de poisson. Nos
deux compères coupent une tranche de pain, saisissent chacun une quenelle entre le couteau et le pouce.
et se mettent en devoir de la manger. Au moment
où ils savouraient la première bouchée. ils lèvent la
tête. et ils aperçoivent. accoudé à la fenêtre de son
cabinet de toilette, l'empereur, qui les regardait en
riant d'un air goguenard.

Alors, tous deux perdent la tête. jettent pain. couteau et quenelle et, obéissant à la même inspiration.
envoient vers le ciel ce cri retentissant :

— Vive l'empereur !

Napoléon salua, se retira en riant toujours et fit
dire à M. Mocquart qu'il entendait que les artistes
du Palais-Royal, qui faisaient partie de sa maison,
ne manquassent de rien. ce qui n'avait évidemment
pas été observé jusque-là. « puisqu'ils en étaient
réduits à chercher ainsi leur subsistance ».

A partir de ce jour. les cuisines impériales furent
chargées d'assurer la nourriture des comédiens de
Plombières. et l'on vota des remerciements à Hyacinthe et à Grassot.

XXXII

**Autour des cafés-concerts. — Les refrains popu-
laires. — Un Conservatoire inconnu. — L'usine
aux chansonnettes. — Les exigences du public.**

14 mai.

J'entends dire de tous côtés que l'année théâtrale
n'a pas été fructueuse. Les directeurs se lamentent.
tandis que leur caissier, homme juste mais sévère
comme une addition. lève les bras au ciel, en gé-
missant : *De profundis clamavi ad te Domine !* Tout le
long du boulevard. l'air retentit de leur plainte funèbre modulée selon la formule wagnérienne qui fait
passer le motif principal dans tous les tons, mais
qui, en l'espèce. n'attendrit personne. Le public
indifférent ne détourne pas la tête. Il se moque un
peu de leur détresse. Les théâtres peuvent fermer
leurs portes tant qu'il leur plaira. Ça lui est bien
égal ! Il reste les cafés-concerts qui, grâce à Dieu,
fonctionnent à merveille. Il trouve que c'est fort
suffisant et il y court.

Je ne me chargerai pas d'expliquer pourquoi. Le
public a des lubies que je respecte sans essayer de
les comprendre. Je constate un fait, voilà tout. Allez

un de ces jours aux Champs-Elysées, et vous m'en direz des nouvelles. De ce côté, on rencontre encore des directeurs souriants et des caissiers qui se frottent les mains, signe non équivoque d'allégresse dans cette honorable corporation. Des rampes de gaz multicolores serpentent des deux côtés de l'avenue, enserrant dans un cadre de flamme, une foule cosmopolite qui s'amuse éperdument au milieu d'un vacarme énorme. La saison d'été n'est pas ouverte depuis huit jours que déjà elle « bat son plein » comme la marée en septembre, car, trois fois par semaine, les cafés-concerts font « plus » que le maximum, et le dimanche on refuse du monde. Voilà la vérité.

Il n'y a pas à se le dissimuler. Depuis les temps reculés où Thérésa et Suzanne Lagier se disputaient les faveurs de leurs concitoyens en délire, nous progressons dans l'absurde, et pendant ces dernières années surtout nous avons marché à pas de géants vers la bêtise transcendentale.

Écoutez les refrains idiots que dégoisent, accompagnées d'un orchestre canaille, les étoiles de première grandeur dont le nom flamboie sur les affiches. Tâchez de saisir les paroles des couplets que l'auditoire redemande avec fureur et que l'artiste — l'excellent artiste — lui ressert avec complaisance. Si vous connaissez quelque chose de plus sot, de plus ridicule et de plus platement stupide, j'irai le dire à Rome en passant par Charenton.

Je me suis longtemps demandé dans quelle cervelle détraquée d'auteur ces insanités pouvaient naître après avoir germé, et je me suis toujours ré-

pondu qu'il ne fallait pas approfondir ce mystère.
Mais j'ai voulu savoir également d'où sortait la légion
d'interprètes qui se charge, suivant un cachet variable, d'en faire valoir les beautés en public, et
cela, je l'ai découvert. Je connais maintenant le
Conservatoire qui sert de pépinière à tous les concerts de Paris et de la banlieue, voire même à ceux
de province. Je l'ai visité ce matin à l'heure des
leçons de chant, ce qui m'a permis d'y assister.

La scène se passe, à l'entresol, au fond de la cour,
dans une maison sise aux environs du faubourg
Saint-Denis. On traverse une première pièce qui sert
de salle d'attente et où plusieurs élèves se trouvent
déjà réunies. C'est le jour des femmes. Dans le nombre j'en remarque deux ou trois assez gentilles qui
babillent avec entrain et une quatrième silencieuse
accompagnée de sa maman qui ressemble à Mme Cardinal. Mais la petite Cardinal a l'air triste et quand
je passe, elle baisse timidement les yeux.

La seconde pièce où se tient le professeur est une
manière de salon principalement meublé d'un piano
derrière lequel je me dissimule. Au moment où
j'arrive, une petite brune fort délurée chante à pleine
voix cette ineptie :

> C'est la couturière
> Qui d'meur' sur le devant;
> Moi, j'suis sur le derrière.
> C'est bien différent.

Elle s'interrompt et le professeur m'explique le
mécanisme très simple de son enseignement. Ces
demoiselles n'ayant que faire d'apprendre la mu-

sique. il les *serine* au piano jusqu'à ce qu'elles
sachent un certain nombre de chansons formant le
répertoire d'un genre. Quand ce travail est terminé,
on les fait débuter quelque part. et si elles réussissent, on leur fabrique « sur mesure » les nou-
veautés dont elles peuvent avoir besoin. De cette
manière, la maison trouve toujours un débouché
par où elle écoule facilement ses produits.

L'usine lance, bon an mal an. sur la place. une
centaine de sujets des deux sexes et quatre ou cinq
cents chansons parmi lesquelles se trouvera peut-
être la scie populaire qui fera fortune. Nul ne pourrait la désigner d'avance. et comme il y a des usines
rivales. c'est au petit bonheur.

Ces explications faites. la leçon continue. C'est le
tour. à présent, d'une grande perche qui a des bras
qui n'en finissent plus et qui ne sait qu'en faire pendant qu'elle chante :

> Ah ! elle a mis dans le crapaud
> C'est Titine qu'a gagné le pot !

Une jolie blonde. le nez retroussé. la figure toute
ronde, les yeux pétillants de malice. lui succède. Elle
entonne sans hésiter :

> Théodore est le nom de mon idole,
> De mon bibi. de mon chéri...

Puis. la chanson finie sans une faute. elle cède la
place à la petite Cardinal qui entre avec sa mère.

Mon Dieu ! que cette jeune fille triste a l'air distingué ! Si jamais celle-là chante autre chose que la
romance ! Pauvre innocente !

Elle s'avance vers le piano, déroule son cahier de musique, et tandis que le professeur plaque un accord magistral, elle lance à tue-tête :

> Connaissez-vous mame Thomas
> Qu'est concierge? V'là sa demoiselle !
> C'est moi que j'tire la ficelle
> Quand maman n'y est pas !

Cette fois. je me sauve épouvanté.

———

XXXIII

Le dernier Bohême. — Schaunard et les pseudo-Schaunard. — D'où vient son nom. — Schaunard artiste. — Ses « Souvenirs ». — La vraie Musette. — Portrait de Schaunard.

15 mai.

Le dernier survivant de la Bohême de Murger, le célèbre Schaunard, vient de disparaître. Il est mort hier, dans la maison de la rue des Archives où il dirigeait, depuis d'assez longues années déjà, un commerce de jouets d'enfants.

Comme toutes les célébrités, Schaunard a été obligé de se défendre contre les usurpateurs qui cherchaient à lui voler sa renommée et jusqu'à son nom. C'est ainsi qu'un musicien peu délicat, spéculant sur la notoriété universelle de la fameuse symphonie « *De l'influence du bleu dans les arts* », a signé du nom de Schaunard un certain nombre de romances, et que, en 1877, on salua, dans la personne d'un brave avoué de province qu'on venait d'enterrer, le modèle sur lequel s'était exercé la fantaisie de Murger.

Celui qui vient de mourir est bien le véritable Schaunard. Il s'appelait de son nom Alexandre Schanne. Comment ces syllabes se modifièrent-elles sous la plume de Murger ? A l'époque de la *Vie de Bohême,* on cultivait déjà cette forme particulière du calembour qui s'appelle l'*à-peu-près.* C'est ainsi que le nom de Schanne était devenu pour ses intimes : *Schannard-sauvage, Schanne-à-pêche,* etc. Lorsque les premiers chapitre de la *Vie de Bohême* parurent au *Corsaire,* le typographe distrait retourna la première *n* de Schannard ; l'erreur ne fut pas rectifiée, et le hasard fixa ainsi l'orthographe définitive de Schaunard.

Alexandre Schanne était né en 1823. Son père était fabricant de joujoux, et avait inventé les animaux en carton recouverts de véritables peaux portant de vrais poils, ce qui avait valu à son commerce un assez bon achalandage. Schanne montra de bonne heure d'heureuses dispositions pour le dessin, s'adonna à la peinture et traversa l'atelier de Léon Cogniet. Assez bien doué, il avait aussi quelque goût pour la musique. Et à ce propos, cette extraordinaire symphonie *De l'influence du bleu dans les arts* a bien véritablement existé. Schaunard s'était pris d'un bel amour pour les grands ciels et passait toutes ses journées sur les tours de Notre-Dame à peindre les vastes horizons d'azur. Après quelques semaines de cet exercice, il voyait et peignait tout en bleu, ce qui fournit un thème inépuisable aux plaisanteries de Murger. Le peintre répondit à son ami par la fameuse symphonie, qui, dans le livre de Murger, occupe une digne place à côté du tableau : le *Pas-*

sage de la mer Rouge, lequel se transforme pour les
facilités de la vente en passage de la Bérésina, puis
en *celui* des Panoramas, et devient enfin, au fronton
d'une boutique, le Port de Marseille.

La carrière artistique de Schanne a été peu remplie, comme il convient à un digne représentant de
la Bohême. On trouve, dans le livret du Salon de
1850, cette mention :

SCHANNE (ALEXANDRE-LOUIS), 21, rue Notre-
Dame-de-Recouvrance.

2756. — *Portrait de Mme Pierre.*

On chercherait en vain dans la collection des
livrets une autre trace de son passage à travers les
arts. Il a laissé quelques œuvres musicales, entre
autres une romance, *Alain, charretier des grains*,
dont les paroles étaient d'Auguste de Châtillon, l'ex-
centrique auteur de *La levrette en pal'tot.*

Comme littérateur, il a publié récemment, chez
Charpentier, un volume de souvenirs qui sont intéressants, mais qui ont le défaut grave de matérialiser
l'œuvre de Murger. Grâce à ce volume, la *Vie de
Bohême* perd sa saveur, et rentre dans la catégorie
des livres à clef. On y apprend, par exemple, la
vérité sur Musette, la créature insouciante à qui
Murger disait :

> Assis le soir sous la tonnelle.
> Nous boirons encor ce vin clair,
> Où ta chanson mouillait son aile
> Avant de s'envoler dans l'air.

Eh bien, cette poétique Musette était, paraît-il,
devenue une honnête petite rentière, et mourut dans

un naufrage, en se rendant à Alger où elle emportait bel et bien une cassette contenant quarante mille
francs en or. L'*oiseau volage* avait songé à capitonner
son nid.

Au demeurant, je ne suis pas de ceux qui se plaindront de voir dépoétiser la *Vie de Bohème*. A mon
humble avis, elle a fait bien du mal, en enveloppant
la vie irrégulière de je ne sais quel charme menson-
ger. Que d'heureuses natures auraient pu se développer et porter des fruits, qui ont misérablement
échoué dans les paresses d'une existence absurde !
Certes, l'insouciance et le mépris de l'argent vont
bien à la jeunesse, et c'est sur ce noble sentiment
que spéculent les apôtres de la Bohème. Mais le
désordre, quoi qu'on en dise, n'est pas pour favoriser
les travaux de l'esprit, et la Bohème, poétisée ou
non, c'est le désordre. Ceux-là mêmes qui l'ont
chantée le sentent si bien qu'ils se hâtent de la quitter
dès qu'une occasion leur est offerte. C'est ainsi que
Schaunard, ce féroce ennemi du bourgeois, avait
versé dans le bourgeoisisme le plus pur, dans le
bourgeoisisme du petit commerce. Je le connaissais
un peu, et un jour, je lui demandai si son amour
pour ces souvenirs de sa jeunese était bien sincère,
et si vraiment, ils étaient si heureux et si gais, ces
jours d'autrefois. Il resta un instant pensif, et me
répondit en haussant les épaules :

— Oui, on riait. On riait de tout. Maintenant,
c'était peut-être, comme dit Figaro, pour ne pas en
pleurer.

Schaunard était assez grand. Dans ces dernières
années, il avait le front très découvert, le nez proé-

minent — ce nez qui, au dire de Murger, jouissait
de la propriété bizarre d'être camard de face et aquilin de profil. — Les yeux étaient assez fins. Il portait toute sa barbe grise, presque blanche. L'ensemble de sa physionomie rappelait assez celle d'Émile
Augier.

Schaunard n'est pas mort riche. Il s'en faut. La
légende de l'ancien bohème devenu millionnaire
dans le commerce offre, en effet, un contraste séduisant, mais elle est absolument fausse.

En résumé, c'était un honnête homme et un brave
homme ; sa carrière utile a commencé au moment
où il s'est mis à fabriquer des poupées, et puisque la
mort vient de la terminer, je souhaite que la Bohème
descende dans la tombe avec son dernier représentant.

XXXIV

Au quartier latin. — L'Association générale des étudiants. — Le Cercle des écoles. — Une entrevue avec Gambetta. — Autour de l'Odéon. — Les Hydropathes, les Hirsutes et les Gringoires. — Les Décadents.

16 mai.

Les étudiants d'aujourd'hui, qui se démènent si fort depuis quelque temps pour obtenir du gouvernement la gratuité des inscriptions, se distinguent des étudiants d'autrefois et même des étudiants d'hier, par une qualité toute moderne qu'on appelle l'esprit pratique. Ils ont vingt ans et du bon sens. Ils font des folies raisonnables, s'amusent avec gravité ou ne s'amusent pas du tout dans la crainte de se compromettre. Ils lisent la *Revue des Deux Mondes* et le *Journal des Économistes*. Ceux qui vont encore au café, passent leur journée à jouer le *whist*.

Pour la défense de leurs intérêts, ils se sont groupés dans une association générale qui fonctionne aussi régulièrement que la Chambre des notaires et dont les sévères statuts rappellent les lois de Dracon. Ils traitent d'égal à égal, avec les puissances et les grands de la terre : on les rencontre dans les antichambres officielles et dans les couloirs du Palais-Bourbon. Ils ont pignon sur rue et reçoivent des ministres.

Hier, j'ai visité leur cercle, un des mieux aménagés que je connaisse, avec son salon d'honneur, sa bibliothèque, son théâtre et sa salle d'armes munie d'appareils hydrothérapiques : et ce n'est pas sans émotion que j'ai trouvé complètement réalisé le rêve que nous avions fait jadis, entre camarades, au bon temps des déjeuners à la crêmerie et des dîners à un franc trente en sortant du cours ou des travaux pratiques.

Je me le rappelle parfaitement : nous voulions, nous aussi, fonder un cercle des Écoles où l'étudiant aurait tout sous la main, depuis le restaurant à bon marché, la vie à prix fixe, jusqu'aux distractions les plus variées et les moins coûteuses. A peine échappés des casernes universitaires, nous concevions un phalanstère idéal pour l'existence en commun, quelque chose comme un autre lycée, moins les pions et la discipline.

Nous faisions des projets grandioses. La carcasse de l'ancien collège Rollin nous ayant séduit par sa situation et sa vastitude, une commission fut chargée d'en étudier le plan et de faire auprès de l'administration les démarches nécessaires pour en obtenir la jouissance. Naturellement, l'idée nous vint que nous manquions de fonds et que l'installation coûterait gros : mais on ne s'embarrassait pas pour si peu.

Une deuxième commission fut nommée, avec la mission expresse de trouver de l'argent ou le moyen de s'en procurer le plus tôt possible. Elle siégea trois jours au bout desquels ses membres

décidèrent d'aller trouver Gambetta pour lui demander de faire à l'Odéon une conférence au profit
de l'œuvre. J'étais au nombre des délégués qui se
rendirent un soir aux bureaux de la *République
française* où le tribun nous avait donné rendez-vous
et je crois bien que ce fut moi qui portai la parole.

Gambetta, qui avait un faible pour les étudiants,
écouta notre requête sans rire. Je le vois encore assis
devant un bureau, les coudes sur la table et le dos
voûté, un dos énorme. Quand il se penchait, des mè-
ches de cheveux lui cachaient la figure et il les re-
jetait en arrière d'un brusque mouvement de tête ou
d'un revers de main.

Je ne sais si le côté chimérique de notre projet
plaisait à son imagination méridionale, mais je me
souviens qu'il n'y fit pas la moindre objection. Après
avoir réfléchi un instant, il nous promit son concours
pour la conférence et nous permit de l'organiser.

Malheureusement pour nous, Gambetta fut nommé
quelques jours plus tard président de la Chambre
et dans ses nouvelles fonctions, il lui sembla qu'il
ne pouvait guère tenir sa promesse. D'ailleurs nous
étions de notre côté beaucoup moins convaincus de
la nécessité d'un cercle des Écoles. Dans les com-
missions que nous avions formées, on commençait
déjà à ne plus s'entendre; peu à peu les plus per-
sévérants d'entre nous se dispersèrent et voilà comment
ment notre mirifique projet tomba dans l'eau.

Néanmoins l'élan était donné et l'envie de se
grouper persista. A côté des étudiants s'établirent
des clans littéraires qui recrutèrent des adeptes dans
tous les hôtels garnis du quartier. Autour de l'Odéon,

sous les galeries où l'on va flâner devant les livres neufs qu'on feuillette beaucoup et qu'on achète peu, naquirent les truculents Hydropathes, que le poète Émile Goudeau, baptisa et présida.

Les Hydropathes se réunirent d'abord rue Cujas, puis rue de Jussieu, dans la salle où se tiennent aujourd'hui les meetings anarchistes. Ils se fondirent plus tard dans les Hirsutes dont le prototype fut M. Léo Trézenik, et tinrent désormais leurs séances dans un sous-sol de la place Saint-Michel. Les Gringoires, une société rivale, fonctionnaient en même temps dans la rue de l'Ancienne-Comédie, au-dessus du café Procope.

Les Gringoires avaient pour président d'honneur Théodore de Banville et pour président effectif... *sic transit gloria...* tout simplement le signataire de ces lignes. On trouvait chez eux des représentants de toutes les écoles d'art, des intransigeants à tous crins et de purs classiques. Parmi les poètes, on remarquait quelques natures d'élite : M. Jean Rameau qui depuis, par la publication de la *Vie et la mort*, s'est taillé une assez belle place au premier rang des jeunes et notre confrère M. Émile Michelet, du *Gaulois* qui cache encore soigneusement ses jolis vers, je ne sais trop pourquoi.

Les poètes d'aujourd'hui au quartier Latin, et sans doute ils sont nombreux, marchent à la remorque des « Décadents », religion nouvelle dont M. Jean Moréas est le dieu et M. Paul Adam le prophète. Parmi eux, deux ou trois que je connais, ne manquent pas de talent, et si je ne les nomme pas, c'est qu'il ne faut décourager personne.

XXXV

Le professeur Vulpian.— Ses travaux, ses opinions et son caractère. — Un savant et un honnête homme. — Les cours de l'Hôtel-Dieu. — La maladie du comte de Chambord. — Une erreur de diagnostic.

20 mai.

Le docteur Vulpian, professeur d'anatomie pathologique et ancien doyen de la Faculté de médecine, est mort, hier, dans son appartement de la rue Soufflot, succombant, après quelques jours de souffrances, aux atteintes d'une fluxion de poitrine dont la gravité laissait malheureusement prévoir l'issue. C'est une grande figure qui disparaît de la scène du monde, une personnalité puissante et originale qui tenait une large place au premier rang de nos gloires et qui descend dans la tombe avec les regrets sincères de tous ceux qui l'ont connu.

Il était âgé de soixante et un ans, mais à le voir si gai, si alerte, si vigoureux, si plein d'entrain, il n'y paraissait guère. D'un tempérament robuste, bravant impunément les intempéries des saisons, il appartenait à cette race d'hommes qui tend à disparaître et que tourmente encore un vieux reste de sang gaulois. Il n'avait jamais froid, ses élèves vous le diraient. L'hiver comme l'été, on le rencontrait dans les couloirs de l'Hôtel-Dieu, tête nue, son tablier sur le bras, allant de son service à la salle de garde ou aux consultations, traversant la cour par tous les temps, en causant familièrement avec les internes.

Physiquement, il était d'une taille au-dessus de la moyenne, fortement charpenté, les épaules larges, l'encolure puissante. Sa figure respirait la bonté malgré sa chevelure broussailleuse et sa barbe inculte. Son regard clair et droit exprimait la franchise qui faisait le fond de sa nature et avant même de le connaître davantage, on se sentait porté vers lui par un sentiment irrésistible. Il dégageait la sympathie et séduisait au premier abord.

Parisien de Paris, le docteur Vulpian, ayant à peine achevé ses études médicales, publia de nombreux mémoires scientifiques qui attirèrent tout de suite l'attention du monde savant. Il s'occupa de travaux de physiologie générale et succéda à Flourens dans le laboratoire du Muséum. Plus tard, devenu agrégé à la Faculté de médecine et chef de service à la Salpêtrière, il étudia plus particulièrement les maladies du système nerveux, sur lesquelles il composa plusieurs ouvrages restés classiques. En 1867, il fut nommé professeur, et en 1868 membre de l'Académie de médecine.

Médecin à l'hôpital de la Pitié, puis à l'Hôtel-Dieu, il continua à s'illustrer par de splendides découvertes, et son laboratoire histologique si fertile en recherches de tout genre, lui valut une immense réputation. En 1875, ses collègues de la Faculté l'appelèrent au décanat à l'unanimité. C'était un honneur dont il était parfaitement digne, et une fonction délicate qu'il prit à cœur et dont il s'acquitta à la satisfaction de tous, maîtres et élèves, jusqu'au jour où, pour des raisons personnelles, Paul Bert étant ministre de l'instruction publique, il crut devoir se retirer et donna sa démission. En 1879, on l'avait élu membre de l'Académie des sciences, dont il était depuis deux ans le secrétaire perpétuel.

Les opinions politiques et religieuses du professeur Vulpian sont mal connues. Lors de sa nomination à la chaire d'anatomie pathologique, il fut accusé d'athéisme et de matérialisme par le doyen de la Faculté de théologie, M. Maret, qui le dénonça dans une protestation véhémente, lui refusant le droit d'instruire la jeunesse. Et cependant, il y a quelques années, le docteur Vulpian protesta à son tour contre la laïcisation des hôpitaux, qu'il jugeait inutile et vexatoire. Il ne cachait pas, d'ailleurs, ses idées conservatrices et tout le monde sait qu'il fut appelé à Frohsdhorff, dans la dernière maladie du comte de Chambord.

Nous ne ferons pas à sa mémoire l'injure de le justifier pour aucun acte de sa vie. Vulpian fut à la fois un illustre savant et un honnête homme dans la force du terme. La fermeté et la droiture de son caractère, la rectitude de son jugement, la finesse de son esprit, la variété et l'étendue de ses connaissances le firent choisir pour arbitre chaque fois qu'une question scientifique partagea les savants; son autorité, reconnue de tous, paraissait sans appel.

Et comme tous les vrais savants, le professeur

Vulpian fut un modeste. Les honneurs où il était parvenu n'avaient rien changé à sa vie laborieuse. Pas un jour, il ne manqua sa visite hospitalière que tant d'étudiants ont suivie avec fruit, recueillant les excellentes leçons cliniques du maître et profitant de son expérience. Il n'imposait ses idées à personne, toujours soucieux de la liberté d'autrui ; il répétait qu'il n'avait pas la science infuse et proclamait très haut son erreur quand, par le plus grand des hasards, une autopsie venait infirmer son diagnostic.

Ce cas se présenta pour le comte de Chambord, si j'ai bonne mémoire. Vulpian, appelé un peu tard, confirma l'opinion des médecins allemands sur la cause de la maladie. Mais après la mort du malade, ayant acquis la conviction qu'on s'était trompé, il se hâta de le publier, malgré les répugnances de ses confrères de Vienne, bien moins empressés que lui à reconnaître hautement leurs bévues.

Le rôle de Vulpian, dans ces dernières années, a été surtout considérable par l'appui qu'il a donné aux découvertes de Pasteur. On sait avec quelle énergie il défendit la méthode des vaccinations préservatrices devant l'Académie de médecine et l'Académie des sciences. C'est lui seul qui assura leur triomphe et les premières expériences sur la rage se firent sous ses yeux.

La seule récompense qu'on puisse accorder maintenant pour tous ses travaux à l'illustre professeur, sera dans la splendeur de ses funérailles. Si tous ceux qu'il a obligés dans le cours de sa vie y assistent, le cortège qui l'accompagnera jusqu'à sa dernière demeure sera innombrable.

XXXVI

Un ouvrage récompensé par l'Académie. — M. le juge d'instruction Guillot. — Son livre « Paris qui souffre ». — Un confesseur laïque.

26 mai.

Sur la liste des ouvrages auxquels l'Académie vient d'accorder des prix, on relève au premier rang un livre intitulé : *Paris qui souffre.*

Ce travail est dû à M. Adolphe Guillot, juge d'instruction à Paris : il attire l'attention publique sur son auteur, déjà connu, d'ailleurs, autant par ses autres ouvrages d'études sociales ou de législation que par les causes célèbres qu'il a été chargé d'instruire. Parmi ces dernières figurent notamment le procès du fameux et toujours mystérieux Campi et celui encore pendant de Pranzini.

M. Guillot est un homme jeune encore. De taille moyenne, la figure ronde, le front dégarni, les favoris ras, il a bien la physionomie du magistrat. L'œil bleu a cette expression investigatrice que donne l'habitude de fouiller les consciences. Quand la figure s'éclaire d'un sourire, le regard s'emplit de spirituelle finesse : la sévérité du visage disparaît, et l'on

oublie l'inquisiteur ; mais les plis serrés qui entourent les yeux vous rappellent l'observateur constamment en éveil. J'ai presque toujours observé ces rides
fines autour des paupières inférieures chez les hommes qui, par état, sont appelés à sonder les cœurs de
leurs semblables. Sur certains visages, elles se dou-
blent d'un autre pli profond à la commissure des lèvres. Vous avez dû remarquer cette trace indélébile
des sourires réprimés par une contraction voulue, chez beaucoup de magistrats. Ceux-là sont
les sceptiques. M. Guillot n'en est pas. Ses fonctions redoutables lui ont sans doute ôté beaucoup
d'illusions ; mais il a gardé un cœur qui compatit
chaudement aux misères humaines, et ce sentiment
vibre d'un bout à l'autre dans son livre, qui est, en
même temps qu'une œuvre de penseur érudit, une
bonne œuvre dans tous les sens du mot.

Paris qui souffre! L'auteur n'a pu, dans ce seul
ouvrage, explorer le champ trop immense que lui
ouvrait ce large titre. Il a synthétisé une grande partie des misères parisiennes dans l'étude d'un symbole
qui est en même temps une sinistre réalité, dans la
monographie historique et morale d'un monument
qui marque la dernière étape du désespoir : la Morgue.

M. Guillot nous initie d'abord à l'histoire de la
maison funèbre. Autrefois, c'est à la Basse-Geôle du
Grand-Châtelet qu'on portait les corps inconnus. Depuis le quatorzième siècle jusqu'à la fin de la Révolution, la Basse-Geôle garda cette destination. Circonstance bizarre, ce fut un des personnages les
plus féroces de la Terreur, Anaxagoras Chaumette,
procureur de la Commune, qui, dans un de ces accès

d'attendrissement humanitaire que nous retrouvons
souvent à cette époque troublée, se plaignit « que la
République ne donnait pas aux corps abandonnés un
asile plus convenable pour les recevoir, des tables de
marbre pour les coucher, et l'eau limpide d'une
claire fontaine pour les laver. »

Le 17 août 1804, la Morgue fut transférée sur le
quai du Marché-Neuf ; elle fut démolie lors de la
percée des boulevards Sébastopol et Saint-Michel et
transférée à la pointe de la Cité, dans l'endroit qui
s'appelait de temps immémorial : la *Motte-aux-Pa-
pelards*, et où elle se trouve encore aujourd'hui.

Après cet historique très développé, et qui présente
des côtés très curieux, tels que, par exemple, les
mentions des registres de la Morgue aux époques
d'émeute, l'auteur aborde la partie morale de son
sujet. L'esprit de son livre tient tout entier dans
cette formule : « Chercher le meilleur moyen de
concilier le respect de la mort avec les exigences de
la police judiciaire et administrative. »

A l'heure actuelle, ce problème n'est pas résolu. Il
ne l'est ni au point de vue des morts ni au point de
vue des vivants.

Car il y a une chose que l'on oublie trop. C'est que
derrière ceux que le suicide, un accident ou un
meurtre, a fait échouer dans le triste édifice, il y a
des familles qui restent.

Celles-là sont déjà douloureusement frappées par
la mort de leur parent, toujours survenue dans des
conditions particulièrement pénibles. Or, dans l'état
présent, leur peine s'aggrave encore de mille circonstances dont le détail réaliste serait déplacé ici.

mais que le livre passe en revue avec la vigueur du
chirurgien qui taille en chair vive et parmi lesquelles je puis cependant citer le déchirement de
savoir l'être aimé confondu avec les mornes épaves
du découragement, et la tristesse de le voir privé
de la pieuse et suprème veillée.

Il y a donc là une situation à laquelle il importe
de remédier. Et elle mérite que chacun s'y intéresse.
à ceux qui seraient tentés de s'enfermer dans une
indifférence que peut excuser le côté repoussant du
sujet, il est bon de dire que personne — vous entendez bien, personne — ne peut jurer de ne pas franchir un jour ce seuil.

L'auteur de *Paris qui souffre* ne se contente pas de
montrer le mal. il indique aussi les remèdes multiples à y apporter. Le premier de tous, et celui qui les
résume, c'est la reconstruction totale de la Morgue.

Il s'élève ensuite contre la facilité donnée à tous
d'y entrer, contre ce spectacle immoral et révoltant
d'enfants et de jeunes filles, habitués de ce lieu, et se
repaissant du sinistre spectacle. Il affirme. pièces en
mains, que cette publicité n'amène qu'un nombre
infime de reconnaissances, et que presque toutes
sont dues à des parents ou à des amis inquiets, venus exprès pour s'informer. Ceux-là, naturellement,
pourraient toujours entrer sur une simple demande.
Les choses n'en iraient pas plus mal, et la moralité
publique y gagnerait.

Croiriez-vous que dans ce livre, qui d'un bout à
l'autre côtoie les plus terribles, les plus sinistres misères sociales, il y a des anecdotes qui confinent au
comique. tant il est vrai que les sujets les plus som-

bres présentent toujours quelque prise au rire. Le 18 octobre 1767, la foule afflue à la Basse-Geôle pour voir, dans une grande boîte, un corps desséché qu'un commissaire croyait être celui d'un jeune homme étouffé. C'était une momie qu'un particulier avait apportée du « Grand-Caire » et oubliée « au coche de Fontainebleau ».

En 1800, l'architecte Giraud fait un plan de reconstruction de la Morgue. N'imagine-t-il pas de la flanquer d'un corps de garde, *d'un café*, et d'un obélisque surmonté d'un phare !

Vers 1828, la presque totalité des salles fut transformée en logements pour les deux familles du greffier et du garçon ; toute une pépinière de jeunes filles. Les fenêtres étaient pleines de fleurs. Sanderson raconte qu'en l'absence de son père une de ses jeunes filles occupait son bureau. « Elle joue du piano, ajoute-t-il, et, sous bien des rapports artistiques, c'est une personne accomplie. » Léon Gozlan parle aussi, dans le livre des *Cent-et-un*, du piano de la Morgue.

En terminant, je conseille à tous ceux qu'intéressent les études sociales de lire le livre de M. Guillot ; j'ajouterai qu'ils feront bien de ne pas le lire le soir, s'ils sont sujets aux cauchemars. Les ouvrages ainsi écrits par les hommes qui passent leur vie à analyser les souffrances ou les crimes empruntent à la situation de leurs auteurs une autorité documentaire implacable. Le secret professionnel empêche la relation des faits particuliers, mais souffre les synthèses : et quelles synthèses peuvent être établies par un juge d'instruction, qui est, comme me le disait M. Guillot, un confesseur laïque... et un peu obligatoire !

XXXVII

Inauguration du buste de Rabelais. — Dans les bois de Meudon. — Rabelaisiens, Cigaliers et Félibres.— Les Escholiers et les Estournaulx. — Gays discours et franches lippées. — « Vivez joyeulx. »

31 mai.

« Mieux est de ris que de larmes escrire », disait avec grande raison maître François Rabelais, docteur de Montpellier, caloyer des iles d'Hyères, abbé de Thélème et curé de Meudon, philosophe incomparable, génie immortel, qui prévoyait les tristesses de notre temps et lançait jusqu'à l'avenir les éclats tonitruants de sa gaieté homérique. O père de Pantagruel, puissions-nous suivre toujours ton aimable précepte, sécher à jamais nos larmes et « n'escrire que de ris », un brin de marjolaine enroulé au manche de nos porte-plume !

Aussi bien, c'est aujourd'hui la fête du rire puisqu'on inaugure à Meudon le buste de maître François. Soyons épanouis comme doivent l'être les bons compagnons qui se proclament ses disciples, quittons un moment notre livrée de deuil, et si nous ne pouvons oublier tout à fait nos misères, essayons du moins de les cacher sous des fleurs.

A une heure, après-midi, nous prenons le train à la gare Montparnasse, avec les bons moines de Thélème, les Rabelaisiens conduits par frère Armand Silvestre, les Cigaliers et les Félibres menés par frère Henry Fouquier, et nous arrivons bientôt à Meudon où les braves Escholiers et les superlificoquentieux Estournaulx nous attendent.

Quand le train s'arrête, le clairon sonne, les bombardes éclatent, une fanfare prend la tête du cortège, qui se dirige vers la maison commune, où le maire, M. Lecorbellier, souhaite la bienvenue à tous les invités avec l'amabilité souriante d'un Frère Jean des Entomeures : « Faites icy ce que vous voudrez, dit-il en terminant son spirituel discours, vous êtes chez vous. »

Là-dessus, nouvelle musique, et l'on se range pour laisser passer la cavalcade. De joyeux drilles en costume mi-parti et de gentes fillettes, des hommes d'armes tout bardés de fer et des hérauts la lance au poing, des seigneurs chamarrés d'or et de nobles damoiselles au long corsage écarlate caracolant sur leur blanche haquenée, des moines joufflus, pansus, la mine grasse et réjouie, montés sur leur âne, précèdent, escortent et suivent le char mirifique du petit-fils de Gargamelle, l'extraordinaire et truculent Pantagruel, attablé devant quelques gigots et deux ou trois haricots de mouton, humant le piot à pleines verrées, au milieu de ses nourrices, de ses marmitons et maître-queux à la trogne rubiconde.

Puis, on découvre solennellement le buste du

Maître, autour duquel je retrouve d'autres cigaliers :
François Fablé, Paul Mariéton, Maurice Faure, Sex-
tius Michel, le sculpteur Hercule, le peintre Jules
Garnier, Paul Arène, Mounet-Sully, etc. Le maire, au
nom de ses concitoyens, prend possession du monument offert par souscription à la commune, et re-
mercie les sociétés qui en ont pris l'initiative. Ce devoir accompli, il cède la parole au président de la
Cigale, M. Henry Fouquier, qui, en termes éloquents,
célèbre la mémoire de Rabelais. Il est fort applaudi.

Vient ensuite Armand Silvestre, le portrait vivant
du curé de Meudon et son disciple le plus convaincu.
Son discours sur la gaieté, comme on pouvait s'y
attendre, soulève des transports d'enthousiasme.

« La Grèce, nous dit-il, fut la patrie de la gaieté et
son berceau. Elle y naquit au bourdonnement des
abeilles, sous le plus beau ciel du monde. Avant
d'être parmi nous le « propre de l'homme », le rire
fut le propre des dieux, car Homère nous montre les
siens s'esclaffant dans la sérénité de l'Olympe avec
un bruit de tonnerre ; car nous le retrouvons toujours
aux lèvres barbouillées de raisin des faunes que ses
grands artistes ont sculptés. La Grèce eut Aristophane
qui fut le véritable ancêtre de Rabelais. »

Et plus loin, il fait cette déclaration énergique :

« Ce n'est ni Gœthe ni Hégel qu'il faut apprendre
à aimer à nos enfants. C'est Rabelais ! A chacun son
génie. Le nôtre fut fait du génie grec et du génie
latin. Il est tout de clarté, de gaieté et de soleil. Gar-
dons-le joyeusement. Oui, gardons avec orgueil l'héritage des aïeux et, parmi les plus nobles joyaux de
cet héritage, cette gaieté française qui fut sur les lè-

vres divines de Rabelais, la première langue de la
liberté, qui défia toutes les épreuves et qui nous fait
toujours invaincus sinon invincibles. »

Les discours finis au milieu des bravos, Mounet-
Sully, de sa voix chaude et vibrante, fait entendre
trois pièces de vers qui ont obtenu les prix du concours.

Il ne dit pas malheureusement — je le regrette —
un quatrième sonnet classé hors pair dont l'auteur a
voulu garder l'anonyme. C'est un bijou archaïque et
précieux. En voici les tercets :

> Encor qu'entrelardés de force gras propos
> Et mots cruts et fleurant de pintes et de pots.
> Il est exquis, au fond, son gaulois évangile.
>
> Vrays dévots, croyez-m'en, ne dites chapelets,
> N'observez sottement quatre-temps ne vigile !
> Lisez les beaux sermons du curé Rabelais.

Maintenant, on se disperse dans les bois d'alen-
tour, dans ces bois de Meudon qu'adorait Musette et
où les dernières grisettes du quartier Latin viennent
encore quelquefois cueillir des bouquets d'aubépine
blanche en chantant la chanson du cigalier Paul
Arène :

> Des rapins qui n'ont pas le sou
> Nous mènent dîner, Dieu sait où !
> C'est le dimanche,
> A Meudon, près des flots menus,
> Où l'on voit des hommes tout nus
> Qui font la planche.

Et en attendant le banquet pantagruélique qui
sera donné tout à l'heure, la *Vraye farce de Maître*

Pathelin, que joueront devant nous les gaillards Estournaulx, et autres divertissements en l'honneur du bon curé, nous allons en dodelinant de la teste, vider quelques pots de bonne purée septembrale chez notre confrère Marcellin Estibal, qui nous ouvre largement sa maison et sa cave, et qui nous verse rasades sur rasades, répétant à chaque coup l'excellente maxime du Maître : « Vivez joyeulx! »

XXXVIII

La « Comtesse Frédégonde » aux Variétés. — Jules Amigues. — Sardou et ses bonshommes de carton. — Amigues et le lion d'Ali-Pacha. — Portrait de Jules Amigues.

5 juin.

Ce soir, aux Variétés, a eu lieu la première représentation de la *Comtesse Frédégonde*, drame historique, en vers, de feu Jules Amigues.

L'auteur a joué un rôle politique que chacun a le droit d'apprécier à sa guise, et dont je n'ai pas à m'occuper ici. Ce que personne ne conteste. c'est que l'homme politique était doublé d'un littérateur de grande valeur, qui a fait ses preuves : ce que l'on s'accorde à reconnaître, c'est que, à côté du vigoureux journaliste, il y avait le dramaturge d'envergure, qui a donné à la Comédie Française, *Maurice de Saxe*.

La personnalité de Jules Amigues est donc intéressante pour tous. De plus, à quoi servirait la mort, sinon à éteindre les haines qui sont la conséquence des luttes politiques

Jules Amigues, mort il y a trois ans, était né le 11

juin 1829 à Perpignan. Il vint très jeune à Paris, où il fit ses études. Il eut pour condisciple Sardou, avec lequel il resta lié jusqu'à la fin de sa vie. Je tiens de sa bouche une anecdote assez piquante relative à la jeunesse de l'auteur de *Patrie*. A l'époque où tous deux étaient en pension, un industriel intelligent inventa un nouveau joujou qui fit fureur : c'était ces petits personnages en carton-pâte coloriés qui sont montés sur quatre crins et que l'on fait marcher en tambourinant sur le plateau qui les supporte.

Sardou se fit toute une collection de ces bonshommes, et il acquit les droits les plus sérieux à l'admiration de ses jeunes camarades par l'ingénieuse adresse avec laquelle il arrivait, en modifiant le plan et l'intensité des vibrations, à faire évoluer les personnages sur la planche de son pupitre.

Voilà, n'est-il pas vrai, une anecdote qui donnera raison à ceux qui recherchent, dans l'enfance des hommes célèbres, le présage de leurs aptitudes futures. Aujourd'hui, la planche du pupitre est devenue une scène, les bonshommes montés sur crin sont des acteurs en chair et en os, et l'admiration des contemporains a pris la forme palpable de la superbe villa de Marly.

Amigues entra dans la vie avec une jolie fortune, ce qui lui permit d'aller demander des inspirations littéraires à la patrie des arts, à l'Italie. Il acquit une connaissance approfondie du pays, et fut chargé d'une mission politique permanente à Florence. De cette ville, il envoyait en même temps des correspondances au *Moniteur universel*, alors journal officiel, et au journal le *Temps*, organe d'opposition. Il

les signait toutes les deux, ce qui est peut-être unique dans les fastes du journalisme ; et pendant des
années il continua cette double collaboration.

C'est à Florence qu'il écrivit ses deux premiers
drames, *Ali, pacha de Janina* et *Maurice de Saxe*. *Ali*
n'a jamais été représenté. Harel, alors directeur de
la Porte-Saint-Martin, avait consenti à monter la
pièce. Mais un détail l'arrêtait. D'après les indications
de la brochure, *Ali* devait entrer en scène accompagné d'un lion (ce qui est d'ailleurs conforme à la
vérité historique).

Or, tous les acteurs, surtout celui qui devait remplir le rôle d'Ali, refusèrent avec ensemble de voir
adjoindre à l'interprétation ce partenaire dangereux.
Amigues ne voulut pas céder, et proposa de remplir
ui-même le rôle. Mais cela ne résolvait pas la difficulté pour les autres acteurs, et la pièce ne fut pas
jouée. *Maurice de Saxe* eut un meilleur sort, et trouva
un éclatant succès à la *Comédie-Française* en 1870.
Malheureusement, la guerre arriva. La *Comédie* fer-
ma ses portes et se transforma en ambulance, et la
pièce fut interrompue à la trentième représentation.

La *Comtesse Frédégonde* aura eu bien des vicissitudes avant d'avoir vu le feu de la rampe. Acceptée
d'abord à l'unanimité par le comité de la Comédie
Française, elle fut refusée par le même comité quelques mois plus tard. Cette contradiction est assez
difficile à expliquer. Aujourd'hui ce sont les fils de
Jules Amigues qui, obéissant à une pieuse et filiale
pensée, ont groupé autour d'eux quelques amis de
leur père, ont loué le théâtre des Variétés qui se

trouvait fermé le premier (1), et ont monté ce drame historique qui renferme des beautés de premier ordre.

Jules Amigues est mort en 1883. Au physique, c'était un homme extrêmement séduisant à tous les points de vue ; grand et fort, il avait une belle tête d'arabe, animée par des yeux magnifiques et pleins d'expression. Remarquablement doué, il joignait à ses qualités littéraires un réel talent de compositeur, et la musique de scène qui est jouée dans la coulisse à certains moments du drame que l'on représente ce soir, a été prise dans un recueil de ses mélodies.

Au moral, tous ceux qui l'ont connu, et j'ai l'honneur d'être de ceux-là, s'accordent à louer les qualités de cœur de l'homme privé. C'était un ami très fidèle, très dévoué et très sûr.

Il a laissé plusieurs drames inédits, dont j'ai eu les manuscrits entre les mains. En les lisant, on ne peut s'empêcher de regretter que la politique ait trop tôt ravi aux lettres un talent fait pour elles. On me permettra de terminer par un seul mot d'éloge pour l'homme : il est entré riche dans la vie politique, et il est mort pauvre.

---

1. L'incendie de l'Opéra-Comique entraîna la fermeture immédiate des Variétés. C'est seulement le 10 juin que l'on put donner la pièce au Vaudeville. Encore la commission des théâtres fit-elle fermer la salle à la cinquième représentation. La *Comtesse Frédégonde* a d'ailleurs magnifiquement réussi, et sera reprise tôt ou tard sur une de nos scènes subventionnées.

XXXIX

Choses littéraires. — Poètes décadents : MM. Jean Moréas, Gustave Kahn, Stéphane Mallarmé, René Ghil, Stuart Mevill, Ch. Vignier. — Les « Palais nomades ». — Théories funambulesques.

15 juin.

« Un homme, un *sot*, va dans la vie à la recherche de la passion et du bonheur par la passion, sans rencontrer rien de solide... En concrétant ces faits psychologiques, on a le décor de quelqu'un qui *halète* après les jouissances insaisissables. Cet homme n'est que le jouet d'un mirage ; il va d'illusions en illusions, de désenchantements en désenchantements. C'est dans l'amour qu'il est particulièrement déçu. Alors il cherche à rentrer en lui, à guérir sa blessure et, pour cela, il se tient aux vieilles légendes : mais il y découvre bientôt le même vide. Dès lors, il se fait juge de lui-même, il analyse sa passion. Il s'aperçoit que celle-ci n'est qu'un phénomène général ; que ce qu'il a aimé dans la femme se borne à quelques courbes et à cette portion de souffrance humaine que semble contenir la femme.

10.

Des *questions hagardes* se posent entre l'amoureux et la maîtresse : leur passion n'est plus que néant. A quoi recourir encore? Au simulacre de la passion. La strophe finale est le refus de tout accordement avec la vie. Mieux vaut la dédaigner que de s'adonner aux vulgaires parodies ».

Et nunc erudimini... Il faudrait être bouché à l'émeri pour ne pas mesurer la profondeur de ce raisonnement tenu à l'un de nos confrères par M. Gustave Kahn, ex-directeur de *La Vogue*, revue incohérente, auteur de *Palais Nomades*, recueil de vers que l'on trouve partout et sous l'Odéon avec la mention « vient de paraître ».

Je connais un peu M. Gustave Kahn que j'ai dû rencontrer au café Voltaire, milieu pessimiste où se réunissaient parfois autour d'un mazagran les disciples de Schopenhauer. C'est un jeune israélite fort intelligent, très fin d'allures, petit de taille, les yeux vifs, une barbe de derviche, les cheveux tombant sur le cou. Rien de saillant au premier abord : des manières polies, une voix douce. Il s'exprime correctement en français et même en parisien. Il a de l'esprit, beaucoup d'esprit et il s'en sert à propos dans la conversation pour éblouir la galerie à coups de paradoxes.

Il a peut-être du talent, mais je n'en suis pas sûr. Sans doute, comme tous les jeunes écrivains, il s'est essayé obscurément quelque part sans attirer l'attention de personne et dans son impatience de parvenir, il s'est rebuté. Il a quitté la grande route que suivent les forts, ceux qui marchent toujours droit devant eux, dans la poussière et le soleil, courageux et résignés. Il s'est égaré dans les chemins de traverse où il erra longtemps: puis il s'est jeté dans une impasse, vrai cul-de-sac où piétinera désespérément l'école décadente ou *symboliste*, fondée par M. Moréas.

Comme chef. celui-ci surnage encore. Avant de théoriser dans l'absurde. il a donné sa mesure avec de beaux vers et de la prose harmonieuse qu'il répudie maintenant par principe, mais dont on doit lui tenir compte. M. Jean Moréas. grec d'origine — — c'est un klephte à l'œil noir — connaît notre langue à fond. mais ne sera jamais un écrivain français. Il manque de race.

Et cependant, il est bien au-dessus des autres névropathes. de M. Stéphane Malarmé et de ses disciples MM. René Ghil. Stuart Mevill et Charles Vignier. bien au-dessus de M. Gustave Kahn et de ses *Palais Nomades*. C'est un reflet puissant de Baudelaire, mais ce n'est qu'un reflet.

D'ailleurs. il ne faudrait pas se laisser duper par ces aimables porte-lyres. que je soupçonne véhémentement de *fumisme*. Il ne faudrait pas lire de trop près leurs divagations prétentieuses, ni surtout chercher à comprendre l'incompréhensible. M. Gustave Kahn écrit :

> Je me mémore en ton fantôme d'ombre recluse
> Et puis en tes parlers sillés de nuls falots...

on bien :

> Le mirage trompeur du toi que tu devais —
> Regards aux boulevards et sourires aux lacs
> Emmitouflé de tes lacs
> Terne je m'en vais.

Ce qui — absolument — ne veut rien dire. Il aura
beau protester. c'est du pur bafouillage. Mais je le
crois trop « malin » pour ne pas en être profondément convaincu. Après cela, me prenant peut-être
pour un imbécile. tentera-t-il. par une exégèse
savante de m'expliquer le tréfonds de sa pensée et
de son esthétique.

Dans ce cas. qu'il étudie d'abord ces quatrains
dont je lui démontrerai les beautés quand il voudra.

> Lune, Étoile. Soleil. — lanternes
> Sourdes ! œil ouvert
> Métaphrases si ternes !
> Temps beau, Tempête. Temps couvert !
>
> O lumière. lumière. ivresse. émoi
> Emparadisante nécropsie !
> Fée blonde. Fée douce. fais-moi
> Tomber en catalepsie.

L'auteur, qui est mon meilleur ami, désire garder
l'anonyme. Il n'est pas fier et prétend se passer de
réclame. Chacun son goût. Il affirme. du reste. que
si M. Gustave Kahn y tient, il improvisera sous ses
yeux des pièces de plus longue haleine, tout aussi
nébuleuses que les *Palais Nomades*, à la seule condition que l'éditeur Vanier consente à le payer — par
avance — en beaux louis trébuchants et ayant
cours.

XL

**L'œuvre des « trois semaines ». — Le hameau de
Montjavoult. - Les cent soixante-quatre enfants
de M. Lorriaux.**

17 juin.

Il n'y a peut-être pas de pays où la charité revète
des formes plus diverses qu'à Paris. Il n'en est pas
aussi où elle soit plus ingénieuse. surtout quand elle
émane de l'initiative privée. Certaines natures géné-
reuses déploient dans la recherche des misères à
soulager un ensemble de facultés particulières,
quelque chose comme un flair de policiers sublimes,
et font, dans leur magnifique spécialité, des trou-
vailles véritablement touchantes.

Ces réflexions me viennent à propos d'une œuvre
qui, partie de rien, comme la plupart des tentatives
du même genre, va en se développant chaque année.
et rend déjà de précieux services. Je veux parler de
l'*OEuvre des Trois Semaines*. Titre assez bizarre au
premier abord. et qui va s'expliquer tout seul par
ce qui va suivre :

En 1881, un homme et une femme de bien, M. et

Mme Lorriaux, partant pour aller passer l'été à la campagne avec leurs enfants, ne voulurent pas restreindre à leur seule famille le bénéfice des quelques semaines de bon air qu'ils allaient lui donner. Ils emmenèrent avec eux *trois* enfants pauvres, trois de ces petites créatures déshéritées qui végètent dans l'atmosphère embrasée des mansardes parisiennes, confinées dans une chambre étroite, privées du mouvement, de la locomotion, qui sont si nécessaires au jeune âge, privées surtout du grand air indispensable aux petites poitrines, s'étiolant pendant les chaleurs de l'été entre l'établi du père et la machine à coudre de la mère, préparant ainsi une génération d'hommes chétifs et malingres, vouée à la souffrance, et incapable de tenir sa place dans la grande communauté française.

L'idée fut trouvée heureuse: des amis se groupèrent autour de M. et Mme Lorriaux; on réunit quelques ressources, et dès 1882, soixante enfants allaient passer leurs trois semaines à la campagne. Ils étaient quatre-vingt-quatre en 1883, cent douze en 1885, cent soixante-quatre en 1886. Cette année ils seront près de deux cents.

Le fonctionnement de l'œuvre est des plus simples et des plus pratiques. Les organisateurs ont choisi un paisible et charmant village de l'Oise, le hameau de Montjavoult, perché sur une colline et remarquablement sain. Il est situé à une quinzaine de lieues de Paris, et à deux lieues du chemin de fer. On y a trouvé un certain nombre de familles de braves cultivateurs qui ont consenti à recevoir les protégés de Mme Lorriaux.

Chacune de ces familles touche trente sous par
jour et par enfant, moyennant quoi elle leur fournit
une nourriture minutieusement réglée, dans laquelle
dominent le laitage et les œufs, avec de la viande
une fois par jour. Les cultivateurs reçoivent ainsi
des petits groupes d'enfants variant de cinq à huit.
Ils ne doivent leur demander aucun travail : les
enfants sont libres comme l'air, courent dans les
bois, se roulent dans les prairies, fanent les foins,
prennent, si le cœur leur en dit un râteau, ou une
bêche, et ont pour unique consigne de boire de
l'air et de prendre de l'exercice.

Il va sans dire que les organisateurs ne confient
leurs protégés qu'à des familles d'une moralité
éprouvée, et après une enquête approfondie, facile
d'ailleurs dans un petit pays. Une surveillance très
active est exercée, d'abord par M. et Mme Lorriaux,
ensuite par MM. Bénech et Bernard, deux instituteurs
retraités qui ont mis tout leur dévouement au service de l'œuvre, et remplissent avec le plus grand
zèle les fonctions, purement honorifiques d'ailleurs,
d'inspecteurs. Enfin le médecin du pays donne gratuitement ses soins aux enfants.

Après les trois semaines réglementaires, les
« petits Parisiens », comme on les appelle à Montjavoult, rentrent dans la grande ville, avec une provision de force et de santé. Pesés à l'arrivée et au
départ, ils gagnent en moyenne chacun une livre
par semaine, et souvent ces quelques jours de campagne deviennent pour eux une véritable cure.
C'est ainsi qu'un petit épileptique est revenu de sa
villégiature complètement guéri.

Maintenant, complétons ces renseignements par quelques mots sur l'initiateur de l'œuvre. M. Lorriaux est un pasteur protestant; il dessert l'église de Clichy. Mais je me hâte d'ajouter que dans sa noble entreprise il n'obéit à aucune préoccupation confessionnelle, et que les enfants, à quelque culte qu'ils appartiennent, sont tous également bien reçus. « Voyez-vous, me disait-il, avec une grande simplicité, j'ai des enfants, et nous souffrions, ma femme et moi, quand nous les ramenions, gros et gras de la campagne, en songeant aux pauvres petits êtres que la misère empêchait de participer au même bienfait.

Aujourd'hui, quand nous ramenons notre dernière caravane, nous sommes récompensés de nos peines par l'aspect des belles joues roses de nos pensionnaires. Seulement, ajouta-t-il en souriant, nous poussons aussi un soupir de soulagement. Car c'est une rude responsabilité que celle de surveiller cent-cinquante braves petits diables déchainés. ivres d'air et de liberté. »

Je suis heureux d'avoir pu parler aujourd'hui de cette œuvre. Assez d'occasions de discuter et de blâmer nous sont offertes, pour que nous saisissions avec empressement celles de parler du bien. Ce sont les oasis de notre carrière.

XLI

**La Provence à Paris. — Le poète Mistral. — Au
pays du soleil. — Mireille et Calendal. — Le dernier Félibre.**

18 juin.

Mistral est dans nos murs. Je l'ai rencontré hier
par hasard qui flânait le long des rues. en complet
gris. le chaperon de feutre sur l'oreille, une cravate
blanche en crêpe de chine négligemment nouée,
flottant sur le gilet entr'ouvert. C'est toujours le beau
Mistral. le « pâtre grec » avec son profil de médaille,
son air noble. sa prestance altière. sa tournure de
conquérant qui éblouit encore les jolies filles quand
il apparaît sur la Lice d'Arles ou sur le Cours, en
Avignon : seulement sa moustache et son impériale
d'ébène sont coupés de fils d'argent. sa taille élégante s'épaissit un peu : il a « pris du corps » allons!
Té. pardi! il est moins jeune.

Et puis le cadre de Paris ne lui vaut rien. Pour
connaître le vrai poète Mistral, il faudrait s'en aller
le surprendre là-bas. en pleine Provence, au petit
village de Maillane où il cache sa vie. dans cette
maisonnette rustique de la route de Saint-Remy,
« la dernière à main gauche ». On le trouverait cul-

11

tivant son jardin en philosophe. les manches retrous-
sées. la taillole rouge autour des reins. et cherchant
des rimes d'or sous les oliviers tout vibrants de cigales

Ou encore. il faudrait le voir un jour de grande
fête félibréenne. debout et tête nue dans le soleil.
lançant à la volée une improvisation ardente sur la
foule qui s'écrase autour de l'estrade. Il parle aux
paysans leur langue maternelle. cette langue aux
sonorités latines qu'il a reconquise. reconstituée de
toutes pièces et qui. grâce à lui. ne mourra pas : il
en joue en virtuose. déchaine un enthousiasme in-
descriptible et quand il a fini. les acclamations retentissent, les cris d'allégresse. les chansons montent
dans l'air comme autrefois lorsqu'un orateur populaire avait soulevé le forum par son éloquence.

En voyant passer Mistral dans la rue, je me suis
souvenu de ces triomphales journées : le soleil ai-
dant, j'ai retrouvé toute la Provence en mirage : le
vent, la poussière. les vignes au bord du Rhône. les
bouquets de roseaux et de tamaris. les myrtes. les
cyprès, les oliviers, les cigales et soudainement le
désert de la Crau m'est apparu sur la place de la
Concorde inondée de lumière et comme élargie...

Mais la corne d'un tramway traversant le boulevard Saint-Germain m'a ramené brutalement à la
réalité des choses : j'ai aperçu les Champs-Élysées.
les cafés-concerts avec le nom de Paulus en vedette.
le Palais de l'Industrie. où cet hiver on promena la
Tarasque au milieu des éclats de rire. l'avenue sil-
lonnée de voitures allant au Bois. les petits écuyers
de l'Hippodrome. les chars-reclames. Alors je me
suis demandé ce que ce Mistral venait faire dans ce

milieu incapable de le comprendre et pourquoi il avait abandonné ses paysans du Comtat et sa retraite de Maillane si lointaine et si douce.

Je sais bien que « pour la seconde fois les latins ont conquis la Gaule » depuis que l'*Arlésienne* et *Numa Roumestan* ont triomphé à l'Odéon : je sais que le midi monte et que Paris n'a qu'à bien se tenir devant le flot toujours grossissant des populations d'outre-Loire. Sans doute le grand homme de Provence trouvera ici des compatriotes pour encenser sa gloire, des cigaliers enthousiastes, des félibres déliants qui lui feront escorte et le couvriront de fleurs : mais il rencontrera aussi des indifférents qui ne connaissent de *Mireille* que la musique de Gounod et des critiques pointilleux qui éplucheront son œuvre et la malmèneront rien que pour faire pièce aux louanges exagérées de quelques disciples.

Et cependant Mistral est un admirable poëte qui chante harmonieusement et sans effort, comme tous les poëtes de race dont le génie s'épanche dans une inspiration divine. Qu'importe la langue qu'ils emploient, si la chanson est sublime, et si elle nous emporte d'un coup d'aile jusque dans les profondeurs du ciel bleu ! En provençal ou en français, *Mireille* et *Calendal* sont des œuvres immortelles, grandioses, éblouissantes, émouvantes, superbes : de purs chefs-d'œuvre en un mot.

Que dire de l'homme lui-même ? Tout le monde connaît ces lignes émues d'Alphonse Daudet qui le peignent si bien et qui me reviennent en mémoire :

« Nous montâmes dans la chambre de Mistral C'est une modeste chambre de paysans avec deux

grands lits. Les murs n'ont pas de papier : les solives
du plafond se voient... Il y a quatre ans, lorsque
l'Académie donna à l'auteur de *Mireille* le prix de
3.000 francs. Mme Mistral eut une idée :

— Si nous faisions tapisser et plafonner ta chambre ? dit-elle à son fils.

— Non ! non ! répondit Mistral... Ça, c'est l'argent
des poètes, on n'y touche pas.

Et la chambre est restée toute nue ; mais tant que
l'argent des poètes a duré, ceux qui ont frappé chez
Mistral ont toujours trouvé sa bourse ouverte. »

Maintenant il me reste à avouer une chose ! En
faisant l'éloge du poète de *Mireille*, je n'ai jamais eu
l'intention de soutenir la cause de la langue proven-
çale que d'aucuns veulent introduire dans les écoles :
mon enthousiasme ne va pas jusque-là. Je ne tiens
pas davantage à paraître le champion déterminé de
tous les poètereaux que le grand homme traîne à la
remorque et qui vivent littérairement sur sa réputation.

Je ne défends ici ni le *Félibrige* ni les *Félibres* qui
comptent parmi eux des littérateurs de talent, et
aussi un nombre d'imbéciles assez considérable.

J'ai connu un brave homme qui était dentiste et
qui faisait des vers de mirliton — en provençal — ce
qui est bien plus facile qu'en français. Il posa sa candidature chez les Félibres : on le reçut d'emblée.

Depuis ce temps, il a perdu la tête ; il se croit du
génie et ne sort jamais sans une auréole. Le délire
des grandeurs le menace. Déjà il rougit de sa position ; son métier le dégoûte et quand on lui demande
ce qu'il fait, il répond modestement : « Je m'occupe
de dentition » ne voulant pas convenir qu'étant
poète, il soit encore dentiste — et quel dentiste !

XLII

L'auteur de « Candidat ». — M. Jules Claretie. — L'historien. le romancier, le journaliste. l'auteur dramatique, le directeur. — Un véritable homme de lettres.

21 juin.

Dans notre métier de journaliste. il y a des corvées désagréables. mais il nous tombe parfois une bonne aubaine. Ce matin, mon directeur me fait appeler :

— Vous savez que nous allons publier *Candidat*, le nouveau roman de Claretie ?

— Parfaitement.

— Voulez-vous présenter l'auteur aux abonnés du *Parti national?*

— Avec le plus grand plaisir. »

Et, en effet, je suis ravi. parce que. depuis longtemps, j'attendais l'occasion de vous entretenir de cet homme extraordinaire que le gouvernement républicain a fait administrateur général de la Comédie Française.

M. Jules Claretie — prononcez *Cla-re-ti* — est une

personnalité à part dans notre monde littéraire, une figure originale qui force l'attention, un talent d'ordre composite, diamant mêlé de quartz et de silex, mosaïque bizarre de qualités et de défauts, qui vaut qu'on s'y arrête et qui, certes, mériterait une étude plus approfondie que ces quelques lignes jetées à la hâte.

On n'a jamais bien su à quel âge il avait débuté dans la carrière: il est né la plume à la main. Sur les bancs du lycée, bien avant le baccalauréat, il fit, en manière de passe-temps, quelques drames en cinq actes et deux ou trois romans pouvant fournir chacun sept à huit mille lignes, qui sont restés inédits. Il quitta son képi de collégien pour entrer dans le journalisme, où il devait se tailler une si large place. Il n'avait pas vingt ans quand Dentu publia son premier volume.

Ce roman singulier a une histoire. La comtesse Dash s'était engagée à fournir à son éditeur la matière d'un livre qui devait s'appeler : *Une Drôlesse*, si j'ai bonne mémoire. Selon la coutume d'alors, Dentu l'inscrivit dans sa collection « pour paraître prochainement » et le fit lancer par ses commissionnaires. Mais, sur ces entrefaites, la comtesse réfléchit, contesta la valeur du titre qui l'effrayait un peu, hésita et finalement refusa de s'exécuter.

Dentu ne savait de quel bois faire flèche. Comme par une fatalité, les commandes pleuvaient de toutes parts et les réclamations des courtiers ne cessaient pas : on avait promis au public *Une Drôlesse*, il la voulait à n'importe quel prix. « Pour me tirer de là, disait l'éditeur à un de ses amis, il me fau-

trait un garçon de talent qui consentirait à me
bâcler trois-cents pages dans six semaines. » L'ami
lui répondit : « J'ai votre affaire. » Et il lui amena
un tout jeune homme qui déclara se nommer Jules
Claretie et qui saisit avec empressement la perche
qu'on lui tendait d'une façon aussi imprévue.

Il en profita même pour se faire connaître, car ce
premier roman eut du succès, grâce à un chapitre
très curieux sur une première à la Comédie Française où l'intrigue se nouait. Quand il troussa de
verve ces quelques pages pleines de croquis spiri-
tuels et de silhouettes amusantes où se reflète
comme en un miroir le Tout-Paris de l'époque, l'auteur ne se doutait guère qu'il serait plus tard le
maître de la maison qui servait de cadre à sa peinture. Mais il était lancé dès ce jour et pouvait prétendre à tout.

Résolument, il aborda le théâtre, la critique d'art,
l'histoire, sans cesser d'écrire des romans, des nouvelles et des chroniques. Pendant la guerre de 1870,
il fut colonel d'état-major de la garde nationale. Il
aurait pu devenir général et même gagner des
batailles que je n'en serais pas autrement surpris. Il
vaut mieux cependant, et pour lui et pour nous,
qu'il ait rendu ses galons pour reprendre sa plume.

On sait que, depuis la guerre, sa notoriété n'a fait
que grandir par l'importance toujours croissante de
ses œuvres. Des centaines d'éditions n'ont pas épuisé
le succès des *Amours d'un Interne*, du *Million*, de
Monsieur le Ministre, qui, transformé en comédie, a
fourni une longue carrière au Gymnase, du *Prince
Zilah* que l'on trouve encore dans toutes les mains.

Mais c'est surtout par le journalisme qu'il devint
promptement célèbre.

Personne mieux que lui ne savait tourner lestement un article spirituel, une chronique piquante,
bourrée d'anecdotes inédites. pleine jusqu'aux bords
d'aperçus intéressants, de traits ingénieux, de
réflexions philosophiques et de bon sens. D'une
fécondité inépuisable, il se dépensait sans compter
dans les brochures. les revues. les feuilles quotidiennes qui s'arrachaient sa signature et collaborait
régulièrement au journal le *Temps*, où il donnait,
sous le titre « la Vie à Paris ». des études de mœurs
parisiennes qui sont restées les modèles du genre.
On ne l'a pas remplacé.

Président de la Société des gens de lettres.
M. Jules Claretie, appelé à succéder à M. Perrin,
dirige aujourd'hui le Théâtre-Français avec le tact.
la souplesse, l'habileté, l'intelligence qui lui sont
propres, le zèle et l'ardeur qu'il apporte à toutes ses
entreprises. Les auteurs, les acteurs et jusqu'aux
employés de son administration sont unanimes à le
reconnaître. Le gouvernement ne pouvait faire un
meilleur choix. La maison de Molière est en bonnes
mains. Lui seul. peut-être. regrette d'avoir accepté
cette lourde charge. qui paralyse son bras et le gêne
pour combattre à son rang dans la mêlée littéraire.

XLIII

La statue de Nicolas Leblanc. — La fabrication de la soude. — Victimes d'une invention. — Daguerre et le chimiste J.-B. Dumas.

29 juin.

Dans quelques heures, on inaugurera solennellement au Conservatoire des arts-et-métiers la statue du chimiste Nicolas Leblanc qui a découvert le procédé usité encore aujourd'hui dans la fabrication de la soude artificielle. Nicolas Leblanc naquit à Issoudun en 1753. Il vint à Paris étudier la médecine, et entra en qualité de chirurgien au service du duc d'Orléans qu'on surnomma Philippe-Égalité. Il occupait ce poste modeste lorsque l'Académie des sciences proposa comme sujet de concours la question de la soude et de sa fabrication, question très importante, car ce produit dont les applications sont innombrables, était à ce moment beaucoup trop cher pour être utilement employé.

Le jeune chimiste se mit à l'œuvre et après plusieurs années de travaux coûteux et de recherches

11.

souvent pénibles. il réussit complètement en 1790 :
il prit un brevet et avec l'appui du duc d'Orléans et
d'un chimiste nommé Dizé. il fonda l'année suivante
l'usine de Saint-Denis qui prospéra jusqu'en 1793.
La mort de son bienfaiteur et la confiscation de ses
biens paralysèrent malheureusement ses efforts.
Nicolas Leblanc fut obligé d'abandonner son usine et
comme il ne put la relever à temps. son brevet d'invention tomba dans le domaine public : son procédé
fut exploité par une foule de concurrents qui firent
une fortune rapide tandis que lui-même. plongé dans
une profonde misère. traînait une existence de paria
dont il se débarrassait par le suicide en 1806.

La statue qu'on lui élève aujourd'hui est un témoignage de la reconnaissance des hommes. car l'invention de Nicolas Leblanc fut un véritable bienfait pour
l'humanité. Sans entrer ici dans tous les détails techniques relatifs aux conséquences de sa merveilleuse
découverte. on peut dire que l'industrie de la soude
sert en quelque sorte de base à toute l'industrie des
produits chimiques. Dans le monde entier. on en uti-
lise plusieurs milliards de kilogrammes et sa consommation plus ou moins grande est un véritable
baromètre pouvant servir à estimer la richesse indus-
trielle d'un pays. Chacun sait que le savon. la bou-
gie. la verrerie dont le commerce a pris une exten-
sion si considérable sont les produits presque immé-
diats de la soude artificielle obtenue par le procédé
de Nicolas Leblanc.

A tous les points de vue. le malheureux inventeu
méritait donc la compensation si tardive et si glorieuse qu'on lui accorde et pour laquelle tant d'au-

tres inventeurs ont sacrifié obscurément leur fortune
et leur vie. Il y a en, en effet, et j'aime à penser qu'il
y a encore, des savants modestes, des chercheurs
inconnus qui travaillent dans la solitude, dédaigneux
des titres, des grades, des académies, mais guidés et
soutenus par le seul amour de la science ou l'unique
ambition d'une gloire posthume. Aux yeux de leurs
contemporains, combien passent pour fous qui sont
des hommes de génie à qui la postérité rendra justice,
ou qui n'obtiendront même pas ce témoignage de la
postérité, et resteront toujours méconnus.

La folie de l'invention est commune aux uns et
aux autres, à ceux qui réussissent comme à ceux,
beaucoup plus nombreux il est vrai, qui ne réussissent pas. C'est une folie respectable et sacrée à
laquelle nous sommes redevables de bienfaits immenses et de presque tous les progrès accomplis jusqu'à
ce jour dans l'œuvre de la civilisation.

Les savants officiels, les illustrations patentées, les
grands hommes reconnus hautement, proclamés
immortels durant leur vie, devraient surtout se montrer bienveillants et charitables envers ces victimes
de l'invention, trop facilement qualifiés d'utopistes.
Bien souvent un peu d'appui moral ou matériel,
donné à propos, suffirait pour transformer leurs
rêves fuyants en réalités tangibles. Que de découvertes demeureront ignorées parce que cet appui si
nécessaire a manqué à leur auteur!

Le grand chimiste J.-B. Dumas en était si convaincu qu'il encouragea toute sa vie les entreprises
scientifiques les plus hasardeuses. Il n'eut jamais
lieu de s'en repentir et quelquefois il en fut récom

pensé par la satisfaction d'avoir contribué à une
invention tout simplement merveilleuse. Ses biographes n'ont pas manqué de raconter, à ce sujet, une
anecdote qui lui fait le plus grand honneur.

Un jour il vit entrer dans son cabinet une femme
éplorée qu'il ne connaissait pas et qui se jeta à ses
pieds en lui disant : « Monsieur Dumas, je vous en
supplie, sauvez mes enfants, sauvez-moi. mon mari
nous ruine ! »

Très ému, le savant la releva. en lui demandant
de quelle manière il pourrait lui être utile et pourquoi elle avait songé à lui. La pauvre femme lui
répondit sans hésiter :

« Mon mari est fou. Il s'est mis dans la tête des
idées impossibles. Il cherche quelque chose qu'il ne
trouvera jamais. Il passe sa vie à faire des expériences qui lui coûtent les yeux de la tête. et nous ne
sommes pas riches. J'ai patienté tant que j'ai pu.
parce qu'un moment je croyais qu'il arriverait à
un bon résultat. mais aujourd'hui je suis bien
convaincue du contraire. Et puis, si cela continuait.
mon mari nous mettrait sur la paille. Nous n'avons
plus d'argent et il veut vendre nos meubles.

» Impossible de lui faire entendre une raison.
Mais j'ai pensé que vous, monsieur Dumas, qui êtes
si savant, vous pourriez peut-être le dissuader. le
convaincre de sa folie, l'empêcher de s'entêter jusqu'au bout...

— Je ne demande pas mieux, madame, répondit
l'illustre chimiste, envoyez-moi votre mari. »

Quand sa femme lui déclara que J.-B. Dumas voulait le voir. l'inventeur accourut. Il expliqua au

savant le but de ses recherches, il mit sous ses yeux les premiers résultats de ses expériences et quand il eut fini ses explications. J.-B. Dumas lui dit :

— Vous ne pouvez rester en route. Continuez vos travaux. Seulement, à partir d'aujourd'hui c'est moi qui en paierai les frais. »

L'inventeur s'appelait Daguerre et c'est grâce à J.-B. Dumas qu'il trouva le *daguerréotype*, c'est-à-dire l'embryon de la photographie.

XLIV

Un tombeau pour André Gill. — Souvenirs personnels. - Gill littérateur. poète. caricaturiste et peintre. — Sa véritable folie et sa mort.

ʳer juillet.

Il est des morts qu'il faut qu'on tue. des morts tenaces, récalcitrants. à l'étroit dans leur bière. qui dressent chaque jour leur squelette cliquetant et reviennent s'asseoir au banquet de la vie. comme le spectre de Banco en face de Macbeth. Longtemps après les avoir conduits en terre. leurs contemporains gardent vivace leur souvenir. discutent leurs idées. leurs actions. attaquent leur mémoire ou s'acharnent à la défendre. Et le nom du disparu jeté à tous les échos par les mille trompettes de la presse. retentit aux quatre coins du monde. vivant. toujours vivant.

Il est des morts qu'on oublie vite. des morts qui disparaissent tout entiers dans le trou béant de la funèbre fosse. morts ensevelis dans un linceul d'indifférence glaciale. le pire des linceuls. et qui vraisemblablement dormiront jusqu'au jour du jugement dernier sans qu'on vienne troubler. même en pensée, leur éternel repos.

Le pauvre André Gill, pour lequel quelques amis réclament un tombeau. appartient à cette seconde catégorie de disparus plus qu'à la première. Son nom. sonore cependant et populaire, ne se glisse plus sous la plume des chroniqueurs qui dispensent la réclame. et si son souvenir persiste encore çà et là. le nombre diminue chaque jour de ceux qui l'ont pieusement gardé.

J'ai connu André Gill. plein de vie et de santé. à l'époque où sa réputation solidement établie doublait son prestige de bel homme et mettait comme une auréole de gloire autour de son front. On se retournait sur son passage; on le suivait des yeux. ébloui par son allure qui tenait du mousquetaire et du matamore : on le regardait curieusement avec le respect du talent énorme qu'il dépensait sans compter au hasard de l'inspiration et qu'il éparpillait sur les feuilles légères qui ne vivent qu'un jour et que le vent terrible de l'actualité emporte.

Je me rappelle ma profonde désillusion. la première fois que je l'entendis parler. C'était dans un café littéraire de la rive gauche. un de ces établissements vagues qui foisonnaient autrefois autour du Luxembourg et qui se distinguaient des cafés vulgaires par la présence. au fond de la salle, d'une estrade et d'un piano. A un moment donné. André Gill se campa sur l'estrade pour dire des vers : il avait l'air d'un jeune dieu. mais par malheur il zézayait d'une façon déplorable et cela cadrait si mal à sa taille d'hercule. que j'en fus tout dépité.

Les vers, autant qu'il m'en souvienne, étaient de lui, car son crayon et son pinceau ne suffisaient pas toujours aux exigences de son esprit. Il maniait encore la plume à ses moments perdus et il s'en servait en maître. Quand on relit ses poésies éparses dans les vieilles collections de journaux, on est frappé de voir à quel degré il était poète, et les belles pages de prose publiées sous le titre de *Vingt années de Paris*, prouvent surabondamment qu'il y avait en lui l'étoffe d'un véritable littérateur.

Son talent de caricaturiste fut trop incontestable pour que je m'y arrête. Il créa la charge synthétique; ses dessins éloquents ont la simplicité, la carrure et la vigueur des meilleures satires de Juvénal. La seule erreur de sa vie, à mon sens, fut de vouloir être peintre. Il n'y réussit jamais, quoi qu'on en dise; à ce point de vue, il était « raté » et sans vouloir se l'avouer peut-être, je crois qu'il en était intimement convaincu et qu'il en souffrit cruellement.

Toujours, même au milieu de ses triomphes, il lutta pour se faire une place honorable dans l'art, une place qu'il enviait, et qu'il n'eut pas malgré son courage et sa persévérance. Ses meilleures toiles ne valent pas grand'chose. Il peignait gauchement, lourdement: il voyait mal la couleur et composait ses tableaux avec une naïveté décourageante. Le dessin même en paraissait pauvre, inégal, laborieusement cherché.

Ses conceptions étaient néanmoins grandioses. Il avait des idées, beaucoup d'idées, mais sa main le trahissait quand il voulait les traduire avec le pinceau, et je ne serais pas étonné que cette impuis-

sance d'artiste ait eu sa part funeste dans le détra-
quement de son cerveau. On sait qu'il devint fou à
l'occasion d'un panorama qu'il avait rêvé d'exécuter,
dont il avait fourni l'esquisse et qui lui fut refusé
sous un prétexte quelconque.

Il fondait de grandes espérances sur cette œuvre
colossale : il en attendait la fortune et surtout la
gloire. Son projet était de grouper sur la place de
la Concorde toutes les célébrités contemporaines
qu'il avait tant de fois croquées dans les journaux et
qu'il connaissait si bien. Quand il fut forcé d'y renoncer, il en eut un chagrin si violent que sa raison
n'y résista pas.

Interné à Charenton, il y vécut pendant plus d'un an
de cette misérable existence des fous que menace la
paralysie générale. Ses amis ne l'abandonnèrent pas
et lui procurèrent tous les adoucissements qu'il
était possible de lui apporter dans sa triste position.

L'un d'eux, M. Emile Cohl, qui avait été son élève,
fit preuve jusqu'à la fin d'un dévouement au-dessus
de tout éloge.

André Gill repose maintenant dans le petit cimetière ignoré de Saint-Maurice (1). Une simple croix
de bois marque la place qu'il occupe. On voudrait
lui donner un modeste tombeau et l'on vient d'ouvrir
une souscription dans ce but. Personne, plus que
moi, ne souhaite qu'elle réussisse.

1. Depuis la publication de cet article, les restes du pauvre
artiste ont été transportés au Père-Lachaise où ses amis lui
ont élevé un modeste monument.

XLV

**La reine des îles Sandwich. — Les dictionnaires
et la géographie. — Une visite au chancelier des
îles Sandwich à Paris. — Ceintures étroites et
tatouages. — Chemins de fer et téléphones.**

: juillet.

Depuis quelques jours, les journaux insèrent une
série de notes menaçantes et contradictoires. Une
révolution va-t-elle ou ne va-t-elle pas éclater aux
îles Sandwich? Les uns disent oui. Les autres disent
non. La France est inquiète et perplexe.

Une grave nouvelle est venue donner aux pessi-
mistes un semblant de raison. La reine des îles
Sandwich, sa majesté Kapiolani, qui se trouve en ce
moment en Angleterre, devait faire à Paris un assez
long séjour. Or, elle vient de décider brusquement
que son départ aurait lieu immédiatement. Elle
va prendre le 2 juillet le paquebot pour Honolulu,
sa capitale, et rejoindre son mari pour combattre à
ses côtés la révolution.

Je croyais que les révolutions étaient l'apanage
exclusif des pays qui jouissent des bienfaits d'une

civilisation avancée. J'ai immédiatement ouvert le
dictionnaire Larousse à l'article Hawaï. — ce qui
est le nom par lequel les indigènes ont remplacé celui de Sandwich. qui évoquait évidemment
pour eux des idées de jambon et de petit pain.
et semblait les prédestiner à être dévorés par
une grande puissance. Larousse m'a obligeamment
servi deux colonnes de prose serrée. où j'ai appris
que les iles Sandwich se trouvaient par 19° 53' de la-
titude nord. et par 157° 9' de longitude ouest.
qu'elles avaient des volcans et que les habitants
s'habillaient avec « une ceinture étroite » et un
tatouage blanc sur le front.

J'avoue que les explications du dictionnaire m'ont
peu satisfait. J'ai vu en 1881 le roi Kalakaua, souverain d'Hawaï. un soir où il visitait l'exposition
d'électricité. Il avait une redingote noire très cossue.
un chapeau de soie luisant. des gants gris-perle avec
de grosses piqûres noires. pas du tout de tatouage
sur le front. et une belle figure basanée encadrée de
favoris très soyeux. Cela ne concordait que médio-
crement avec les descriptions du Larousse. Je suis
allé trouver M. Bouillette. chancelier du consulat
général d'Hawaï. un fort aimable homme qui s'est
mis avec empressement à ma disposition. et je
lui ai demandé quelques renseignements sur le pays
dont il est un des représentants.

Il a ri très franchement lorsque je lui ai parlé des
ceintures « étroites ». et il m'a appris des choses
dont je ne me doutais que très vaguement.

— Monsieur. m'a-t-il dit. les iles Sandwich comprennent actuellement environ 60.000 habitants en

nombre rond, sur lesquels vous n'en trouveriez pas
six mille qui ne sachent lire. écrire et compter.
Tout le monde y est vêtu à l'européenne. Le roi
Kalakaua habite un véritable palais. et tous les
services de l'État, à Honolulu, sont installés dans
des bâtiments dans le genre de la préfecture de
Bordeaux ou de Marseille.

— Tiens. tiens. Et... vous pouvez me donner
quelques renseignements sur le roi. sa famille et
son gouvernement?

— Parfaitement. Kalakaua est né en 1836. Il était
simplement un des personnages importants de l'ar-
chipel. lorsqu'il a été élu roi en 1874 par le congrès...

— Le congrès?

— Sans doute. Le royaume d'Hawaï est régi depuis 1864 par une constitution qui comporte deux
Chambres et un conseil des ministres. Ce sont les
Chambres réunies qui ont porté Kalakaua au pouvoir après la mort de Kaméhaméha V. La reine Kapiolani est un peu plus âgée que son époux. Ils n'ont
pas d'enfant. et. à la mort du roi. c'est sa sœur,
Liliuokolani, mariée à M. John Dominis, qui doit
lui succéder. La reine et sa belle-sœur parlent, outre
l'idiome national qui est un dialecte malais très
doux, l'anglais et le français. Elles sont excellentes
musiciennes...

— Tout cela me semble assez civilisé. Le pays
est-il industrieux?

— Mon Dieu, on exporte annuellement pour une
trentaine de millions de francs. On importe pour une
vingtaine. Concluez vous-même.

— Et quelles seraient les causes de la révolution dont on parle? Y a-t-il en Hawaï des dynasties rivales ou des nihilistes?

— Du tout. Il y a seulement six mille Chinois qui menacent de se soulever parce qu'on a voulu arrêter les ravages causés chez eux par l'opium. Mais jusqu'ici, aucun mouvement populaire n'a éclaté.

— Les communications doivent être difficiles entre les différents centres. Car enfin, avec des volcans et sans chemins de fer...

— Mais il y a des chemins de fer aux îles Sandwich, cher monsieur. Il y a trois lignes : elles ne sont pas très longues, en vérité. Mais le territoire n'est pas non plus fort étendu, et elles suffisent aux besoins de la population.

— Ah! il y a des voies ferrées? Mais alors, peut-être Hawaï possède-t-il aussi des télégraphes?

— Sans doute.

— Des téléphones?...

— Parfaitement. Je ne sais même pas si Honolulu n'en avait pas avant Paris.

J'avoue que je fus un peu vexé. Mais je tenais ma revanche.

— Voulez-vous me permettre, dis-je insidieusement à M. Bouillette, de vous poser une question? Les Hawaïens n'ont-ils pas gardé leurs superstitions antiques?

— Pas du tout. Ils ont été évangélisés par des missionnaires américains; et aujourd'hui ils sont tous protestants.

— Cependant, j'ai ouï dire dernièrement — que dis-je? — j'ai lu dans les journaux, qu'une sœur du roi, la princesse Likeliki, avait eu l'héroïsme de se laisser mourir de faim pour apaiser une divinité irritée, et arrêter ainsi une épidémie qui décimait la population.

— La princesse Likeliki, me repondit mon aimable interlocuteur, est morte en effet. C'était une charmante jeune femme, fort instruite, et très artiste. Mais elle n'est pas morte de faim. Elle a succombé comme une simple Parisienne.

— Et à quoi?

— A l'abus de la morphine. »

Du coup, j'étais battu. Je reconnus que les Hawaïens étaient certainement les gens les plus civilisés de la terre, je remerciai M. Bouillette, et je me retirai assez penaud, mais décidé à me méfier désormais des « ceintures étroites » et des tatouages blancs sur le front.

XLVI

Paris port de mer. — Historique de la question. — Projets actuels. - M. Bouquet de la Grye. — M. Emile Abadie. - Le canal au point de vue de la défense.

6 juillet.

Parmi les questions qui s'imposent à l'attention du conseil municipal, il en est une qui intéresse les Parisiens au moins autant que le Métropolitain, et qui, de plus, touche aux intérêts les plus sérieux des riverains de la Seine. C'est la question de Paris port de mer.

L'ancien conseil municipal avait enterré, peu de jours avant sa propre mort, une proposition de M. Ernest Hamel, tendant à la nomination d'une commission chargée d'étudier les différents projets présentés. On avait répondu en enjoignant à la dixième *commission* d'examiner s'il y avait lieu de nommer une *commission*. Pour peu que le nouveau conseil ait recours à de pareilles chinoiseries parlementaires, il y en a pour une vingtaine d'années avant d'arriver au choix du rapporteur.

C'est là, pourtant, une grave question qui, depuis des siècles, a préoccupé des esprits éminents.

L'idée première de faire remonter à Paris les grands navires de commerce, et même les vaisseaux de guerre, est due à Sully d'abord, et ensuite à Vauban.

Tous deux n'en ont parlé que comme d'une éventualité possible et désirable. Le premier projet complet est celui de l'ingénieur Passement, qui d'accord avec l'avocat Billart, proposait de creuser de six pieds le lit de la Seine. Il date de 1760. De graves inconvénients s'attachaient à sa réalisation. M. Bérigny, inspecteur général des ponts et chaussées, les résume ainsi dans son livre *Navigation maritime du Havre à Paris* : « Après de très grands travaux et des » dépenses considérables, on n'eût obtenu d'autres » résultats que d'avoir partout une profondeur » insuffisante et une grande vitesse d'eau. »

Nous trouvons ensuite (1780) le tracé du marquis de Crécy, dont la veuve obtint même une concession en 1786. Le marquis de Crécy avait recours à un canal qui, par l'Oise, rejoignait la Seine à Conflans. Ce projet fut perfectionné en 1786 par l'ingénieur Brulée, qui, pour supprimer la navigation de l'Oise, la franchissait sur un pont, et gagnait Saint-Denis. Il fut repris en 1790 par M. Lemoyne, maire de Dieppe. Mais il ne sortit jamais, malgré la concession, de la période d'études. Il présentait deux graves inconvénients : la difficulté de l'alimentation d'eau du canal, et la perméabilité du terrain, étant donné surtout qu'il s'agissait d'un canal à grande section.

C'est pourquoi on abandonna la direction de
Dieppe, qui était la base de ce tracé.

La Révolution et les vingt-cinq ans de guerre qui
suivirent détournèrent de ce grand travail l'attention
publique.

Sous la Restauration, M. Gaudin, calculateur au
bureau des longitudes, proposa l'idée inverse de celle
de Passement et Billart : endiguer la Seine au lieu
de la creuser, et l'alimenter en été par 500 puits
artésiens forés aux abords de Paris. Or, il est impossible de compter sur un débit constant de 500 puits
artésiens. Le fleuve souterrain qui les alimente
s'épuise rapidement, comme le constatent les expériences faites à Tours de 1830 à 1837 (*L. Figuier. Les
Merveilles de l'industrie, tome III*), et les 17 puits
artésiens creusés à Venise en 1847, et dont 9 ne jail-
lissaient plus en 1852.

Le 16 février 1825 une ordonnance royale chargea
pour la première fois une commission, dont faisaient
partie Prony et Augustin Fresnel (le vrai créateur
des phares) d'étudier un canal *maritime*. La commission conclut à un tracé de 245 kilomètres qui devait
coûter neuf ans de travail et 215 millions et comprenait huit écluses. Le projet fut vivement attaqué, principalement par M. Grimot, ingénieur des
ponts et chaussées (*Mémoire sur l'établissement d'une
navigation à grand tirant d'eau entre Paris et la mer
par voie fluviale*, Paris, 1827). Il fut abandonné.

Enfin, sous le second Empire, on proposa simplement de ne rien creuser, de ne rien canaliser,
et d'employer tout bonnement des bateaux spéciaux capables de remonter jusqu'à Paris. C'est

ainsi que M. Guibert, de Bordeaux, construisit la *Sole* en 1852, et que les Parisiens purent voir au Pont-Royal, en 1868, le *Paris-Port-de-Mer*. — un trois-mâts, construit également à Bordeaux par MM. Germain et Desbats.

Or, cette solution semble inacceptable, ces bateaux spéciaux n'ayant qu'une très petite jauge.

Citons enfin un projet de M. Lebreton, comportant un canal complètement à niveau de la mer, mais coûtant deux milliards. Pour rémunérer un tel capital, il eût fallu un trafic double de tous les ports de France.

Aujourd'hui, deux projets sérieux sont en présence. Le premier est celui de M. Bouquet de la Grye, ingénieur en chef hydrographe de la marine. Il canalise la Seine jusqu'à Poissy, où se trouve le *grand port maritime*, et aboutit par une chaîne d'écluses au *port de consommation*, situé à Gennevilliers. L'autre est celui de M. Labadie, un jeune ingénieur de grand talent, qui a consacré à cette étude six ans de travail et cent mille francs d'argent. Nous n'avons pas à prendre parti entre les deux. Il faut d'abord que le principe soit adopté. On choisira entre les meilleurs systèmes. Pour de plus amples documents, nous renvoyons le lecteur à deux remarquables ouvrages : *Résumé d'une étude sur la création d'un port de mer à Paris,* par Bouquet de la Grye, Paris, 1882. — et *Étude sur Paris port de mer,* par Émile Labadie, Paris, 1886.

Nous ne saurions mieux finir qu'en empruntant à M. Bouquet de la Grye ses appréciations sur le canal, considéré à un point de vue inattendu : celui de la défense en cas de guerre :

« Un canal éclusé ne peut être admis, chacun des sas étant limité par un organe fragile qu'un engin explosif de la grosseur d'une orange mettrait hors d'usage. Une ligne d'eau profonde, ne gelant pas par suite de la profondeur, apporte non seulement un obstacle aux entreprises de l'ennemi, mais complète la défense, parce que les ponts qui la coupent sont tous mobiles. Ce canal, en temps de guerre, serait parcouru par des monitors qui n'auraient pas grand' peine à empêcher toute tentative d'obstruction. »

XLVII

**La statue de François Arago. — La famille Arago.
— Une mission en Espagne. — Un autodafé et une
aubergiste. — Les mésaventures d'un savant. —
Une magnifique carrière.**

12 juillet.

François Arago va avoir sa statue. Au cours d'une
séance tenue hier par le comité, M. l'amiral Mou-
chez, directeur de l'Observatoire, a annoncé à ses
collègues que la souscription serait prochainement
close et que la statue allait être fondue.

J'avoue que j'ai été quelque peu surpris en apprenant que le vulgarisateur sans rival, l'illustre savant
à qui l'on doit tant de belles découvertes, n'avait pas
encore reçu un hommage dont on s'est montré quelque peu prodigue envers de moins dignes.

C'est une famille remarquable que celle des Arago.
Le père fut un modeste fonctionnaire, qui occupait
à Perpignan l'emploi de caissier de la Monnaie. Il eut
quatre fils, qui tous ont marqué dans la vie politique, dans les sciences ou dans les arts.

L'aîné était François Arago, auquel je reviendrai

tout à l'heure. Le second, Jean Arago, né en 1788. Celui-là avait hérité de la situation de son père à la Monnaie. Révoqué en 1815 pour des motifs politiques, il s'expatrie, embrasse la cause de l'indépendance du Mexique, reste parmi les treize survivants de l'expédition Mina, conquiert tous ses grades, et meurt en 1836, après avoir assisté au triomphe de la cause à laquelle il avait voué sa vie. Cet homme, qui avait gouverné les plus riches provinces du Mexique, ne laissa pas la somme nécessaire pour payer ses funérailles.

Le troisième fils, Jacques, embrassa la littérature, ainsi que le dernier, Étienne. Tous deux ont fait représenter un grand nombre de pièces et ont publié des travaux divers. Jacques était, de plus, un voyageur passionné. Il fit, en 1817, le tour du monde, et, à cette époque, cette excursion était un peu moins aisée qu'aujourd'hui. Chez Étienne, l'homme de lettres se doublait d'un homme politique. Il appartint à nos différentes assemblées et remplit en 1870, avant M. Jules Ferry, les difficiles fonctions de maire de Paris.

Si nous ajoutons à cette nomenclature les deux fils de François Arago, Emmanuel, diplomate, avocat, membre du gouvernement de la Défense nationale, actuellement ambassadeur à Berne, et Alfred, peintre de talent et administrateur des beaux-arts, on conviendra que cette famille a fourni, en soixante ans, un contingent d'hommes remarquables que plus d'une race illustre ne pourrait pas lui opposer dans toute sa lignée.

Revenons à François Arago.

Un vieil ami de la famille. M. P.... m'a donné sur
lui quelques détails biographiques fort intéressants.
Né en 1736, Dominique-François Arago était d'une
complexion délicate, ce qui obligea ses parents à
négliger son éducation, si bien que, à quatorze ans,
il savait à peine lire. A ce moment, son organisation
physique se développa et s'affermit tout à coup. Le
jeune homme se mit au travail avec acharnement, et
trois ans plus tard, à dix-sept ans, il entrait à l'École
polytechnique avec une dispense d'âge. Attaché, dès
sa sortie de l'École, au bureau des longitudes, il dut
à la recommandation de Monge d'être chargé par
l'Empereur, concurremment avec Biot, de continuer
la triangulation commencée par Méchain et Delam-
bre pour la détermination de l'arc du méridien ter-
restre.

Le jeune savant (il avait vingt ans) partit en 1806
pour l'Espagne, théâtre des opérations géodésiques.
La péninsule était encore plus arriérée, au point de
vue scientifique, qu'elle ne l'est aujourd'hui — et ce
n'est pas peu dire. Aussi ne saura-t-on jamais contre
quels obstacles les savants eurent à lutter. A plusieurs reprises on brisa leurs théodolites, leurs ni-
veaux et leurs mires, que l'on prenait pour des accessoires de magie. Dans une petite ville de la province de Tarragone, au moment où ils allaient monter à cheval, on les arrête, on entasse sur la place les
instruments et les carnets d'études, que l'on traite
en grimoires cabalistiques, et l'on s'apprête à en
faire un *autodafé*. Tout allait y passer, et peut-être
même la vie des prisonniers, lorsque tout à coup le
tocsin se met à sonner. Cela fait une diversion. On

oublie les savants et leur attirail et l'on se précipite
vers l'église. Arago et Biot prennent les objets et les
carnets les plus précieux, sautent sur leurs chevaux
et s'éloignent au galop.

C'était la fille de l'aubergiste qui s'était éprise du
jeune voyageur français et l'avait sauvé en sonnant
les cloches à l'improviste.

Mais Arago n'était pas au bout de ses peines. A
Majorque, on le prend pour un espion. Il s'enfuit
déguisé en paysan, cachant toujours sous sa veste
ses précieux carnets : il se réfugie à bord d'un navire. On le poursuit, on l'atteint, et les autorités ne
peuvent le dérober à la fureur populaire qu'en l'en-
fermant dans la citadelle, où il se remet tranquillement au travail. On le fait évader au bout de quelques semaines. Il s'embarque; son navire tombe entre les mains d'un corsaire qui l'emmène à Alger.
Enfin, après des péripéties sans nombre, il revient à
Paris, où l'Académie des sciences, dérogeant pour
lui à ses statuts, l'accueille dans son sein à l'âge de
vingt-trois ans.

A dater de ce moment, la vie de François Arago
devient une carrière triomphale : tous les honneurs
viennent à lui. Toutes les académies d'Europe s'enor-
gueillissent de le compter parmi leurs membres.
Successivement professeur à l'École polytechnique,
directeur de l'Observatoire, secrétaire perpétuel de
l'Académie des sciences, il n'interrompt pas ses travaux de cabinet. Il fait faire de grands progrès à
l'optique, prépare les voies à l'électro-magnétisme,
détermine le premier avec exactitude le diamètre
des planètes, vérifie les lois de la compression des

gaz posées par Mariotte, et fait un cours d'astronomie qui, par son élévation et sa clarté, est resté le modèle par excellence de toutes les conférences scientifiques.

François Arago fut aussi un homme politique. Républicain convaincu, il fit partie du gouvernement provisoire en 1848 et montra un réel courage aux journées de juin en marchant aux premiers rangs des troupes. En 1852, comme représentant du peuple, il refusa de prêter serment au nouveau pouvoir, qui rendit hommage à la science et s'honora lui-même en l'en dispensant.

Il mourut le 2 octobre 1853.

XLVIII

**M. Caro. — Sa maladie et sa mort. — Sa carrière.
— M. Caro et « le Monde où l'on s'ennuie ».— La réception de M. Edouard Pailleron.**

15 juillet.

La philosophie et les lettres viennent de faire une grande perte dans la personne de M. Caro. qui a succombé hier, à une heure de l'après-midi, dans cette maison modeste de la rue Thénard, toute parée de feuillages et de fleurs par l'été, et déjà pavoisée pour cette journée de fète qui devient un jour de deuil.

Depuis deux ans déjà, M. Caro était souffrant. Il avait une prédisposition à la congestion pulmonaire, et avait éprouvé à deux reprises des crises violentes à la suite desquelles il avait dù interrompre ses cours. Néanmoins, il semblait s'être à peu près remis, lorsque samedi dernier, à la suite d'une promenade en voiture, un léger refroidissement amena une rechute. L'état du malade empira rapidement. Dans la matinée du 12, les médecins le jugèrent perdu, et on lui administra les derniers sacrements. Dans la

journée, il y eut un peu d'amélioration. — cette dé-
cevante amélioration qui précède la crise suprême;
et le lendemain. M. Caro mourait, ayant gardé sa
connaissance jusqu'au dernier moment.

Le philosophe qui vient de s'éteindre a eu une
brillante carrière. Né le 4 mars 1828 à Poitiers, où
son père était professeur à la faculté des lettres,
Edme-Marie Caro commença ses études dans lechef-
lieu de la Vienne. Puis il vint les terminer à Paris au
collège Stanislas, où il remporta de magnifiques
succès universitaires, couronnés par le prix d'honneur de philosophie au Concours général. Il entra à
l'Ecole normale, et, à sa sortie, professa la philosophie dans différents lycées de province, jusqu'au
jour où il fut appelé à la faculté de Douai.

Il n'y séjourna pas longtemps: nommé inspecteur
de l'Académie de Paris, il prit en 1864 possession de
la chaire de Jouffroy à la Sorbonne, fut admis en
1869 à l'Académie des sciences morales, et succéda
en 1874 à Vitet comme membre de l'Académie
française.

Au physique, Caro était grand, d'une physionomie
élégante et correcte. Et certes, il ne démentait pas
le proverbe qui veut que la physionomie soit le miroir de l'être intime, car son talent, sa diction, et
jusqu'à sa doctrine, étaient corrects et élégants.

Au moral, il était la bienveillance même, et de
plus, fort timide. Chaque fois qu'il était obligé de se
produire en public, chaque fois qu'il pouvait prévoir
que la presse s'occuperait de lui, il éprouvait une
véritable angoisse. Aussi n'est-ce pas sans quelque
surprise qu'on a vu un écrivain de talent transporter

sur la scène la caricature de cet homme excellent
qui n'avait pas d'ennemis. On a reconnu M. Caro
dans ce Bellac du *Monde où l'on s'ennuie*, et M.
Pailleron n'a guère lutté contre ce rapprochement.
On peut donc admettre qu'il l'avait cherché, et qu'il
avait ainsi prouvé une fois de plus cette tendance
des hommes d'esprit à tout sacrifier, même des relations d'amitié, au plaisir de voir rire la galerie.

Au moment du *Monde où l'on s'ennuie*, une histoire
a couru. On a raconté que Mme Caro, malgré un
deuil, avait voulu assister à la première représentation de cette œuvre d'un ami. M. Pailleron ne se
sentit pas le courage de la prévenir, et il s'y rendit.

On sait que Mme Caro est elle-même un esprit délicat et un écrivain de mérite. Tout le monde connaît ce roman charmant qui s'appelle le *Péché de Madeleine*. C'est elle qui en est l'auteur anonyme.

Aucune allusion ne pouvait donc échapper à une
nature aussi fine. Pendant le premier acte, elle douta,
au second acte, elle comprit, et s'évanouit.

Caro éprouva très certainement un très vif chagrin, mais il ne se vengea pas. Et cependant, sa vengeance aurait pu revêtir des formes diverses, et capables de le tenter : Lorsque Pailleron fut reçu à
l'Académie française, je n'étonnerai personne en disant que la longanimité de M. Caro n'alla pas jusqu'à lui donner sa voix; mais elle fut encore très
grande. Celui des immortels qui devait répondre au
récipiendaire offrit au philosophe d'avoir recours à
un léger artifice et de lui céder son tour de parole.
Caro aurait répondu à Pailleron, et il eût pu user à

son aise du droit qu'ont les anciens de brimer les
nouveaux. Caro remercia et n'accepta pas.

Un jour, dans une soirée, je lui ai entendu dire un
mot charmant, et qui le dépeint tout entier.

Il causait avec M. de Lesseps, dans une embrasure
de fenêtre. Le « Grand Français » avait mis la conversation sur Pailleron.

— Tout ce que je souhaite, dit Caro, c'est qu'il
devienne aussi grand qu'Aristophane.

— Pourquoi donc ? demanda M. de Lesseps.

— Parceque cela me rapprocherait de Socrate. »

XLIX

**La fièvre du ruban rouge. — Le cas de M. Guy de
Maupassant. — Les décorés du 14 juillet. — Chez
le peintre Jean Béraud. — Dans un ascenseur.**

17 juillet.

La fièvre du ruban rouge est une maladie qui se
manifeste rarement chez les enfants et les adultes
des deux sexes. Les femmes mêmes — à quelques
exceptions près — en sont indemnes toute leur vie ;
mais les hommes, de vingt-cinq à soixante ans, y sont
sujets et le nombre diminue chaque jour de ceux
qui parviennent à y échapper.

Selon toute probabilité, les anciens ne connais-
saient pas la fièvre du ruban rouge. Hippocrate n'en
parle point et, dans son traité célèbre *de locis affectis*,
Galien n'en souffle mot. Comme d'autre part, on ne
trouve rien de semblable dans Paracelse, Bœrhaave,
Haller, ni dans le grand ouvrage de Morgagni, *de sedi-
bus et causis morborum*, ni ailleurs, on peut conclure
hardiment que nous devons l'étude de cette affection
curieuse aux progrès de la pathologie moderne.

Le début de la maladie n'est pas caractéristique
et présente des anomalies qui rendent le diagnostic

incertain. Chez la plupart des individus atteints, l'incubation dure longtemps sans que l'état général en souffre. les malades n'accusent aucune douleur bien nette : ils ont des impatiences assez fréquentes mais vite réprimées, quand ils aperçoivent le ruban sur la poitrine d'un autre : ils se plaignent beaucoup du gouvernement et des ministres ; ils décousent la boutonnière de leur paletot et s'amusent à la fleurir.

Mais au bout de quelques mois — ou de quelques années — les symptômes s'aggravent et ne laissent plus de doutes à l'observateur un peu exercé. Le malade ne dort guère, mange sans appétit et digère avec peine ; il ne garde pas la chambre, mais il y va pour saluer les députés qu'il connaît et se faire présenter à des journalistes ; il vote pour le ministère et ne prononce le nom de M. Grévy qu'en tirant son chapeau. Enfin — caractère infaillible de la fièvre qui le gagne — il commence à lire tous les matins le *Journal officiel*. Quand par hasard il y trouve son nom, il est guéri.

Certaines natures sont réfractaires à la fièvre du ruban rouge. Les journaux ont raconté ces jours-ci qu'un romancier de talent, M. Guy de Maupassant, avait refusé la décoration qu'on lui offrait sans qu'il l'ait demandée. C'est un cas fort rare et qui par cela même méritait d'être signalé. Seulement, les notes parues à ce sujet dans les journaux manquaient de précision, j'ai voulu en avoir le cœur net et je suis allé me renseigner aux meilleures sources.

Il est parfaitement exact qu'on ait voulu décorer M. Guy de Maupassant. C'est même la seconde fois que la Légion d'honneur lui fait des avances. Il y a

quelques années déjà on le fit tâter *officieusement* par
un ami et il refusa. Cette fois le ministre en personne l'a mandé à son cabinet: il l'a prévenu *offi-
ciellement* qu'il voulait lui donner la croix et M. de
Maupassant a réitéré son refus. Là-dessus M. Spuller
lui a déclaré « qu'il n'en avait que plus d'estime
pour son caractère. »

Je n'ai pas à mesurer la portée de cette déclaration du ministre de l'instruction publique, dont je
garantis l'authenticité. Je n'ai pas à rechercher non
plus les raisons qui ont motivé l'attitude de M. de
Maupassant. Je crois les connaître. L'auteur de *Bel-
Ami* a beaucoup médit autrefois de la décoration des
gens de lettres ; il appartient à une école qui fait
profession de mépriser les honneurs et probablement
il n'a voulu ni se contredire ni se rabaisser aux yeux
de ses amis. Zola n'a pas le ruban rouge ; M. Georges
Ohnet l'a, mais ce n'est pas une raison.

Dans tous les cas, l'exemple de M. Guy de Maupassant — qui sera peu suivi — n'empêche nullement la fièvre dont je parle plus haut, de sévir
parmi nos confrères et parmi les artistes. A l'occasion du 14 juillet, plusieurs en ont été radicalement
guéris, puisque le *Journal officiel* a publié leur
nomination. Tels sont MM. Charles Bigot, Raoul
Canivet, Philibert Audebrand ; les peintres, Th. Ribot,
le vieux maître, dont la dernière exposition a obtenu
un si grand succès. Charles Busson, Léon Perrault,
Joseph Wencker ; les sculpteurs Jean-Antoine Injal-
bert et Lucien Pallez.

J'ai gardé pour le citer à part, le peintre Jean
Béraud que je suis allé féliciter l'autre jour, dans

son atelier du quartier Marbeuf où j'ai pu voir quelques ébauches de ses principaux tableaux. On sait que tous les ans au Salon, une cohue de visiteurs s'écrase devant ses œuvres originales et spirituelles. *Le meeting de la salle Graffard*, *l'Intérieur d'une brasserie*, *Coquelin cadet disant un monologue*, les *Fous à Charenton*, *Une première*, *la Salle des Pas-Perdus au Palais de Justice*, le *Parloir des femmes à Saint-Lazare*, et tant d'autres jolies choses que j'oublie et que la gravure a popularisées, ont placé Jean Béraud au premier rang parmi les observateurs de la vie parisienne.

Parisien lui-même par vocation, il est né en Russie et il doit peut-être à cette origine slave ses yeux bleus et sa haute stature. Avant de se livrer tout entier à la peinture, il fit son droit, mais on trouverait difficilement dans sa manière l'influence de Justinien et des *Pandectes*. D'ailleurs, le talent de Jean Béraud n'a subi aucune influence ; il est très personnel, très original, ce qui n'est pas commun aujourd'hui. Il méritait donc à tous égards la distinction qu'on vient de lui accorder.

Je ne veux pas terminer mon article sans parler d'une mésaventure qui m'est survenue en allant voir Béraud. Pour monter chez lui, j'avais pris l'ascenseur, car l'atelier de l'artiste se trouve au cinquième et tout à coup entre le troisième et le quatrième étage, l'appareil cessant de fonctionner, la cage où j'étais enfermé, s'arrêta. Vous voyez ma situation? Elle n'avait rien de drôle. On vint à mon aide et je pus en sortir. Alors on m'expliqua que c'était la faute au Conseil municipal. Jean Béraud habite un quartier *riche* auquel nos édiles mesurent l'eau.

Est-ce que cette plaisanterie n'a pas assez duré?

L

Le nouveau bâtonnier de l'Ordre des avocats. — Maître Durier. — Les élections au conseil de l'ordre. — Réformes proposées. — La liberté de la défense.

23 juillet.

Les avocats sont à l'ordre du jour. Mon collaborateur J. Morin annonçait avant-hier dans sa *Gazette des Tribunaux* l'élection d'un nouveau bâtonnier, et aujourd'hui même doivent avoir lieu les nominations de tous les membres du conseil pour l'année judiciaire 1887-1888. Occupons-nous donc des avocats. Aussi bien le barreau n'est-il pas un des grands ressorts de la vie parisienne que nous nous sommes donné la tâche d'étudier ici dans toutes ses manifestations?

Et d'abord, qu'est-ce que maître Durier que deux cent trente-quatre voix viennent de proclamer bâtonnier de l'Ordre? Allons au Palais de Justice, on nous renseignera. Tenez, justement, le voici maître Durier. C'est ce vieux monsieur décoré, avec une serviette sous le bras qui entre au vestiaire où il va

se mettre en robe. Comme vous le voyez, sa physionomie n'a rien de caractéristique : il ressemble un
peu à tout le monde, vaguement à Bescherelle, l'ancien huissier en chef de la Chambre des députés.
Après cela, si vous n'avez pas connu Bescherelle...

Maître Durier est d'une taille au-dessous de la
moyenne. Inscrit au barreau de Paris depuis 1850,
il doit friser la soixantaine, mais du bon côté; il est
doué d'un organe franchement désagréable, une voix
de fausset criarde et qui devient agaçante quand il
parle longuement, ce qui lui arrive quelquefois, car
il a la réputation d'un orateur diffus et prolixe. Je me
hâte d'ajouter que ces petits défauts que je signale
en passant sont rachetés par des qualités incontes-
tables qui justifient pleinement la distinction dont il
vient d'être l'objet de la part de ses confrères.

Ses états de service sont plus longs que brillants.
Avocat d'affaires dans toute l'acception du mot, c'est
surtout devant le tribunal civil que se déroula la ma-
jeure partie de sa carrière et que se révéla sa véri-
tabl compétence en matière contentieuse. Après le
4 Septembre, il accepta un moment le poste de secrétaire général au ministère de la justice, où il acquit bientôt toutes les qualités qui font l'excellent
fonctionnaire, qualités qu'il a gardées d'ailleurs en
quittant la place Vendôme. Son frère, M. Ch. Durier,
y occupe encore un emploi de chef de division.

Au Palais, où il reprit sa place, maître Durier conserva la confiance du gouvernement, et c'est lui qui
fut chargé de plaider pour le ministère de l'intérieur
dans la célèbre affaire des Jésuites dont on se rappelle le retentissement. C'est de ce procès où il lutta

victorieusement contre maîtres Falateuf, Robinet de
Cléry. Chopin d'Arnouville, que date sa notoriété
dans le monde judiciaire. Il fut nommé avocat de la
Préfecture de Police et un peu plus tard avocat de la
ville de Paris. La cause de la duchesse de Chaulnes
qu'il perdit contre maître Bétolaud acheva néanmoins
de le mettre en relief.

Comme homme privé, le nouveau bâtonnier se
livre peu ; il est froid et d'abord maussade, quoique
d'une exquise politesse. Mais, dans l'intimité, il passe
pour avoir de l'esprit. et sa conversation ne laisse
pas d'être agréable. Il professe ouvertement des opinions libérales et des idées larges qui seront très ap-
préciées du barreau. maintenant qu'il pourra les
mettre en pratique.

C'est même pour cela qu'on l'a préféré comme bâtonnier à maître Cresson, qui fut préfet de police
quelques années avant M. Gigot — singulière coïncidence — et qui. selon l'expression de notre confrère
Albert Bataille, représente au Palais « le parti féodal,
le parti des Burgraves qui ont horreur des jeunes et
qui se cramponnent à toutes les traditions suran-
nées. »

Maître Durier, au contraire, surtout s'il est soutenu
par le nouveau conseil. entrera résolùment dans la
voie des réformes nécessaires. et par ce moyen sauvera
peut-être le privilège de la corporation. Guider la révolution est, en effet, le parti le plus sage, si l'on veut
échapper à ses funestes conséquences. L'ordre des
avocats, avec ses coutumes ridicules et ses règlements absurdes. soulève depuis longtemps les clameurs de l'opinion publique. La Chambre elle-même

s'en est émue, et, dans la dernière législature, deux
députés, MM. Michelin et Maurice Faure, déposèrent
sur son bureau des propositions de lois ne tendant à
rien moins qu'à la suppression totale du monopole
de l'Ordre et à la liberté de la défense en justice.

Ces propositions, qui furent repoussées comme
trop radicales, ont été reprises et le seront sous de
nouvelles formes, à moins que l'Ordre lui-même ne
fasse les premières avances à l'opinion. Mais il est
un point surtout pour lequel le législateur aura tôt
ou tard à intervenir. Je veux parler de la licence
effrénée qui se glisse sous prétexte de liberté dans
un grand nombre de plaidoiries où les avocats mettent une passion qui devrait être bannie du prétoire;
se faisant trop facilement l'écho des rancunes de
leur client, ils apportent à la barre, avec une insouciance d'autant plus grande qu'ils n'encourent aucune responsabilité, des allégations injurieuses et
souvent diffamatoires pour la partie adverse.

Le président n'a pas toujours l'autorité suffisante
pour réprimer ces écarts de parole qui, malheureusement, je le répète, deviennent chaque jour plus
fréquents. Il faudra bien l'armer contre de tels abus.
Il faudra que la robe d'avocat ne soit plus une garantie d'impunité pour la calomnie et l'outrage ; il
faudra que celui qui la porte rentre dans le droit
commun. La défense n'y perdra rien pour sa liberté
et elle y gagnera en dignité. Elle en a besoin.

LI

Après le meeting du Cirque. — Une visite au « Cri du Peuple ». — Les anarchistes chez eux. — Histoire du compagnon Soudey.

2 août.

Je n'ai pas l'intention de revenir sur les incidents scandaleux qui se sont produits pendant le meeting organisé samedi au Cirque d'Hiver par le parti radical. Ces incidents, nos lecteurs les connaissent dans tous leurs détails à l'heure où j'écris ces lignes et aussi la moralité qu'il faut en tirer. Je veux simplement dire quelques mots sur le principal personnage de la pièce, sur celui qui, avec une conscience digne d'un meilleur sort, en a rempli le premier rôle, sur le compagnon anarchiste Soudey, puisqu'il faut l'appeler par son nom.

Ceux qui nous font l'honneur de lire nos articles savent depuis longtemps que nous avons pour habitude de puiser nos informations à bonne source et que pour y parvenir nous savons au besoin franchir tous les obstacles. Quant à moi, je ne recule jamais devant ce que je considère comme une obligation

13.

professionnelle et c'est ainsi que, désirant vous entretenir aujourd'hui d'un anarchiste, je n'ai pas hésité
à aller le chercher « jusque dans son repaire »,
comme disait feu Gambetta, ou jusque dans les bureaux du *Cri du Peuple*, si ce langage vous semble
plus clair. J'espère qu'on m'en tiendra compte, au
14 juillet de l'année prochaine.

Savez-vous bien qu'avant de pénétrer dans l'antre
farouche où plane l'ombre de Jules Vallès et où l'on
croise encore *celle* de Félix Pyat, ce terrible chiffon-
nier de lettres qui écrit ses articles à coups de cro-
chets, plus d'un parmi ceux qui sont braves aurait
frémi de tous ses membres! Je n'y ai même pas
songé. Avec l'insouciance d'un héros — mon Dieu!
oui — je me suis rendu seul et sans armes, cette
après-midi, à l'hôtel de la rue Montmartre et j'en
suis revenu sain et sauf comme vous allez le voir.

L'antre farouche est au troisième au-dessus de
l'entresol, la porte à droite : tournez le bouton s'il
vous plaît. Je fais passer ma carte au directeur du
« *Cri* » ou plutôt à la directrice, Mᵐᵉ Séverine, et
l'on m'introduit dans un joli cabinet de travail,
coquet comme un boudoir, avec des tapis partout,
sur le parquet, sur le piano, sur la table chargée de
livres et de journaux, avec des fleurs en bouquets
dans des vases posés çà et là, dans des jardinières
qui garnissent les fenêtres.

La maîtresse de céans — mon confrère Mᵐᵉ Séverine — est une jeune femme, mince, distinguée, la
taille souple dans une robe de chambre élégante,
qui s'exprime en termes choisis et me reçoit avec
une exquise politesse. En la regardant, je me suis

rappelé cette phrase de *Charles Demailly* : « Ne disons
pas de mal des femmes laides ! Quand une femme
laide se mêle d'être jolie, elle est charmante. »
Mme Séverine a des cheveux blond cendré et des yeux
bleus d'une grande douceur. Je n'insiste pas.

Aussi bien, je ne suis pas monté jusque-là pour
madrigaliser avec la directrice du *Cri du Peuple*.
Je suis venu pour voir Soudey, ne l'oublions pas.
Soudey est absent, mais va rentrer. On me prie de
l'attendre. Je ne demande pas mieux, et je pénètre
dans la salle de rédaction du journal, qui ressemble
à toutes les salles de rédaction, à cela près qu'on y
trouve un portrait de Vallès — bien mauvais ce portrait — et un buste de la République encadré de drapeaux rouges.

Mais voici mon homme : il arrive avec un rédacteur attaché à la maison. Soudey s'installe à mon
côté, près de la grande table ; nous allons pouvoir
causer à notre aise. C'est un garçon de taille
moyenne, maigre, nerveux, la charpente secouée par
une toux de mauvais augure. Il est blond filasse, la
figure rasée sauf des « pattes de lapin » sur les joues ;
il a les traits tirés, la voix cassée et les yeux brillants de fièvre. On sait qu'en outre des émotions
d'hier, il a connu celles de la cour d'assises où il a
été traduit il y a une quinzaine de jours et où il a été
acquitté après quatre mois de prison préventive.
Avec beaucoup de complaisance, il me donne l'explication de son rôle au meeting du Cirque d'Hiver.

« On m'a accusé très injustement, me dit-il, d'avoir
voulu faire de l'obstruction systématique. Je n'en ai
jamais eu l'intention. J'avais le premier demandé la

parole. On m'a déclaré que je ne parlerai qu'après les orateurs radicaux, ce qui, vu leur nombre, revenait à dire que je ne parlerai pas. Pour tourner la difficulté et parler quand même, je me suis inscrit alors pour une motion d'ordre et j'ai grimpé sur l'estrade d'où l'on m'a précipité comme vous le savez, mais voici pourquoi. J'avais l'intention de dire ce que je pense du Métropolitain, seulement j'aurais dit auparavant ce que je pense de Lockroy, et ses amis qui s'en doutaient, ne me l'ont pas permis. Je voulais dire à M. Lockroy : « Vous êtes un farceur! Vous promettez au peuple plus de beurre que de pain et vous ne lui donnez ni pain ni beurre. J'ai été vous trouver quand vous étiez ministre, comme délégué de l'*Association contre les bureaux de placement*. Vous m'avez déclaré que nous avions raison, que vous prendriez notre défense quand la question viendrait devant la Chambre. Elle est venue; vous n'avez rien dit: vous êtes resté cloué à votre banc. Voilà comment vous tenez vos promesses. »

Je demande à Soudey ce qu'il est devenu après son expulsion définitive du Cirque. On l'a conduit dans une pharmacie : il était couvert d'éraflures et d'ecchymoses dont il me montre les traces.

« Le plus joli, ajoute-t-il, c'est qu'après m'avoir pansé, on m'a mené au poste, moi, le battu. J'y suis resté jusqu'à minuit. A ce moment, un officier de paix m'a déclaré qu'on m'avait coffré pour me demander si je voulais porter plainte contre mes agresseurs. J'ai refusé avec indignation. Je ne crois pas à l'efficacité de la justice telle qu'elle est organisée. Je sors de prison. Je n'ai pas envie d'y envoyer les autres, même ceux qui m'ont frappé lâchement. »

Pendant qu'il parlait ainsi, la figure de Soudey trahissait une émotion sincère. Ce malheureux désespéré est convaincu : toute sa vie le prouve. Fils d'un pâtissier parisien tué sous la Commune, élevé par une marâtre qui, à l'âge de sept ans, le blessait d'un coup de couteau à la tête, il reçut quelques bribes d'instruction dans un petit séminaire où il passa deux années. On l'en tira pour lui apprendre un métier — celui de son père — qu'il exerça en Alsace-Lorraine. Expulsé comme patriote, il vint à Paris. Il était marié et père de famille. La misère, une misère noire, l'attendait et le terrassa. Ne trouvant pas d'ouvrage, il accepta les plus basses besognes. Il se mit garçon de « baquet » puis garçon de café quand il put y parvenir. C'est alors que l'exploitation des placeurs le révolta tout à fait et qu'il fonda sa *Ligue*.

Voilà, somme toute, quel est l'adversaire de M. Édouard Lockroy, député radical et juif millionnaire.

LII

La statue de Brizeux. — Enfance du poëte. — L'école d'Arzannô. — Les cantiques de Noël. — Marie. — Vie et ouvrages de Brizeux. — Ss mort. — Sa tombe.

3 août.

La ville de Lorient va élever une statue au poète Brizeux. Ce doux et modeste écrivain est bien oublié aujourd'hui du grand public. Les lettrés et les Bretons sont seuls à garder son souvenir, et bien peu parmi les autres connaissent sa vie, qui s'écoula douce, simple et silencieuse. Il m'a paru intéressant de faire revivre un instant cette honnète et poétique figure.

Et d'abord, rectifions Larousse. C'est un plaisir qu'on a souvent occasion de s'offrir, mais sur lequel on ne se blase pas. Le *Grand Dictionnaire* fait naître Brizeux en 1806. Il se trompe de trois ans. Brizeux est né le 12 septembre 1803. Même erreur sur le lieu de sa naissance. Le poète est venu au monde non pas dans le petit bourg de Scaër, mais à Lorient même, où s'était retiré son père, chirurgien de la marine en retraite.

C'est dans cette ville que s'écoula la première partie de son enfance. A huit ans, ses parents l'envoyèrent au village d'Arzannô, situé à quelques kilomètres de Quimperlé. Un vénérable prêtre, l'abbé Le Nir, était venu là un jour, comme *recteur*, escorté de deux neveux dont il faisait l'éducation. La confiance des familles avait groupé d'autres enfants autour des deux neveux, et le presbytère était devenu une école. C'est là que Brizeux grandit, moitié écolier, moitié enfant de chœur :

> Jours aimés ! Jours éteints ! comme un jeune lévite,
> Souvent j'ai, dans le chœur, porté l'aube bénite,
> Offert l'onde et le vin au calice, et, le soir
> Aux marches de l'autel balancé l'encensoir.

C'est là, « en plein cœur de Bretagne », qu'il apprit ses premières leçons, au milieu de ses camarades rustiques, francs et forts, qui s'appelaient Alain, Elô, Yves,

> Tous jeunes paysans aux costumes étranges.
> Portant de longs cheveux flottants, comme les anges.

C'est là qu'il apprit à aimer cette vieille terre d'Armorique, la terre aux durs rochers de granit, où s'enracinent puissamment les grands chênes, les vieilles croyances et les légendes antiques.

Un soir de Noël, les enfants élevés par l'abbé Le Nir chantèrent dans la vénérable église moussue, au clocher pointu couvert d'ardoise veloutée de mousse. Ils chantèrent ces vieux noëls bretons, d'une saveur si pénétrante, d'une poésie si plaintive, ceux dont Ernest Renan, se souvenant de Tréguier, a dit « qu'il

ne pouvait encore les écouter sans que son cœur ne
se fondît. »

Parmi les chanteurs se trouvait une gracieuse
jeune fille, presque une fillette, portant le corsage
rouge et la jupe bleue du pays, et dont la voix s'élevait fraîche et pure, au-dessus de celle de ses com-
pagnes. Brizeux fut profondément ému, et son cœur
d'enfant s'élança vers celui de sa compagne.

C'était Marie, humble fille de petits nobles campa-
gnards, dont le manoir était devenu une ferme, et
dont les champs s'étendaient tout près d'Arzannô. Il
y eut entre eux une fraîche et chaste idylle. C'était
sous le vieux porche de l'Église, au moment où se
pressaient les femmes en coiffes blanches et les paysans chevelus, que les deux enfants échangeaient,
rougissants, quelques mots timides. Cet amour n'eut
aucune suite humaine, il vécut dans l'âme du poète,
tant que dura sa vie.

Après de longues années, alors que déjà ses tempes
se dépouillaient, le doux Brizeux se laissa aller un
jour à un violent accès de colère, en lisant un sonnet où, parlant d'amours légères, l'auteur avait fait
allusion à son amour pour Marie, qui résumait pour
lui un chaste souvenir, ses années d'enfance et sa
terre natale.

Bien d'autres écrivains ont porté la peine de leur
premier succès. Bien d'autres ont souffert de s'entendre désigner par le titre de leur première œuvre,
à l'exclusion des autres. Brizeux, au contraire, fut
toujours honoré de s'entendre appeler « l'auteur de
Marie », et pendant plus de dix ans il signa ainsi ses
autres ouvrages.

C'est à Vannes qu'on l'envoya achever ses études, près de son parent, M. Sallentin, qui était proviseur du lycée. Je ne sache pas qu'il y ait remporté de grands succès universitaires. Lorsqu'il quitta le collège, il revint à Lorient, et entra dans une étude d'avoué. Mais il n'y séjourna pas longtemps, et ne tarda pas à venir à Paris sous prétexte de faire son droit.

Là, il put donner carrière à sa vocation littéraire. Il commença par un roman, une étude de psychologie féminine qui convenait à sa nature : *Les mémoires de mademoiselle de La Vallière*. A vrai dire, sa prose trop poétique n'eut pas un très grand succès. Il en fut de même d'une pièce qu'il fit représenter quelque temps après. C'était un acte en vers intitulé : *Racine ou la troisième représentation des Plaideurs*. Mais son poème, composé de morceaux détachés, qui n'avaient d'autre lien que la pensée d'amour et de fidélité qui les inspirait, ce poème charmant intitulé *Marie*, le plaça immédiatement hors de pair.

Brizeux voulut alors se retremper dans la patrie classique de la poésie. Il partit pour l'Italie avec Auguste Barbier, l'auteur des *Iambes*. Il en rapporta *Les fleurs d'or*, et la pauvreté, ayant dépensé dans ce voyage son mince patrimoine. Le roi Louis-Philippe lui fit une pension, continuée par l'Empire, qui lui permit de vivre modestement et dignement, et de donner son poème *Les Bretons*, longtemps attendu, défloré d'avance par mille indiscrétions, et qui, — fait assez rare, — n'en eut pas moins de succès à son apparition.

En 1857, il écrivait à un de ses amis :

Deux monstres au nom grec me tiennent sous leur griffe.

Il avait une bronchite et une laryngite. Grand ama-
teur d'exercices du corps, comme tous les Bretons,
il traita ces deux maladies... par le mépris, et ne se
priva pas de longs exercices de natation dans l'eau
glacée. La bronchite empira. Un jour ce poète dut
partir pour le Midi. Il n'en revint pas, et succomba à
Montpellier auprès de son éminent ami Saint-René-
Taillandier.

Brizeux avait une jolie tête fine, caractérisée surtout par un regard profond, clair, et doux qui éclai-
rait toute la physionomie. On ne saurait mieux le
comparer qu'à un Musset un peu rustique.

Il est enterré auprès de Lorient, dans le petit cimetière de Carnel. J'y suis allé un jour pour voir son
tombeau, et j'ai été guidé par une belle fille en jupe
de laine bleue qui y remplit les fonctions de fos-
soyeur. Le monument est en granit rouge, très simple.
A la tête, une croix basse terminée par des trèfles.
Sur le tombeau, une palme traversant une couronne
de lauriers, et cette simple inscription : A *Brizeux*.

Son dernier vœu avait été de reposer dans son pays
natal, non loin de la ferme du Moustoir, où avait
vécu Marie.

Il a été exaucé.

LIII

Une grande ascension scientifique. — A « l'Union aéronautique. » — M. Jovis. — M. Mallet. — Le ballon et ses accessoires.

7 août.

Dans quelques jours. — probablement le 10 août, — une ascension scientifique des plus intéressantes va avoir lieu. Les aéronautes Jovis et Mallet partiront de l'usine à gaz de la Villette pour s'élever jusqu'à la hauteur de huit mille mètres. C'est une tentative audacieuse, si l'on réfléchit qu'elle a déjà coûté la vie à plusieurs aéronautes. Pour ne rappeler qu'un seul de ces épisodes qui prennent place dans le long martyrologe de la science. on sait quel a été le résultat de l'ascension du ballon le *Zénith*. Monté par MM. Sivel, Crocé-Spinelli et Gaston Tissandier, il s'éleva brusquement à une hauteur supérieure à huit mille mètres. Les trois malheureux expérimentateurs perdirent connaissance, et, lorsque le ballon retomba, deux d'entre eux étaient morts succombant à la rupture d'équilibre produite par la raréfaction de l'air. Gaston Tissandier seul survécut.

C'est cette redoutable expérience que MM. Jovis et Mallet vont tenter. Le premier est le directeur de la *Société aéronautique de France*, le second est son lieutenant.

M. Jovis est un Marseillais, et sa physionomie révèle bien un méridional hardi et insouciant du danger. Il est très brun ; il a l'œil perçant et vif, le nez accentué, une épaisse barbe noire. Il n'est ni grand ni gras. Mais on devine tout de suite, à le voir, que sa charpente osseuse est recouverte d'une musculature d'acier. C'est par hasard, je pourrais presque dire par colère, qu'il est devenu aéronaute : deux ascensionnistes lui ayant promis de l'emmener et lui ayant fait faux-bond, il résolut de se passer désormais des aéronautes et de se faire aéronaute lui-même. Il liquida son fonds de marchand de blé en gros, et, après avoir étudié, il entreprit bravement tout seul sa première ascension. Je crois qu'aujourd'hui il en est à la quarantième, ou peu s'en faut.

Son lieutenant, M. Mallet, est un jeune homme de vingt-six à vingt-sept ans, d'aspect calme et un peu rêveur. Celui-là s'était toujours senti attiré vers les problèmes aéronautiques. Il monta pour la première fois en ballon avec un industriel forain, et loua ensuite un aérostat dans lequel il fit, tout seul, sa deuxième ascension. Aujourd'hui, il en compte à peu près quinze à son actif.

Je suis allé voir M. Mallet, en l'absence de M. Jovis, dans le local très confortable et très bien aménagé que l'*Union aéronautique* occupe boulevard de Clichy.

M. Mallet m'a donné des détails très intéressants

sur la Société elle-même et sur la prochaine expérience.

L'*Union aéronautique* est instituée à la fois dans un but scientifique, et dans un but militaire. M. Jovis est en pourparlers avec le ministère de la guerre pour fonder un corps de réservistes-aérostatiers, qui, en cas de guerre, viendraient en aide aux aérostatiers du génie, et lui apporteraient le concours d'un personnel exercé. Ce service est appelé, en effet, à apporter, avec l'aide de la photographie instantanée, un secours puissant à la topographie militaire. M. Mallet m'a fait voir toute une collection d'épreuves obtenues à des hauteurs qui varient de mille à deux mille mètres, et qui donnent l'impression exacte d'un plan, où les petits détails sont perceptibles. Un ballon passant au-dessus de l'ennemi peut ainsi relever instantanément ses positions, et offrir au général en chef une carte où il voit à la fois les points occupés par l'adversaire et les routes libres, les hauteurs négligées, l'emplacement des batteries, etc.

L'ascension que préparent MM. Jovis et Mallet a un but purement scientifique. Son objet est d'apporter des éléments nouveaux à la connaissance des couches supérieures de l'atmosphère, tant dans leur essence propre que dans les obstacles qu'elles apportent au fonctionnement vital.

Elle aura lieu à bord de l'aérostat *le Horla*, qui tire son nom d'une nouvelle de M. Guy de Maupassant, lequel y a fait récemment une ascension.

Le Horla cube seize cents mètres. Il donne une rupture d'équilibre d'environ 1.000 kil., ce qui, en langage vulgaire, veut dire qu'il peut enlever ce poids. Il emportera seulement MM. Jovis et Mallet.

Cet aérostat résume tous les perfectionnements acquis jusqu'à ce jour. Le principal est l'emploi d'un vernis nouveau, très imperméable, très léger, et qui ne corrode pas l'étoffe. Il a été obtenu dans les laboratoires de l'*Union aéronautique*.

Comme *le Horla* est destiné à opérer dans les couches supérieures de l'atmosphère, il importe que les aéronautes rapportent des témoignages plus précis que les notes prises sur leur « carnet de bord ». La science doit, en effet, être aussi scrupuleuse que la justice, et n'accepter que des affirmations contrôlées par un procédé rigoureux — et scientifique.

La nacelle du *Horla* sera munie d'appareils enregistreurs qui, après la descente, indiqueront d'une façon irrécusable le parcours en hauteur suivi par l'aérostat. Elle emporte outre des pulsomètres et des pneumomètres, ingénieux instruments qui marqueront les modifications survenues, grâce à la raréfaction de l'air, dans le pouls et la respiration des opérateurs. Elle contiendra des ballons en verre soudé à la lampe, dans lesquels le vide a été fait, et qui rapporteront, pour l'analyse, de l'air puisé dans les couches supérieures. Enfin, comme ce voyage dans les régions élevées comporte un double danger, — la pression extérieure qui diminue et dilate l'organisme, et la raréfaction de l'oxygène, — les aéronautes combattront ces deux périls d'abord en montant graduellement, de façon à accoutumer leurs corps à la tension atmosphérique réduite, et ensuite en emportant des poches à oxygène pleines de ce gaz vivifiant qu'ils absorberont au moyen de respira-

teurs, tubes en caoutchouc terminés par des embou-
chures de corne, que l'on prend entre les dents et
qui emboîtent les lèvres.

J'ai vu, toute montée, la nacelle du *Horla*. Elle est
en bel osier admirablement tressé. Elle s'entoure de
cordages roulés, de sacs à lest; elle porte, sur le
côté, une cage pour des oiseaux et une ancre en
acier poli. A l'intérieur se trouvent une petite table
en vannerie légère, des strapontins minuscules, des
paniers qui servent en même temps de banquettes,
et où l'on serre les instruments et les provisions de
bouche. Aux cordages supérieurs s'accrochent différents accessoires : une trompe, pour appeler l'attention des... *terriens*, un descenseur à spirale pour
atteindre le sol dans le cas où l'on ne voudrait pas
attérir complètement. Tout autour quatre rideaux
blancs à galon bleu permettent de s'abriter du soleil
et complètent un coquet ensemble. Ma parole d'honneur, je me sentais presque envie d'y prendre place
au jour de l'ascension. Mais j'ai réfléchi qu'elle
devait aller bien haut.

— Et ce voyage-là ne vous effraie pas? dis-je à
M. Mallet en prenant congé de lui.

— S'il m'effrayait, me répondit-il simplement, je
n'aurais qu'à n'y pas aller. »

C'est très cordialement que je lui ai serré la main.

LIV

Autour d'une conférence. — Les protecteurs des
animaux. — La vivisection. — Le service médical des hôpitaux. — La mère aux chiens.

9 août.

J'ai assisté aujourd'hui à la séance de la ligue
antivivisectrice et à la conférence de Mᵐᵉ Marie Huot.

Je n'ai pas l'intention d'en rendre compte. Je tiens
seulement à protester hautement — et je vais le faire
une fois pour toutes — contre quelques assertions
un peu hasardées que j'ai relevées dans le discours
de l'honorable conférencière.

Mᵐᵉ Marie Huot appartient, à n'en pas douter, à
cette catégorie de gens sensibles qui protègent les
animaux non seulement contre les hommes, mais
encore à leur détriment. Elle m'a rappelé cette
charge si spirituelle de Cham, publiée par le *Chari-
vari*, où l'on voyait un cheval et son cavalier en
train de se noyer dans une rivière; sur la berge,
deux passants accourent et le premier se précipite pour sauver le cheval.

— Mais sapristi ! lui crie son compagnon, sauvez
plutôt le cavalier.

— Ça ne me regarde pas, répond l'autre, je suis membre de la Société protectrice des animaux.

Ou je me trompe beaucoup, ou Mme Marie Huot serait de cette force. La campagne acharnée qu'elle a entreprise et qu'elle poursuit contre la vivisection n'est pas si raisonnable qu'on pourrait le croire. Sans doute les expériences de physiologie qu'elle flétrit avec tant de sévérité coûtent la vie à un certain nombre d'animaux et infligent à d'autres de cruelles tortures. Sans doute il y a des chiens, des lapins, des cochons d'Inde, des rats et des grenouilles qui subissent des opérations dangereuses, et au moyen desquels on essaie des remèdes et des toxiques. Mais ces sacrifices d'un nouveau genre n'ont-ils d'autre but que le plaisir des expérimentateurs, ou sont-ils imposés par la science et la philanthropie? Telle est la question.

Mme Marie Huot n'hésite pas à la trancher dans le premier sens. Pour elle, c'est un fait qu'en se livrant à la vivisection, les physiologistes s'amusent. Singulier amusement, en vérité, et comme on voit bien que cette brave dame n'a jamais mis les pieds dans un laboratoire.

Du reste, vous savez en quoi consiste ce divertissement folâtre. On prend un animal quelconque — mettons un chien — on le garrotte sur une table munie d'une gouttière, on le musèle à grand renfort de ligatures, puis quand il est incapable de faire un mouvement, on prend un bistouri bien affilé et on lui ouvre le ventre. C'est délicieux! L'animal, il est vrai, pousse des gémissements à fendre l'âme. Qu'importe! les membres crispés ont des contorsions

effroyables : les artères battent, les veines se gon-
flent, le sang inonde les mains de l'expérimentateur.
Bast ! Il s'en moque un peu : il fouille avec délices
dans les chairs palpitantes, il dissèque des muscles,
il pince des nerfs, il pompe des liquides avec des
éprouvettes, il compte des pulsations, et quand il a
fini, il pousse un soupir de satisfaction et répète à
qui veut l'entendre :

— C'est égal ! je me suis bien amusé.

Claude Bernard passa la moitié de son existence à
s'amuser de la sorte et Paul Bert aussi, Paul Bert
que Mme Huot a injurié gratuitement cette après-
midi avec tant de désinvolture.

Paul Bert faisait de la vivisection à la Sorbonne.
Il torturait des chiens vivants, mais ce qui est bien
plus grave — et ce que Mme Huot ignore sans doute
— il disséquait aussi des chiens morts. Un jour,
entr'autres, il « s'amusa » à ouvrir un animal mort
depuis un quart d'heure. Il était encore chaud, la
bouche baveuse, le corps entièrement couvert de
pustules. Vous n'y auriez pas touché, n'est-ce pas,
madame ? Paul Bert et ses deux aides y touchèrent
cependant — pour s'amuser — et restèrent le nez dessus pour mieux respirer probablement l'odeur infecte.

Au bout d'un moment, tous les trois furent pi-
qués le long des bras par des puces — des puces du
chien charbonneux —qui pouvaient leur transmettre
la terrible maladie. Ils s'amusaient tellement qu'ils
n'en continuèrent pas moins leur besogne, et ce
n'est que le lendemain qu'ils eurent la certitude
d'avoir échappé au danger.

Maintenant Mme Marie Huot voudra-t-elle me per

mettre de lui répondre sur un autre point. Au cours
de sa conférence, elle a porté sur le service médical
des hôpitaux une accusation que je ne relèverais
pas si elle n'avait été froidement formulée devant
cinq cents personnes.

Mme Huot — que j'avais jugée beaucoup plus intel-
ligente — soutient avec tous les imbéciles que dans les
hôpitaux les chirurgiens, les médecins, les internes
et les étudiants s'*amusent* — décidément elle y tient
— aux dépens des pauvres malades de leur service.

Ainsi Herbelin, l'interne de Sainte-Eugénie que
j'ai vu, de mes yeux vu, pratiquer la *trachéotomie*
sur un enfant confié à ses soins, aspirer avec sa
bouche les fausses membranes qui étranglaient le
malheureux petit être — je vous recommande ce
jeu, madame — Herbelin qui est mort victime de
son dévouement et tant d'autres qui sont inscrits
comme lui au tableau d'honneur des martyrs de la
science, n'étaient que des farceurs qui « s'amusaient » éperdument en se livrant à ce genre d'exercice ! Voilà qui est entendu.

Revenons aux animaux. Je les aime beaucoup
quoi que vous en pensiez et j'ai connu des chiens
très sympathiques. Je ne vais pas cependant aussi
loin qu'une bonne femme de mon quartier qui en a
recueilli une douzaine qu'elle mène tous les jours
en promenade et qu'elle défend contre les gamins à
coups de cravache. L'autre jour cette protectrice des
molosses a failli éborgner un petit garçon de sept à
huit ans qui, craignant d'être mordu, avait écarté
l'un de ses pensionnaires avec son pied. J'avoue hum-
blement que je serais incapable de tant d'héroïsme.

LV

**Les rastaquouères. — Un singulier modèle. —
Mendiants à domicile. — Herr doctor Swentein-
heimer de Düsseldorf chez Alphonse Daudet.**

17 août.

Voici un mot : rastaquouère, qui n'a pas encore
ses grandes lettres de naturalisation et dont l'étymo-
logie n'est guère précise. Rastaquouère ne se trouve
ni dans Vaugelas, ni dans le dictionnaire de l'Académie. Littré lui-même et Larousse, qui offre aux néo-
logismes une hospitalité si largement écossaise, ne
lui ont pas permis d'entrer dans leur compilation.
Rastaquouère est de l'argot : c'est Lorédan-Larchey
que cela regarde. Le ramassera-t-il dans le ruisseau
parisien et lui dressera-t-il un acte de naissance en
bonne et due forme ? Peu nous chaut, après tout.

Qu'il vienne de Chaillot, d'Auteuil ou de Pontoise,

comme dit Martine dans les *Femmes savantes*, pourvu
que nous sachions exactement ce qu'il signifie, nous
nous moquons du reste. Mais savons-nous ce qu'il
signifie ? Qu'est-ce qu'un rastaquouère ?

La nécessité d'une définition s'impose. Sur le boulevard — de la rue Drouot à la Madeleine — on appelle « rastaquouère » tout individu d'origine étrangère dont les moyens d'existence restent problématiques et qui, en réalité, vit d'expédients au milieu d'un luxe frelaté. Le rastaquouère peut être Anglais, Allemand, Belge, Russe, Valaque ou Levantin; mais il est aussi Napolitain, Espagnol, Portugais, et le plus souvent Américain du Sud. Il a alors le teint cuivré, les cheveux noirs, des yeux de braise ardente, l'allure féline: il exagère la mode dans la coupe de ses vêtements, il porte des breloques et des diamants à tous les doigts. C'est le type classique, qui peut varier à l'infini d'ailleurs et qu'on aurait de la peine à suivre dans ses diverses transformations.

Le rastaquouère, véritable Protée, fleurit dans tous les mondes où peut s'exercer son industrie, qui consiste principalement à faire des dupes. Son champ d'opération n'a pas de limites, car c'est l'exploitation de la bêtise humaine qui lui sert de base. Cependant, le rastaquouère traverse parfois de cruelles vicissitudes : il subit des revers de fortune qui le mettent dans l'obligation de travailler pour vivre. Il s'y résout toujours le plus tard possible, et encore, réduit à cette extrémité, il invente un de ces *métiers inconnus* et faciles dont parle dans son livre Alexandre Privat d'Anglemont.

Pas plus tard qu'hier, j'en ai découvert un qui m'a paru assez original. Je me trouvais dans l'atelier de mon ami M. Clair-Guyot, le dessinateur de l'*Illustration*, en compagnie d'un monsieur dont j'ignorais le

nom, car on avait omis de nous présenter l'un à
l'autre, mais que je n'eus pas de peine à considérer
comme un homme du meilleur monde, tant ses manières étaient distinguées et sa conversation choisie ;
il parlait de tout en termes relevés et sur un ton qui
sentait d'une lieue son gentilhomme. Je me rappelle
qu'il nous dit à un moment donné :

— Véritablement, Paris l'été est une ville insup-
portable. On ne peut plus sortir le soir. Je me suis
risqué la semaine dernière à l'Opéra. Je m'en suis
bien repenti. Il y avait une foule ou plutôt une cohue
cosmopolite dont le coudoiement m'est particulièrement désagréable. Quel drôle de monde ! On donnait
Robert, mais je n'ai pu y tenir, et je me suis sauvé
dès le premier acte. »

Quand il nous eut quitté, je demandai à mon am
la position sociale du personnage.

— Oh ! ce n'est rien moins qu'un personnage, me
répondit-il en riant : c'est un de mes modèles.

— Un modèle ! cet homme du monde !

— Un modèle ! Bien moderne, par exemple, et
qui pose précisément les « hommes du monde, »
quand nous en avons besoin pour nos illustrations. Il
a la tenue de l'emploi, voilà tout. Au fond, c'est un
rastaquouère.

J'avoue que je ne m'en serais jamais douté. Du
moins celui-ci exerce-t-il une profession avouable.
Mais combien se livrent à des spéculations beaucoup
plus dangereuses ? Combien, parmi ces chevaliers
d'industrie exotiques vont grossir le nombre des
mendiants à domicile, la variété de mendiants la plus
impudente et la moins digne de pitié ? Ceux-là seuls

qui sont sujets à recevoir leur visite pourraient le dire.

Oh! les mendiants à domicile! Il faudrait un volume de six cents pages pour raconter leurs exploits. J'en ai connu d'extraordinaires; un, entre autres, que j'ai rencontré chez Alphonse Daudet, quand il demeurait avenue de l'Observatoire.

C'était un dimanche matin. Nous étions, mon maître et moi, dans son cabinet de travail, quand la femme de chambre entra et lui remit une carte. Alphonse Daudet lut à haute voix :

HERR DOCTOR SWEINTEINHEIMER

De l'Université de Düsseldorf

— *Quès aco?* demandai-je en provençal.

Daudet n'hésita pas. En sa qualité d'homme célèbre, il avait été souvent refait et savait à quoi s'en tenir sur les « *herr doctor* » et les « *herr professor* » de cette espèce. Il me répondit :

— C'est un mendiant allemand. Mon secrétaire n'est pas là : voulez-vous me rendre le service de recevoir cet homme? Vous lui direz que je ne suis pas visible et vous le renverrez.

— Très volontie rs. »

Je passai au salon, où je me trouvai en présence d'un gaillard de six pieds, vêtu comme un gentleman et d'une correction parfaite, avec des gants paille et des bottes vernies, sans une moucheture de boue. Je note ce détail, qui prouvait tout simplement que *herr doctor* était venu en voiture, car il faisait un temps détestable. Parole d'honneur, je n'ai jamais revu un mendiant aussi chic !

Mais sur le moment, il me fut impossible d'y croire. *Herr doctor* voulait voir M. Alphonse Daudet pour une affaire littéraire de la plus haute importance; il venait de la part de *herr professor* — ici un nom allemand — l'illustre romancier d'outre-Rhin. Bref, je m'y laissai prendre et je lui ouvris la porte du cabinet.

Je ne tardai pas à le regretter. *Herr doctor* raconta d'abord à l'auteur de *Sapho* une histoire des plus embrouillées, d'où il résultait qu'il avait besoin de cent francs pour se rendre à Bruxelles. Daudet lui offrit cent sous, et, à ma grande stupéfaction, *herr doctor* les empocha de la façon la plus correcte. Puis il fit demi-tour militairement et disparut.

Je m'en souviendrai longtemps, de ce rastaquouère.

LVI

Le confrère de M. Grévy. — Une nouvelle République. — L' « Officiel » de la Guyane indépendante. — L'Etoile de Counani. — Comment Aurélie Ier devint roi.

21 août.

Hier je flânais dans les rues de Vanves, en compagnie d'un peintre de mes amis chez qui j'avais déjeuné, quand nous rencontrâmes un vieillard à longue barbe blanche. Il sortait du bureau de tabac et tenait un journal à la main. Mon ami me pressa le bras.

— Tu vois bien ce monsieur?

— Parfaitement.

— C'est le président de la République.

— Quelle plaisanterie !

— Je ne plaisante pas.

— Allons donc ! Je connais parfaitement M. Grévy — qui, du reste, habite Mont-sous-Vaudrey — et ce monsieur ne lui ressemble guère. On dirait Madier de Montjau.

— D'accord ! mais je ne prétends pas que ce soit M. Grévy que nous venons de rencontrer.

— Qui est-ce alors?

— C'est M. Jules Gros, président de la République de la Guyane indépendante. »

J'ouvris de grands yeux. Mon ami se mit à rire; puis il commença à parler comme un dictionnaire de géographie et m'expliqua longuement que la Guyane indépendante, capitale Counani, est un vaste territoire de 450.000 kilomètres carrés environ, peuplé de 60.000 habitants, presque tous Indiens, et compris entre la Guyane française et le Brésil.

La Guyane indépendante vivait depuis le seizième siècle dans l'anarchie la plus complète et réalisait en quelque sorte le rêve tant caressé par nos plus fougueux révolutionnaires modernes. On n'y connaissait ni constitution, ni lois, ni règlements; il n'y avait pas de force armée, pas de gendarmes, pas même de gardes-champêtres. Chacun se tirait d'affaire comme il l'entendait, travaillait ou flânait à sa guise, volait son voisin ou se laissait dépouiller par lui, selon qu'il était ou qu'il n'était pas le plus fort.

La plus grande liberté régnait sur tout le territoire. Pas de séparation possible entre les Églises et l'État, puisqu'il n'y avait ni État, ni Églises. Pas de ministère à renverser, pas de sous-préfets à dégommer, pas de fonctionnaires à rétribuer et dès lors pas d'impôts à payer! C'était l'âge d'or dans l'Etat sauvage; le retour à la nature, aux mœurs bibliques et patriarcales.

Pendant trois cents ans, les soixante mille habitants de la Guyane indépendante en ont joui tout à leur aise et ils n'en étaient pas plus fiers pour cela, au contraire. Aujourd'hui, ils réclament, à cors et à cris, les bienfaits de la civilisation. Ces sauvages veulent des sous-préfets, des gendarmes, des députés et des ministres. Il leur tarde d'avoir des lois à observer, un Code pénal à craindre. Ils éprouvent le besoin d'être gouvernés, protégés, imposés. Ces barbares désirent s'appeler entre eux : contribuables. Ils connaissent déjà le jeu des petits papiers qu'on dépose dans une urne. Ils ont *voté* le principe du gouvernement républicain, puis ils ont élu un président. C'est le nom du vieillard de Vanves, de M. Jules Gros qu'ils connaissent depuis longtemps pour l'avoir vu à ses différents voyages, qui a été acclamé M. Jules Gros ayant accepté est donc président au même titre que M. Jules Grévy, à qui sans doute il notifiera sa notification dans les formes habituelles.

M. Jules Gros n'a pas pu jusqu'à présent rejoindre son poste. Il gouverne cependant dès aujourd'hui et sans quitter Paris où il a sa résidence — son petit Elysée — 18, rue du Louvre ; il lance à son peuple des proclamations, signe des décrets et les fait insérer dans son journal *officiel* qui a pour titre les *Nouvelles de France et des Colonies*.

Le nouveau président — qui me paraît avoir une grande expérience des hommes — vient même de fonder un ordre : l'*Étoile de Counani*, à l'instar de la Légion d'honneur, qui comprend des grand's-croix, des grands-officiers, des commandeurs, des officiers et des chevaliers en nombre illimité.

La décoration est une croix à quatre branches, et — chose essentielle — le ruban qui la soutient et qui est destiné à orner la boutonnière des amateurs, est *rouge*, traversé il est vrai par un filet noir, mais

si mince qu'à une certaine distance on pourra bien
ne pas l'apercevoir. M. Jules Gros, avant de la dis-
tribuer aux Indiens, a eu, du reste, l'amabilité d'offrir cette marque de distinction à quelques-uns de ses
amis et même au maire de Vanves qui ne l'arbore
que dans l'intimité. Si le président fait une nouvelle promotion de chevaliers la semaine prochaine,
j'ose espérer qu'il ne m'oubliera pas et, pour mieux
juger de l'effet. j'irai promener l'*Étoile de Counani*
sur le boulevard. Ce sera au moins aussi original
que d'y promener le *Mérite industriel* ou *agricole*.

Et puis si M. Jules Gros veut me décorer, qu'il se
hâte. Son gouvernement qui n'est pas encore bien
établi pourrait être renversé sans qu'il s'en doutât.
Les peuples habitués à l'anarchie ont la révolution
facile. Qu'il se rappelle l'aventure de l'avoué de Périgueux qui régna chez les Araucans sous le nom
d'Aurélie Ier et qui fut détrôné avec la plus grande
désinvolture dès qu'il eut cessé de plaire.

Aurélie Ier n'avait pas, je veux bien le croire, autant de titres à la reconnaissance de ses sujets que
M. Jules Gros qui s'appuie d'ailleurs sur un plébis-
cite. L'avoué de Périgueux devait sa couronne à
l'intrigue; il avait conquis les habitants de l'Arauca-
nie en leur apprenant à manger des truffes. La légende rapporte qu'il leur en donnait à tous les repas
pour relever le goût un peu fade de leurs aliments.
On sait que les Araucans sont anthropophages.

LVII

Chez M. Émile Zola.

22 août.

MM. Bonnetain, Gustave Guiches, Paul Margueritte, Rosny et Descaves, viennent de publier dans le *Figaro* un retentissant manifeste par lequel ils se séparent avec éclat de M. Émile Zola.

Ces jeunes écrivains ne sont pas les premiers venus. Au début de leur carrière, ils avaient hautement arboré l'étendard du naturalisme. M. Bonnetain avait débuté par un livre qui a fait grand bruit et où un incontestable talent ne parvenait pas à faire pardonner certaines audaces. M. Paul Margueritte, fils de l'illustre général, compte à son actif au moins deux volumes qui donnent de sérieuses espérances : *Tous Quatre* et la *Maison ouverte*. M. Rosny a écrit, lui aussi, deux livres empreints des plus pures traditions du maître : *Neukom*, histoire d'une jeune fille enrôlée dans l'Armée du Salut, et le *Bilatéral*, étude de mœurs socialistes. Tous ces jeunes gens peuvent être discutés, mais c'est déjà quelque chose.

Il était intéressant de savoir quel effet avait pro-

15

duit sur l'esprit du célèbre romancier la bruyante
déclaration de ces transfuges. J'ai pris pour cela le
meilleur moyen : je suis allé voir M. Zola, et j'espère
que le récit de cette entrevue intéressera ceux qui
veulent bien me lire.

Émile Zola ne possède à Paris qu'un pied-à-terre.
Il habite presque toute l'année Médan, très modeste
village situé sur la ligne de Normandie, entre Villennes et Triel. Quand je dis sur la ligne de Normandie, c'est une façon de parler, car Médan n'est des-
servi par aucune station. On prend son billet pour
Triel ou Villennes, et l'on fait ensuite quelques kilomètres à pied, par une route qui longe le flanc du
coteau et d'où la vue est assez belle pour faire
prendre en patience les fatigues de la marche.

Quand on a arpenté le pays pendant trois bons
quarts d'heure, on voit poindre un groupe de maisons grises d'où émergent les deux clochetons à petit
dôme de l'église. Sur la gauche de la route, un
groupe de constructions, dominées par des pavillons
que couronnent des terrasses à l'italienne, à balus-
tres de terre cuite. C'est la propriété de l'écrivain.
On sait que l'auteur des Rougon-Macquart est quelque peu possédé de la manie de la bâtisse. La simple maisonnette qu'il avait achetée à Médan après
ses premiers succès est ainsi devenue une très belle
villa, avec de vastes communs, une grande basse-
cour très peuplée, un potager et un jardin anglais, le
tout admirablement entretenu.

Je fais passer ma carte au maître de la maison, et,
en attendant son arrivée, on m'introduit dans une
pièce du rez-de-chaussée, grande comme une petite

église, et qui est à la fois un salon et une salle de
billard. Je n'aurais pas été digne de tenir la plume
du journaliste si je n'avais pas profité de ma solitude
pour procéder à un inventaire. La salle où je me
trouvais est véritablement merveilleuse. Elle est tendue du haut en bas de peluche de soie grenat sombre. Le plafond est à caissons, peint en bleu, avec
des motifs d'ornementation d'or. La porte est soute-
nue par des colonnes torses en bois sculpté dérobées
à quelque vieille chapelle.

En face se dresse une cheminée monumentale en
pierre ouvragée, dans laquelle des troncs d'arbres
reposent sur des landiers de fer. La pièce est éclairée
par de grandes verrières garnies de beaux vitraux
modernes, représentant des feuillages et des paons
dans toutes les attitudes et d'une grande richesse de
ton. Elle est pleine de meubles et d'étoffes qui tous
sont des objets d'art, depuis la housse en lampas
jetée sur le billard jusqu'au gigantesque vase en
majolique qui occupe le centre du salon et d'où
s'échappe la gerbe élégante d'un palmier-éventail.

Tout en procédant à mon inventaire, je guettais
l'arrivée de mon hôte. J'entendis un bruit assourdi
de pantoufles; M. Zola entra, vint à moi la main
tendue, et me dit de prime abord qu'il était un de
mes lecteurs. Cette déclaration rompit la glace, et la
conversation s'engagea.

Avant d'en rendre compte, deux mots sur la physionomie de l'écrivain :

M. Zola est d'une taille un peu au-dessus de la
moyenne et assez corpulent sans être gros. Les traits
du visage, dont le bas est puissamment arrondi, sont

assez menus. Le front est vsate, bombé et découvert. Les yeux apparaissent derrière le lorgnon, un
peu voilés. Chose bizarre, cet observateur a le regard... comment dirai-je ?... paresseux. La barbe, à
peine grisonnante, est coupée assez court : les cheveux sont taillés en brosse.

J'expose à mon hôte le but de ma visite : Que
pense-t-il de la manifestation publiée par le *Figaro?*

— Je n'ai éprouvé, répond-il, qu'une sensation
d'étonnement. Mais elle a été vive. Vous vous en
rendrez aisément compte : je ne connais aucun de
ces messieurs. Je n'ai vu M. Bonnetain qu'une seule
fois chez moi, les autres jamais. Dès lors, je n'ai pu
éprouver le sentiment douloureux qui nous étreint
en face d'une défection. J'ai appris en même temps
et leur amitié, que je ne soupçonnais pas, et leur
hostilité, qui dès lors m'était indifférente. Leur démarche n'aurait pu avoir quelque autorité que si, à
défaut d'une notoriété qu'ils n'ont pas encore, ils
eussent pu arguer de la qualité de disciples. Or, si par
hasard j'ai des disciples, ceux-là n'en ont jamais été.

— Et comptez-vous leur répondre?

— En aucune façon. Je ne suspecte pas la sincérité des signataires du manifeste ; mais je crois que
l'envie de faire un peu de bruit s'y ajoutait dans une
forte proportion ; ce serait faire leur jeu que répondre. Et puis, enfin, je prétends avoir tout au moins
gagné le droit de choisir mes adversaires. D'ailleurs,
ajouta le maître en souriant, je vis, comme vous le
savez, dans une solitude à peu près complète et à
laquelle je tiens. L'impopularité n'a donc rien qui m'ef-
fraye, au contraire, car elle est mère de la solitude.

— Un des points sur lesquels le manifeste vous attaque, c'est le côté technique de vos ouvrages. Il prétend que vous ne procédez pas vous-même à vos observations. Il nie, en un mot, à ce point de vue, votre conscience littéraire. Vous n'avez évidemment pas, mon cher maître, à vous défendre sur ce point. Mais, dans l'intérêt de nos lecteurs, voulez-vous me permettre de vous demander comment vous préparez un livre ?

— Volontiers. Voulez-vous que nous prenions un exemple ?

— Prenons-en deux plutôt : *Germinal* et *la Terre*, puisque c'est elle qui a déterminé ce bruit.

— Je n'ai évidemment pas la science infuse, me dit mon interlocuteur, et je n'attache d'ailleurs qu'une très médiocre importance au côté technique. Je fais surtout de la psychologie, de l'étude humaine, et non des ouvrages de vulgarisation scientifique. Faisant mouvoir mes personnages dans différents milieux, je tâche de peindre ces milieux le plus exactement possible, et, naturellement, je fais comme tout le monde : j'étudie dans les ouvrages spéciaux. La préparation d'un livre comme *Germinal* exige six mois.

Une fois que j'eus acquis, pour ce dernier roman, les connaissances théoriques que j'estimais nécessaires, je passai à la pratique. Je partis pour Anzin en pleine grève. Je passai d'abord huit jours au milieu des grévistes, absolument inconnu, et piloté par un député radical du Nord, M. Giard. C'est ainsi que je déjeunai un jour avec Basly. Je passais toutes mes journées à courir les cabarets, les bastringues et les

maisons de mineurs. Lorsque j'eus ainsi complété
sur place mes documents sur les souffrances, les
instincts et les aspirations de cette population, je
passai de l'autre côté.

Je me présentai à M. Guerry, directeur des mines,
qui me reçut avec la plus grande affabilité et mit à
ma disposition un jeune ingénieur de grand talent et
de grand courage, M. Mercier, lequel à son tour m'ini-
tia à tous les détails de l'exploitation et descendit avec
moi dans les fosses. Six mois d'études théoriques,
quinze jours de pratique, c'est insignifiant pour faire
un ingénieur, c'est suffisant pour ne pas commettre
de trop grosses erreurs dans la peinture d'un milieu
qui n'est que le cadre de la race spéciale que j'étudie.

Quant à *la Terre*, sa préparation a été beaucoup
plus longue. Depuis dix ans que j'habite Médan, je
me suis tenu au courant de toutes les petites histoires villageoises, de tous les menus cancans de la
ferme, et j'ai entassé notes sur notes. Cela n'a pas
toujours été facile. Le paysan n'est pas parleur et
garde volontiers ses affaires pour lui. Je me suis
laissé nommer conseiller municipal de Médan, ce qui
m'a permis d'étendre mes investigations. Je n'ai,
d'ailleurs, reculé devant aucun moyen. J'ai fait causer mes domestiques, avec lesquels les paysans se
montraient plus confiants qu'avec un bourgeois.
Puis, un jour, voulant choisir définitivement la patrie de mes personnages et tenant à ce qu'elle fût
une terre à blé, je suis parti pour la Beauce.

Je vous dirai que j'ai un peu de sang paysan et
beauceron dans les veines. Ma mère est de Dourdan,
où, par parenthèses, elle a été élevée chez le père de

M. Francisque Sarcey, qui y tenait un pensionnat.
Dourdan n'est pas encore la Beauce, mais mon grand-
père et ma grand'mère maternels étaient Beaucerons,
étant nés à Aunau. Mon grand-père n'était pas tout à
fait un paysan. Mais il exerçait la modeste profession de
petit entrepreneur de campagne, en contact presque
continuel avec eux. A sa mort, j'étais déjà un jeune
homme et j'avais gardé très vives les impressions de
mes conversations d'autrefois avec lui. J'étais donc
déjà initié à la vie villageoise de la Beauce.

J'allai d'abord à Chartres, où je demandai aide et
protection à Paul Parfait, député du pays. Sur les
conseils de celui-ci, qui connaît bien la région, je
me dirigeai du côté de Châteaudun, et là je finis par
choisir, sur les bords de l'Aigre, un hameau, Mori-
gny. Je louai une voiture et je passai un mois courant de ferme en ferme.

Et maintenant, je viens de terminer *la Terre;* je
vais prendre un mois de repos, et immédiatement
après j'entamerai un des cinq volumes qui me restent à écrire pour compléter les Rougon-Macquart.
Je ne sais pas par lequel je commencerai. Mais ce
que je sais bien, c'est qu'aucun manifeste ne me fera
varier d'une ligne la conduite dont je prends hautement et toujours l'entière responsabilité.

L'heure s'avançait. J'étais depuis une heure et de-
mie avec le grand romancier, et j'avais cinq kilomètres à faire pour atteindre la gare. Je pris congé
d'Émile Zola en le remerciant de son cordial accueil,
et je revins juste à temps pour ne pas manquer le
train, ce qui m'eût privé du plaisir de faire connaître
aujourd'hui à mes lecteurs les résultats de ma visite.

LVIII

Paris-Pompeï. — Les « Arènes de Lutèce. » — Leur description. — Une lettre de Victor Hugo. — Histoire des Arènes. — Le Musée.

17 septembre.

Depuis quelques jours, on a recommencé à parler des Arènes de la rue Monge, et l'on a profité de l'occasion pour plaisanter les deux sergents de ville mélancoliques qui « gardent les ruines ». Une note officieuse a édifié le public et lui a appris le sort réservé aux Arènes. On les restaurera, et on établira un square verdoyant sur leurs antiques murailles. Quand? Personne n'en sait rien. Par ce temps d'économies, on attendra peut-être longtemps.

Depuis quatre ans, le silence s'était fait sur ces fouilles. Quatre ans, c'est long! Bien peu de personnes doivent se rappeler aujourd'hui l'historique de cette intéressante découverte. J'ai recueilli des renseignements et, pour commencer, je suis allé visiter les Arènes, classées aujourd'hui comme monument historique sous la dénomination d'*Arènes de Lutèce*.

J'ai d'abord constaté qu'il n'y avait pas le moindre sergent de ville, mais bien un simple employé de la ville de Paris, qui vit là dans une sorte d'exil, et a accueilli avec une joie sans mélange le Parisien hardi qui venait visiter sa retraite. Telle a dû être l'entrevue de Livingstone et de Stanley dans les solitudes de l'Afrique équatoriale.

A la hauteur du numéro 57 de la rue Monge, se trouve une petite voie appelée aujourd'hui rue de Navarre, et connue autrefois, dans le vieux Paris, sous le nom infiniment plus pittoresque de rue des Morfondus.

Les Arènes occupent un vaste quadrilatère dont deux côtés adjacents sont formés par les rues Monge et de Navarre.

Quand on a franchi la palissade qui borde les fouilles, on trouve devant soi deux talus élevés, où les mauves, les roses trémières, les herbes folles, les chardons violets, croissent à l'aise. Entre ces deux tertres, se trouve un couloir qui descend en pente douce : c'est l'entrée méridionale du cirque. Elle est bordée de vieilles murailles, construites en petits moellons de la grosseur d'un pavé.

Au bout de ce couloir, où se trouvent deux vastes niches destinées probablement aux contrôleurs; on voit un hémicycle, dominé tout autour par les tertres où se trouvaient les gradins. Çà et là, des pans de muraille, des vestiges d'escaliers, des tronçons de gradins. Sur la droite, l'entrée d'un égout voûté, parfaitement conservé sur une étendue d'une quinzaine de mètres : c'est tout.

Et alors, une question vous vient immédiatement

15.

aux lèvres : pourquoi ne voit-on qu'un hémicycle et non un cercle entier?

Tout simplement parce que l'autre moitié des constructions est de nouveau ensevelie. Remarquez que je ne dis pas *encore*, je dis *de nouveau*.

Les Arènes furent découvertes en 1870, lors du percement de la rue Monge. La partie mise au jour était celle cachée aujourd'hui. C'était la plus complète et la mieux conservée. On ne put arriver à une entente avec la ville de Paris. Et, après des fouilles complètes, le propriétaire qui avait besoin d'utiliser son terrain, le vendit à la Compagnie des Omnibus. Celle-ci le *remblaya* et enfouit les substructions dégagées. Son dépôt s'élève actuellement sur ces ruines!

L'autre partie fut découverte en 1883, lorsqu'on démolit le couvent des Augustines qui s'élevait sur cet emplacement. Elle aurait peut-être eu le même sort que la première, si Victor Hugo ne s'était pas mis en avant. Il écrivit la lettre suivante au président du Conseil municipal :

« Paris, 27 juillet 1883.

» Monsieur le Président,

» Il n'est pas possible que Paris, la ville de l'Avenir, renonce à la preuve vivante qu'elle a été la ville du Passé. Les arènes sont l'antique marque de la grande ville. Elles sont un monument unique. Le conseil municipal qui les détruirait se détruirait, en quelque sorte, lui-même. Conservez les Arènes de Lutèce. Conservez-les à tout prix. Vous ferez une action utile, et, ce qui vaut mieux, vous donnerez un grand exemple.

» Je vous serre les mains.

» VICTOR HUGO. »

Trois jours après, le 30 juillet 1883, le Conseil décidait l'acquisition des terrains, sauf ceux sur lesquels s'élevait le dépôt des Omnibus.

Les savants qui se sont occupés des Arènes, et en particulier le regretté Adrien de Longpérier, font remonter leur construction au troisième siècle après Jésus-Christ, c'est-à-dire une centaine d'années avant celle des Thermes, bâtis sous Constance Chlore. Suivant leur avis, le monument était à la fois un cirque et un théâtre. Il comprenait trois catégories de places : un premier *mænianum*, un second *mænianum*, et une colonnade formant galerie dans la partie haute. Le mur du fond de la scène est encore très nettement déterminé.

Naturellement, les fouilles ont fait trouver de nombreux objets, qui forment une intéressante collection, réunie dans un petit musée provisoire bâti sur l'emplacement même, et que le public n'est pas admis à visiter. Ce sont des pierres couvertes d'inscriptions, des fûts et des chapiteaux de colonne richement ornés, des fragments de statues dont plusieurs gardent encore la trace d'une polychromie primitive; d'innombrables ossements d'animaux, provenant probablement des fauves qui combattirent dans les Arènes, et surtout cinq squelettes admirablement conservés et remarquables par des poses contorsionnées. macabres, qui ne présentent pas le caractère

calme des corps ensevelis par des mains pieuses
après une mort naturelle. Gladiateurs ou martyrs?

Enfin on a trouvé près de six cents médailles et
une quantité de fragments de poterie ou de verrerie
de toutes les époques.

Et maintenant, comment cet amphithéâtre a-t-il
été ainsi enseveli pendant des siècles?

Avec Clovis, tout ce qui portait la trace du paga-
nisme et de la domination romaine fut condamné.
Ce cirque, déjà mal réparé, fut condamné. Au commencement du treizième siècle, en 1211, Philippe-
Auguste construisit l'enceinte méridionale de Paris :
les murs des Arènes fournirent des matériaux, et les
Arènes elles-mêmes furent comblées par les déblais
des remparts. Au seizième siècle, les plans du vieux
Paris nous montrent l'emplacement occupé par un
enclos de vignes, et, au dix-septième, le plan dressé
par Nicolas de Fer, indique dans cet enclos les premiers pavillons du couvent des Augustines, démoli
en 1883 par la société d'entrepreneurs auxquels la
ville acheta les terrains.

LIX

**Une communication à l'Académie des inscriptions
et belles-lettres. — Entrevue avec l'auteur,
M. Léopold Delisle. — Les Templiers banquiers.
— Les chevaliers-garçons de recette. — La Tour
du Temple. — La Bibliothèque nationale et les
journaux.**

20 septembre.

M. Léopold Delisle, l'éminent administrateur de la
Bibliothèque Nationale, a eu, au cours de la dernière
séance de l'Académie des inscriptions et belles-
lettres, une très intéressante et très curieuse communication, relative aux Templiers.

A vrai dire, le document dont M. Delisle a donné
lecture n'est que le préambule d'un volumineux travail, qui n'est pas encore terminé et dans lequel
l'auteur étudie le célèbre ordre religieux et militaire
à un point de vue assez inattendu pour les profanes :
le point de vue financier.

Mis en goût par les aperçus sommairement déve-
loppés à l'Académie, je suis allé voir M. Léopold
Delisle, afin de lui demander quelques explications
complémentaires.

Tous les travailleurs qui fréquentent la bibliothèque connaissent cet homme affable et instruit, toujours prêt à vous servir de guide dans une recherche ardue. Tous ont présente à la pensée cette énergique tête de savant, éclairée par des yeux pleins de feu, encadrée d'une barbe grise à l'antique. Tous savent combien il s'est efforcé, Dieu sait au prix de quelles peines, de quelles ingénieuses combinaisons, d'améliorer les services et d'augmenter les ressources de la Bibliothèque Nationale. Je n'insiste donc pas, et j'arrive au sujet de la communication.

Les Templiers ont dû à la fin tragique de leur ordre une grande notoriété. Tout le monde les connaît comme religieux et soldats. Mais bien peu de personnes les connaissent comme... banquiers.

Or, il résulte d'une série d'études entreprises par M. Léopold Delisle, que les Templiers ont été les grands manieurs d'argent de la fin du moyen âge. Ils ont tenu à cette époque une place comparative à celle qu'occupe de nos jours la Banque de France, et plus importante encore s'il est possible, car ils ont administré tout le budget du royaume de France et gardé les réserves monnayées du royaume d'Angleterre.

A partir de 1172, les trois ordres des Templiers (chevaliers, écuyers et frères lais) s'augmentèrent d'un quatrième, les *prêtres*, chargés spécialement de la correspondance et de l'administration. Ceux-ci tinrent désormais la comptabilité des valeurs confiées à l'ordre, et M. Delisle a pu retrouver et suivre cette comptabilité, parfaitement tenue en règle de

1202 à 1309. date qui précède de quatre ans l'exécution des dignitaires, mais qui marque la fin effective
des Templiers.

Ils se livraient à toutes les opérations de banque :
prêts hypothécaires ou autres, encaissements, es-
compte de lettres de change. paiement des lettres de
crédit. etc. Pendant tout le treizième siècle, sous
Philippe-Auguste, Louis VIII, saint Louis, Philippe
le Bel, ils furent les mandataires des rois de France
et comptèrent des financiers de premier ordre, tels
que le chevalier Aymard, qui régla. sous Philippe-
Auguste. en 1202-1203. les immenses opérations
financières et budgétaires qui étaient la conséquence
de l'annexion à la couronne de France de la Normandie. du Maine. du Poitou, de la Touraine et de
l'Anjou, dépouilles de Jean sans Terre.

Ce rôle leur avait été pour ainsi dire imposé par
la force des choses. Lorsqu'on avait un recouvre-
ment à faire en pays lointain, on le confiait à un
chevalier partant pour cette contrée. L'ordre comp-
tait *neuf mille* succursales ! Et il eût été impossible
de trouver de meilleurs... garçons de recettes que
ces robustes chevaliers. dépendant seulement de
leur grand-maître et du saint-siège. et qui tenaient
une hache d'armes ou un casse-tête dans la main
droite en présentant une lettre de change de la main
gauche.

D'autre part, le Temple possédait d'immenses
richesses. L'or ne pouvait dormir improductif dans
les coffres: de là. des opérations destinées à lui faire
rendre un intérêt, prêts et escomptes.

Enfin. en 1212, les Templiers avaient construit

cette fameuse tour du Temple. flanquée de quatre
tourelles et qui devait disparaître juste six cents ans
plus tard. après avoir servi de prison à Louis XVI. à
Marie-Antoinette. au comte de Montlosier. à Sydney-
Smith, à Toussaint-Louverture, à Pichegru, à
Moreau et à Cadoudal. Cette forteresse, habitée
par une garnison d'énergiques soldats. était l'asile
le plus sûr pour les objets précieux. et la richesse
de l'ordre est une garantie de probité : d'où les
dépôts.

C'est ainsi que les Templiers furent amenés à
devenir de vrais banquiers. Ils étaient constamment
en compte avec les souverains. et le travail de
M. Léopold Delisle établira peut-être que Philippe le
Bel, en déclarant à l'ordre la guerre sans merci dans
laquelle il fut vainqueur grâce à l'aide du pape Clé-
ment V. avait simplement pour but de régler
quelque gros compte débiteur d'une façon écono-
mique et expéditive.

M. Delisle a trouvé ses documents un peu partout.
Mais beaucoup lui ont été fournis par la Bibliothèque
Nationale. Cette curieuse comptabilité est écrite sur
parchemin et aussi sur papier. Elle est admirablement conservée. ce qui prouve que le papier est plus
résistant qu'on ne le croit. puisque ces pièces ont
près de sept siècles! Il est vrai, comme me le faisait
observer mon aimable interlocuteur. que le papier
d'alors était mieux fabriqué que celui d'aunjord'hui.
particulièrement que celui des journaux. — Je ne
dis pas cela pour le vôtre, ajouta-t-il en souriant, car
le *Parti National* est imprimé sur un papier que ses
grands confrères doivent lui envier. Nos collections

de journaux tombent vite en poussière... mais pas assez vite encore.

— Comment. pas assez vite ?

— Mais non : voilà que la Bibliothèque devient trop petite. Nous touchons littéralement au moment où nous ne pourrons plus loger les avalanches de papier qui nous arrivent chaque jour. Nous avons bien des terrains. Mais quand construira-t-on? Dites-en donc un mot : Frappez un peu sur le clou pour aider à l'enfoncer.

C'est fait.

LX

Chez le peintre Castellani. — Son panorama pour l'Exposition Universelle. — Le Tout-Paris en 1889. — Un atelier bien fréquenté. — Ce qu'on voit dans la coulisse.

21 septembre.

L'Exposition universelle de 1889 ne manquera pas de panoramas. On nous annonçait dernièrement celui de MM. Gervex et Stevens qui sera consacré aux grands hommes du siècle et j'ai visité hier celui de M. Castellani qui rassemble autour de la place de l'Opéra toutes les célébrités parisiennes vivantes. On raconte, d'autre part, que MM. Poilpot et Jacob, qui sont aussi des spécialistes du genre, se préparent, de leur côté, à entrer en ligne. Cela nous fait donc, jusqu'ici, trois panoramas sur la planche, sans compter celui dont on jouira du haut de la tour Eiffel.

De tous ces panoramas — sauf ce dernier, bien entendu — le plus important sera sans contredit le second qui est en réalité le premier en date, puisque c'est le projet du peintre Castellani qui a été adopté tout d'abord. Et ce sera aussi très probablement le premier terminé, si j'en juge d'après les morceaux achevés qu'il m'a été donné de voir, à Neuilly, dans l'atelier du boulevard Eugène.

Rien de curieux comme cet atelier. On y accède par un petit sentier qui traverse un bois touffu, broussailleux, entremêlé de lianes grimpantes, sorte de forêt vierge en miniature, qui cache la retraite de l'artiste à tous les regards indiscrets. Au bout du sentier, on découvre une sorte de chalet suisse avec balcon de bois sculpté, escalier extérieur et poutrelles apparentes. On entre et l'on pénètre directement dans un hall gigantesque, à toiture de verre, qui se développe sur toute la hauteur de la maison.

Le peintre lui-même nous en fait les honneurs avec une bonne grâce charmante. Castellani est un homme d'une quarantaine d'années, de taille moyenne, les yeux bleus, la barbe grisonnante, la physionomie ouverte et franche qui séduit au premier abord. En dépit de son nom italien et de son état-civil qui le fait naître à Bruxelles, il est Français, n'en doutez pas et même parisien. Naturalisé d'ailleurs, depuis longtemps, il a prouvé pendant la guerre de 1870 jusqu'à quel point il poussait l'amour de sa patrie adoptive.

Mais il suffit de l'entendre parler cinq minutes pour se convaincre de son droit de cité au boulevard. Nul mieux que lui ne pouvait mener à bien la tâche qu'il a entreprise et qui est précisément de grouper sur ce boulevard nos célébrités littéraires, artistiques et mondaines. Pour présenter au monde entier le véritable Tout-Paris, il ne fallait rien moins qu'un artiste aussi répandu en même temps qu'un panoramiste de premier ordre.

Panoramiste. Castellani l'est plus que tout autre et sa réputation, à ce point de vue, n'est pas à faire. Depuis quinze ans, à Paris, en province ou à l'étranger, il n'a cessé de brosser des panoramas, avec une activité infatigable ; la Belgique, l'Italie, l'Autriche, l'Amérique elle-même, possèdent ses œuvres : dans dix ans, s'il continue de ce train, on en trouvera partout, en Chine, en Australie, en Russie, près du pôle : il en couvrira la terre.

Notez en passant que Castellani travaille seul et vous aurez une idée de la vigueur physique qu'il doit déployer. Mais il se préoccupe peu du côté matériel de ses travaux. Il cherche surtout à rester artiste. Il y parvient toujours, non sans effort, et c'est ce qui fait sa supériorité incontestable. Le panorama qu'il prépare pour l'Exposition de 1889 le prouvera une fois de plus.

La conception en est fort originale. Le spectateur est censé se trouver au milieu du refuge de la place de l'Opéra, carrefour unique au monde et bien fait pour servir de décor et de cadre à l'exhibition de nos célébrités. Jetons un coup d'œil sur le morceau en cours d'exécution.

Nous sommes en face la partie du boulevard des Capucines qui commence au café de la Paix. L'ensemble du tableau est exact : mêmes voitures sur la chaussée, même foule sur les trottoirs. Mais au lieu de passants quelconques, j'aperçois le président de la République dans son landau, en compagnie de M. et Mme Wilson ; un peu plus loin, je reconnais

MM. Floquet, Henry Maret, Anatole de la Forge, Meissonier, Detaille, Zola, Sarah Bernhardt, Arthur Meyer, Berger, etc., etc., etc.: des acteurs, des journalistes, des députés, des sculpteurs, des séna- teurs, des musiciens, tout ce qui a un nom connu, depuis le vénérable M. Chevreul, jusqu'à Mlle Rosita Mauri, de l'Opéra, depuis M. Gragnon, le préfet de police, jusqu'à M. Deibler, le bourreau.

Et ces gens-là vont et viennent, se croisent, se saluent, descendent de voiture, entrent au café, achètent leur journal au kiosque ou font l'aumône à la femme aux deux jambes de bois. Rien de préparé, à première vue : le grouillement ordinaire de la vie parisienne à quatre heures de l'après-midi !

En attendant, Tout-Paris défile à travers l'atelier du peintre. Chacun veut connaître la place qu'il doit occuper dans le panorama. Du matin au soir, Cas- tellani crayonne des silhouettes. Entre temps, il badigeonne des maisons qui semblent grandeur nature et copie patiemment des enseignes.

Dès qu'on pénètre dans la coulisse, l'illusion dis- paraît, mais la toile à couvrir n'en présente pas moins une surface considérable. Songez qu'elle a dix mètres de hauteur et que certains pans de ciel n'ont pas moins de vingt mètres carrés.

Il est vrai que Castellani en a vu bien d'autres. Loin de l'effrayer, ce labeur l'excite en quelque sorte et redouble son ardeur au travail. Il m'a montré dans un coin, une toile de six mètres — peuh! une misère — qu'il a entreprise pour se délasser et qu'il destine au prochain Salon. C'est une page émou- vante de la guerre de 1870. Je trouverai bien l'occa- sion de vous en reparler.

LXI

Le retour de la mission Bonvalot. — Visite aux explorateurs. — Le voyage de la mission à travers l'Asie centrale. — Les Russes et les Anglais. — Aventure comique avec les Chinois. — Les résultats de la mission.

25 septembre.

Après des péripéties sans nombre, la mission Bonvalot est rentrée à Paris, hier, par le rapide de Marseille. Je suis immédiatement allé voir les hardis explorateurs, qui étaient descendus boulevard Arago, chez M. Maillet, un de leurs amis.

La mission se composait de MM. Bonvalot, Capus, naturaliste du Muséum, et Pépin, peintre. Je n'ai vu que le premier et le dernier de ces messieurs. Encore revêtus des vêtements de flanelle grise achetés dans l'Inde, et qui comprennent jusqu'au chapeau pareil, ils avaient quelque peu l'air de meuniers. M. Bonvalot et M. Pépin se ressemblent. Tous deux sont robustes, grands, rasés sauf la moustache, et âgés d'environ trente à trente-cinq ans.

Voici les détails que ces messieurs ont bien voulu me donner.

La mission est partie de Paris au mois de février

1885. Elle avait pour but d'explorer plusieurs contrées à peu près inconnues de l'Asie centrale, et principalement la vallée de Sourchane, affluent de l'Amou-Darya.

C'était la seconde fois que M. G. Bonvalot recevait du ministère la mission d'explorer certaines parties de l'Asie centrale. En 1881 et 1882, il avait déjà visité en compagnie de M. Capus une grande partie du Turkestan russe.

Dans cette seconde campagne, MM. Bonvalot et Capus, qui s'étaient adjoint M. Pépin comme dessinateur. choisirent pour se rendre sur les bords de l'Amou-Darya la route un peu longue, mais intéressante du Caucase et de la Perse. Débarqués à Batoum. ils longèrent la Caspienne, firent un court séjour à Téhéran et remontèrent vers Samarcande. où ils arrivèrent à la fin de juillet, ayant eu beaucoup à souffrir de la chaleur et de la soif, surtout dans la traversée du désert de sable qui s'étend de Merv à l'Amou-Darya. En juin et juillet, ils eurent à subir des températures de 45° à l'ombre et de 60° au soleil!

Il est bon de dire que, dans toute cette première partie de leur voyage, M. Bonvalot et ses compagnons trouvèrent l'accueil le plus cordial chez le général Amenkoff et les officiers russes en garnison dans le Turkestan.

Ayant atteint l'Amou-Darya. les explorateurs avaient rempli leur mission. Ils songèrent alors à rentrer en France en traversant l'Afghanistan et le nord de l'Inde, pour aller s'embarquer à Bombay.

Ce hardi projet leur causa des difficultés sans nombre.

D'abord, ils demandèrent un sauf-conduit aux autorités anglaises, dont l'influence est grande en Afghanistan. Ce sauf-conduit leur fut refusé. Ils s'en passèrent. Mais ils furent capturés par les soldats de l'Émir, et retenus prisonniers pendant des semaines. A cette époque, on n'était pas sans inquiétudes sur la vie de nos courageux compatriotes.

D'actives démarches déterminent enfin une intervention des Anglais, qui s'exécutent de mauvaise grâce. On relâche la mission, mais on ne lui rend ni son argent, ni ses bagages, et elle se trouve de nouveau arrêtée de fait auprès de Tchitral. Ici encore, les Russes interviennent et font parvenir aux explorateurs une somme suffisante. Ils peuvent se remettre en route, et entreprennent la traversée du plateau de Tamir, où pas un Européen n'avait pénétré jusque-là.

Les difficultés changent de nature. Ce n'est plus contre la chaleur qu'on lutte, c'est contre le froid. On piétine dans des neiges épaisses de deux ou trois mètres. On passe des journées entières à dégager des chevaux enfoncés dans des crevasses. On manque de vivres. Les hommes se révoltent, désertent... Et malgré tout, cheminant à des hauteurs qui varient entre 13.000 et 17.000 pieds, on marche, on gagne du terrain, on se rapproche peu à peu de l'Inde, bien qu'on ait mis une fois treize jours pour faire quatre-vingts kilomètres dans ces solitudes désolées!

On va atteindre le but désiré. Mais on est sur le territoire chinois. Et ici se place une véritable scène de comédie. Les Chinois arrêtent les explorateurs.

Ceux-ci ne soufflent mot. se laissent prendre et. dans la nuit, grâce à d'habiles dispositions, arrêtent à leur tour les Chinois. qui s'en vont bien heureux d'avoir été relâchés par leurs prisonniers.

Enfin, après dix-neuf mois de voyage, M. Bonvalot et ses compagnons entrent dans l'Inde et arrivent à Simla, où Lord Dufferin. ayant à cœur de racheter les mauvais procédés de ses compatriotes en Afghanistan, leur fait une magnifique réception. Ils étaient désormais au port, car deux mille lieues à faire en paquebot, pour des voyageurs de cette trempe. sont une distance insignifiante.

Les résultats de la mission sont superbes. Elle rapporte. outre des relevés géographiques. des collections d'histoire naturelle. des observations ethnographiques, des dessins : elle a découvert des ruines absolument ignorées et des manuscrits qui jettent un jour tout nouveau sur l'histoire de ces contrées. Enfin. les travaux de M. Bonvalot permettent de rectifier d'une façon inattendue certaines parties de l'histoire grecque et ancienne. telle que les guerres de Xerxès et les campagnes d'Alexandre. Mais M. Bonvalot doit publier un mémoire sur cette question. et je ne veux pas le déflorer. Je me borne à dire qu'il nous enlèvera plus d'une illusion sur l'histoire ancienne.

Un mot pour finir :

Le ministère avait accordé à la mission une subvention de trente mille francs. Les dépenses se sont élevées au double.

La différence a été couverte par les deniers personnels des explorateurs.

16

LXII

**Souvenirs d'un carabin. — Histoires macabres. —
Le garçon d'amphithéâtre de l'Hôtel-Dieu. — La
consigne est de ronfler. — Une nourriture indi-
geste.**

26 septembre.

J'ai un excellent ami qui ne me quitte pas, qui
partage mes plaisirs et mes peines, qu'on rencontre partout où je vais et qu'on ne voit jamais
là où je ne suis pas. Mon ami est un ancien carabin.
Il a passé dans les hôpitaux, au chevet des malades
et à la salle d'autopsie, trois ou quatre ans de sa
belle jeunesse, et il en a gardé des souvenirs qui se
réveillent toutes les fois qu'on parle devant lui de
pathologie et de dissection.

L'histoire de la peau de Pranzini que j'ai publiée
a fait sortir mon ami de sa réserve habituelle.
Comme les vieux soldats qui se rappellent leurs
campagnes, il s'est un peu emballé sur le sujet qui
lui tient à cœur, et, tandis que je prenais des notes
— sans en avoir l'air — il m'a fait le petit discours
suivant :

« Le doyen de la Faculté de médecine a révoqué

le garçon d'amphithéâtre qui s'était approprié l'épiderme de l'assassin de la rue Montaigne. Révoqué est un bien gros mot pour un fonctionnaire de cet ordre. Mettons qu'on l'ait mis à la porte et n'en parlons plus.

» Le public, en général, ignore la vie que mènent dans les hôpitaux et à l'école pratique les individus qui sont attachés au service des travaux anatomiques. Il faut les avoir vus à l'œuvre pour s'en faire une idée. Quel métier, bon Dieu ! On dit quelquefois qu'une profession peu enviable est celle de bourreau, et je le crois. Mais celle de garçon d'amphithéâtre ne vaut guère mieux, il me semble.

» Et cependant il y a des gens qui l'exercent de gaieté de cœur et qui ne se plaignent pas de leur sort, au contraire. J'ai connu à Saint-Antoine un vieux bonhomme qu'on appelait le père François et qui avait servi pendant vingt ans dans la salle d'autopsie de l'ancien Hôtel-Dieu. Il était marié. Sa femme et lui sortaient rarement de la lugubre cave aux émanations fétides, qui alors tenait lieu d'amphithéâtre.

» Ils vivaient tranquillement au milieu des morts, faisant leur cuisine sur le poêle et au besoin remuant le fricot avec un de ces larges couteaux qui traînent sur les tables de dissection. C'était un ménage modèle, où l'on n'échangeait que de bons procédés, sauf les jours de paie toutefois, où l'on buvait un coup de trop, ce qui rendait le père François querelleur. Comme il rentrait tard ces jours-là, la mère François lui reprochait son inconduite. Il lui disait, à son tour, des choses désagréables ; elle répondait

sur le même ton, et la scène finissait généralement
par une pluie de projectiles que les deux époux s'en-
voyaient à tour de bras. Ces projectiles étaient, bien
entendu, les débris anatomiques qui leur tombaient
tout d'abord sous la main. Là-dessus, chacun s'allait
coucher, et, le lendemain, le premier levé remettait
toutes les munitions de guerre à leur place. La paix
renaissait pour un mois dans cet asile de la mort.

» A Saint-Antoine, le père François ayant enterré
sa femme, s'enivrait sans remords, tous les matins,
selon le procédé que le docteur Piéchaud indiquait
l'autre jour dans le *Parti national*. Il buvait comme
du petit lait l'alcool qui sert à conserver les viscères.
Horrible! n'est-ce pas? *Most horrible!* comme dit
Shakespeare. Le père François n'en était pas moins
gai pour cela, et quand il avait bu sa ration quotidienne, il se couchait dans une de ces caisses penta-
gonales et allongées, que les gens du peuple appellent la *boîte à violon*, et qui sont les bières de l'Assistance publique ; il plaçait soigneusement le couvercle
sur sa tête, et il ronflait jusqu'au soir. On le tolérait
parce qu'il avait trente ans de services, qu'il était
vieux et qu'il savait encore se rendre utile dans des
besognes qui auraient fait reculer les plus intrépides
de la corporation.

» Quant à la question de savoir si les étudiants et
les médecins emportent quelquefois chez eux des
débris anatomiques, je dirai tout uniment que de
mon temps on n'y mettait pas de façon. Les cara-
bins d'aujourd'hui, sous ce rapport, ne nous ressemblent guère. Ils ont des scrupules que nous n'avions
pas, je l'avoue, et dont on doit les féliciter. Et puis,

peut-être connaissent-ils l'histoire du docteur X... et
de son foie! Elle est terrifiante. cette histoire.

« Le docteur X... avait fait l'autopsie d'une pauvre
femme qui avait succombé à une maladie de foie. Il
avait enlevé le viscère qui atteignait un volume considérable et qui présentait des granulations morbi-
des. Comme c'était un cas fort intéressant, il voulut
l'examiner à son aise. Il enveloppa le foie dans un
journal et l'emporta chez lui.

» Un client pressé l'attendait dans son cabinet: le
docteur n'eut que le temps de passer par la cuisine
et d'y déposer son paquet sur une table. Puis il
donna sa consultation, d'autres clients arrivèrent.
et il n'y pensa plus.

» Sur ces entrefaites. la cuisinière rentra. — Tiens,
se dit-elle. dès qu'elle eût déplié le paquet, madame
aura fait son marché. — Et elle se mit en devoir
d'accommoder le foie à la sauce piquante.

» Le docteur X... était sorti de nouveau. Il ne revint que pour dîner, très préoccupé d'une opération
qu'il allait faire en ville. Tout le monde autour de
lui mangeait de bon appétit, lorsque sa femme. le
voyant distrait, lui dit : « Reprends donc un peu de
foie, il est excellent. » Il pâlit horriblement et s'en
alla dans la cuisine. « Nous mangeons du foie. dit-il
à la bonne, où l'avez-vous acheté! » — « Je ne l'ai
pas acheté, répondit-elle ; je l'ai trouvé sur cette
table. » — « Dans un journal? » — « Oui, monsieur,
dans un journal! »

« Le docteur X... a failli en devenir fou : mais sa
femme et ses enfants n'ont jamais su qu'ils avaient
mangé une pièce anatomique aux échalotes. »

16.

LXIII

**Le fusil d'Armand Barbès. — Reliques révolution-
naires. — Autres reliques. — La collection des
souvenirs du massacre des otages. — Le terrain
de la rue Haxo.**

28 septembre.

On sait que M. Gambon, qui vient de mourir, a
légué au Conseil municipal de Paris le fusil d'Armand Barbès. Ce souvenir des guerres civiles va
sans doute devenir le noyau d'une collection révolutionnaire à laquelle le conseil dont nous jouissons
ne peut manquer de consacrer un superbe local.

En attendant le jour de l'inauguration, j'ai voulu
voir une autre collection qui rappelle aussi, hélas !
nos terribles luttes de Français à Français, mais qui
les rappelle à un autre point de vue.

Je sais qu'un citoyen patient, ancien otage de la
Commune, avait réuni tous les témoins matériels,
tous les souvenirs du massacre des malheureux gendarmes, prêtres et civils, tués rue Haxo, le 26 mai
1871. Après une laborieuse enquête, j'ai fini par
retrouver cette collection entre les mains d'un
homme fort aimable, M. Gentil, notaire à Belleville,

qui en est devenu possesseur à la suite de circonstances qu'il serait trop long de raconter ici. M. Gentil
me l'a fait voir en détail. Beaucoup des pièces qui la
composent sont curieuses et toutes d'une incontestable authenticité.

La pièce principale est le drapeau qui flottait à la
grille du numéro 85 de la rue Haxo pendant le massacre : c'est un guidon rouge, de 80 centimètres sur
60 environ. Il porte l'inscription suivante :

COMMUNE DE PARIS

195ᵉ bataillon, Iʳᵉ compagnie de guerre.

Chose bizarre, à l'angle gauche du guidon se trouve
un carré dans lequel sont vingt étoiles jaunes.

M. Gentil me fait voir ensuite les photographies
de toutes les victimes, au nombre de cinquante-
deux. Puis, une grande quantité de balles, les unes
déformées et aplaties, les autres presqu'intactes. Je
reconnais des balles de chassepots, et d'autres, beaucoup plus grosses, de fusils à tabatière. Enfin, il s'en
trouve un certain nombre d'un petit calibre, à peu
près celui du fusil Gras actuel, mais terminées par
une pointe d'acier.

Sous un immense globe, on a réuni des objets qui
ne se rattachent qu'indirectement au massacre, mais
rappellent le siège : balles, pain noir, éclats d'obus,
biscaïens, obus entiers, boutons d'uniformes de fé-
dérés.

Je tiens dans ma main un morceau de mérinos
noir devenu jaunâtre : c'est un fragment de la sou-
tane de Mgr Darboy. A côté, je vois un chapelet et
une petite brochure toute maculée, tachée de boue,

écornée. L'une et l'autre ont été pris dans les mains crispées de Mgr Surra. qui était tombé en pressant contre sa poitrine son rosaire et le petit volume des *Actes des Apôtres.*

Voici un christ en bois. sans croix. auquel il manque un bras. La sculpture en est primitive, et cependant soignée. Il a été fait, à la Roquette. par le Père Padrona, avec un morceau de douve de tonneau ramassé un jour par le sous-brigadier de sergents de ville Kœnig, retenu également comme otage. Les prisonniers se partagèrent la douve et s'en servirent pour fabriquer des ustensiles ou des objets de piété. Ce christ, donné par M. Padrona à Mgr Darboy, est resté jusqu'au dernier moment entre les mains jointes du prélat martyr. Les ustensiles sont des fourchettes ou des cuillers de bois. Plusieurs portent des inscriptions. C'est ainsi que, sur l'une des cuillers. on lit le nom de l'abbé Carré. vicaire de Belleville.

Un petit peigne à barbe en buffle. avec sa glace. est écorné par une balle. Un long poignard est couvert de taches de rouille qui ont été du sang. Il appartenait à une cantinière féroce qui s'en servait pour achever les malheureux qui ne mouraient pas assez vite. Voici encore un hausse-col et un sabre d'officier fédéré. ramassés dans l'enclos funèbre de la rue Haxo, jetés là sans doute par quelque égaré subitement effaré de la grandeur du crime.

Puis. enfin. des statuettes et des bustes des victimes. et un mausolée d'albâtre envoyé comme hommage funéraire par une communauté religieuse. Quand j'aurai mentionné la pelle et la pioche avec lesquelles a été creusée et comblée la tombe de Mgr Darboy, j'aurai à peu près passé tout en revue. — tout, sauf un papier maculé et froissé, ramassé sur le corps d'un des otages et qui porte trois lignes écrites à la hâte au crayon : c'est une sorte de testament, griffonné par une des victimes, lorsque les premiers coups de feu ont retenti :

« *Au moment de mourir, je pardonne à ceux qui me tuent, je pense à ceux qui m'aiment, et j'espère rejoindre au ciel ceux qui m'ont aimé.*

» PLANCHAT. »

Pour finir, donnons un renseignement sur le sort du terrain de la rue Haxo.

Après des vicissitudes diverses, il a été scindé en deux. Une partie a été cédée par l'ancien propriétaire à une société de constructions. L'autre, celle où a eu lieu le massacre, a été acquise par une communauté de franciscains, et c'est à la place même où les otages trouvèrent la mort qu'ils vont faire édifier leur chapelle. Ceux qui voudront voir encore une fois le champ sinistre dans l'état même où il était en 1871, feront bien de se hâter.

LXIV

Avant la première du Gymnase. — Chez Edmond Gondinet. — Le prince des vaudevillistes. — Comment Gondinet collabore.

30 septembre.

Le Gymnase va rouvrir ses portes avec une pièce de l'auteur du *Panache*. Ce n'est pas, à proprement parler, un événement littéraire — une première de Gondinet n'ayant pas toujours cette importance — mais c'est à coup sûr un événement parisien, et pour tout dire d'un mot : boulevardier. Edmond Gondinet passe en effet pour le fournisseur le mieux achalandé de ce genre d'esprit dont le boulevard, de la Madeleine à la rue Drouot, fait une consommation quotidienne si importante.

Connaissez-vous Edmond Gondinet? Si vous le rencontriez dans la rue quand il va assister aux répétitions de ses pièces, vous ne manqueriez pas d'être frappé par le côté *militaire* de sa physionomie, c'est-à-dire par sa moustache et sa barbiche blanches qui lui donnent tout à fait l'air d'un vieux général. Le ruban rouge un peu fané qu'il porte à sa bouton-

nière achève la ressemblance. Mais cet aspect de
guerrier débonnaire disparaît dès qu'on remarque
les yeux pleins de malice du spirituel vaudevilliste
et surtout dès qu'on a échangé quelques mots avec
lui.

Edmond Gondinet n'est pas d'ailleurs facilement
abordable. Il fuit comme la peste les intrus et les
raseurs, ces deux parfaits produits d'une civilisation
avancée outre mesure ; il les fuit à ce point qu'il
habite toute l'année à la campagne, du côté de
Juvisy, je crois, dans un château fort hospitalier,
mais dont les intimes seuls savent le chemin.

A Paris, Gondinet possède un petit pied-à-terre
où il reçoit ses collaborateurs et les journalistes qui
parviennent à amadouer la concierge, véritable cer-
bère en jupons de l'aspect le plus rébarbatif, qui
répond à toutes les questions que « M. Gondinet est
en Suisse ». Ce pied-à-terre était l'an dernier, rue
de Rivoli, au cinquième étage. Je dis « était » parce
que l'auteur du *Panache* a peut-être déménagé
depuis, sans tambour ni trompettes. On commençait
à faire queue dans son escalier.

C'est que les collaborateurs du prince des vaudevillistes sont innombrables. Vous allez comprendre
pourquoi. Je suppose que vous fassiez une pièce.
Cette supposition n'a rien de désobligeant, n'est-ce
pas ? Et puis c'est une supposition. Vous portez votre
œuvre chez un directeur parisien qui vous reçoit
d'une façon charmante, comme dit la chanson du
Pompier de Gonesse, mais qui, neuf fois sur dix,
vous déclare que votre *machine* n'est pas au point
et qu'il faudrait la faire remanier par un homme du

métier, Edmond Gondinet. par exemple. Le directeur ne manque pas d'ajouter que si Gondinet consent à collaborer, il consent. lui. à vous jouer dans
le plus bref délai possible.

Devant cette réponse vous n'hésitez pas, et sans
réfléchir que vous êtes peut-être le six-centième,
vous prenez votre manuscrit et vous vous mettez à
la recherche de celui que mon ami Emile Bergerat
a spirituellement appelé « le grand rebouteux dramatique ou l'orthopédiste juré de MM. les directeurs. »

Mais vous voyez la situation de Gondinet sous
cette avalanche de manuscrits et d'auteurs en peine.
Il ne sait auquel répondre et pour son malheur il
ne sait pas répondre non. Il promet de lire. il lit et
malgré lui il collabore. Il refait une scène par ci, un
acte par là : il retape le dialogue dans lequel il
sème des mots drôles, des répliques amusantes qui
portent sa marque de fabrique et que le public
salue au passage de ses applaudissements. L'auteur
ravi se frotte les mains, le directeur qui le joue est
enchanté et le prince des vaudevillistes passe à un
autre exercice du même genre, ou il s'attelle à une
besogne dont il portera seul le poids.

Edmond Gondinet a la réputation méritée d'un im-
provisateur hors ligne. Dans le monde des théâtres,
personne n'ignore qu'il refait ses propres pièces à
l'avant-scène et qu'il n'arrive jamais aux répétitions
sans apporter dans ses poches une foule de petits
papiers couverts de griffonnages qui sont des *béquets*,
c'est-à-dire des suppléments ou des ratures. Et encore
il n'est pas rare de le voir aller et venir sur la

scène, jouant lui-même le rôle et trouvant à point de nouvelles répliques qu'il intercale immédiatement dans le rôle des acteurs.

Je ne sais pas si Gondinet a des théories là-dessus, mais je suis sûr qu'il pense, avec beaucoup de bons esprits, qu'une pièce ne doit pas être écrite comme un livre. Alphonse Daudet a dit quelque part que la littérature dramatique était de « la littérature debout ». On ne saurait peindre plus finement le véritable caractère de ctete littérature.

Quel que soit le sort réservé à la nouvelle pièce du Gymnase, on peut affirmer d'ores et déjà qu'elle sera construite selon cette formule qui me parait d'ailleurs excellente. On y trouvera également les éléments de succès qui ont rarement fait défaut aux œuvres de Gondinet, je veux parler de l'originalité dans l'invention et de la verve étincelante du dialogue.

Faire une bonne pièce ne laisse pas d'offrir quelques difficultés. Dumas père déclarait un jour à un jeune homme qui voulait entrer dans la carrière qu'il n'était rien de si aisé, mais Dumas père aimait les paradoxes.

— Vous prenez un sujet quelconque, disait-il, le sujet n'y fait rien. Il faut une exposition claire, un dénouement rapide et de l'intérèt tout le temps. »

Il faut encore beaucoup d'esprit, mais Edmond Gondinet en a plus que personne au monde. Ne préjugeons pas cependant dans le cas qui nous occupe.

17

LXV

Bataille d'étoiles. — Paulus et Chaillier. — Une
polémique intéressante. — Mille francs pour une
scie. — Le « Répertoire dromadaire ». — L'avenir
de Monsieur Paulus.

î octobre.

Et pendant que nous nous occupons naïvement
de l'incident franco-allemand, une lutte terrible,
homérique, est engagée. Des milliers de spectateurs,
haletants, attendent le dénouement. Deux étoiles
sont aux prises. Paulus et Chaillier se harcèlent et
mettent sur les dents la corporation des huissiers.
Le « petit bossu parisien » demande la tête du chan-
tre du général Boulanger, et le cygne de l'Eldorado
veut découper « les bosses » de Chaillier. Me voilà
obligé de parler de Paulus. Muse, inspire-moi !

Paulus, le grand Paulus, est chanteur comique,
tout le monde le sait. Mais cette gloire ne lui suffit
pas. Il est aussi marchand de vins. On vend maintenant un certain clos-Paulus ; que dis-je ! on vend
un champagne-Paulus : Le roi des vins vendus par
ce roi de l'art !

Mais ce n'est pas tout. Comme Sarah Bernhardt, Paulus aspire à briller dans tout. Il s'est fait aussi journaliste : mieux encore : critique ! Il a fondé un journal, la *Revue des Concerts*, et il y signe des premiers-Paris qu'il écrit lui-même — oh, je le crois !

S'étant ainsi érigé en aristarque, M. Paulus juge ses confrères, et je vous affirme qu'il ne se montre pas tendre. Il a particulièrement attaqué Chaillier, connu, dans un public spécial, sous le nom mérité d'ailleurs du *petit bossu parisien*. Il a même insinué que son rival n'était pas l'auteur de ses chansons. Là-dessus première lettre de l'intéressé, que Paulus publie dans sa *Revue,* en faisant au réclamant la niche excessivement spirituelle de mettre des accents circonflexes sur tous les o. Dans cette missive, Chaillier affirme que tout ce qui est signé de son nom est de lui seul, *mélodie et harmonie* (!). Il offre d'en faire la preuve par devant quatre experts. Paulus lui réplique, dans un français particulier, par ces aménités :

« Je n'en veux pas à ce petit bossu : j'ai pour son talent original la plus grande admiration : l'homme est une gourde, voilà tout.

» Par respect pour ses collègues, les musiciens, les vrais (il dit qu'il l'est autant qu'eux), cette qualification d'expert est trouvée, n'est-ce pas ? Chaillier voulait peut-être dire : « J'en appelle à mes collègues « du bâtiment ».

» Quant à l'opinion que j'en ai comme musicien, je me crois expert (*sic*) suffisant en la matière. Eh bien ! je lui fournis une belle occasion de me confon-

dre : « Au hasard, je l'autorise à prendre une chan-
» son d'Ouvrard je dis chanson. je devrais dire scie',
» et s'il est capable de l'orchestrer en *ut*, le ton le
» moins accidenté. la caisse du journal lui offre
» mille francs de gratification. »

« Le cabinet de la société Souchon servira pour
l'affaire : il aura le droit de s'y faire accompagner
des deux bosses qui l'honorent, et qu'il devrait bien
laisser reposer quelque temps. afin que son répertoire perde la qualification de *Répertoire dromadaire*,
qui a vécu. »

Il résulte de ce dernier paragraphe que le cabinet
de la société Souchon aura le droit de se faire accompagner de deux bosses qui l'honorent. Mais
passons.

Chaillier s'est fâché tout rouge. Il a adressé une
nouvelle lettre à Paulus, et comme celui-ci ne l'a
pas insérée. il a eu recours à l'amabilité d'un huissier qui s'appelle Jean-Émile Henri Naudin. On a dû
bien rire ce jour-là dans l'étude de cet officier mi-
nistériel. Le *Petit Bossu* assigne bel et bien Paulus
devant le tribunal civil de la Seine, ce qui nous
promet une amusante chronique des tribunaux.
Et. dans l'assignation. il reproduit naturellement
sa lettre. Je m'en voudrais toute ma vie de priver
mes lecteurs de ce morceau de littérature. Voici la
lettre :

« Plant-Champigny. le 6 septembre 1887.

» Monsieur Paulus,
» Si ce n'était à cause des personnes raisonnables

qui peuvent encore lire les pataquès que vous débi-
tez dans votre feuille *la Revue des Concerts*, je ne
vous aurais pas répondu. Vous tournez la question :
Orchestrer n'est pas composer, dites-vous, ô illustre!

» La vérité, c'est que vous m'en voulez, et depuis
longtemps, et voici pourquoi :

» J'étais en 1880 à la Scala de Paris. Un soir, exas-
péré d'entendre vos gasconnades et de vous voir si
poseur, je vous ai montré votre portrait dans un miroir que j'appelle mes f...ormes.

» Comme vous étiez en pourparlers avec mes directeurs, M. et Mme Allemand, vous posâtes comme
condition expresse mon départ dudit concert, et, en
effet, je fus congédié et vous rentrâtes à ma place.

» Nous nous trouvons ensuite aux Ambassadeurs,
Là, vos amis de cette époque me sifflent, et je résilie,
ce qui donne raison à la lettre que vous m'avez
écrite — je la conserve — et qui disait : « J'userai de
» toute mon influence auprès des directeurs pour ne
» pas me rencontrer avec vous. »

» Vous m'offrez, dites-vous, mille francs de gratification si je puis orchestrer une chanson ou scie en
ut d'Ouvrard ?

» J'accepte, quoique j'eusse préféré une des vô-
tres, ce qui m'aurait rendu la tâche simplifiée (Voyez
Grosse Caisse).

» Donc, c'est convenu, préparez vos mille francs :
mais ne faites pas le farceur. Il me faut des juges
impartiaux, autres que ceux qui vous entourent et
qui ont tout intérêt à vous donner raison.

» Vous me jetez à la face ma difformité ; mais,
j'en suis fier, ô Paulus; et lorsqu'on m'appelle bossu,

je me redresse. ayant la prétention de posséder la
bosse de l'honneur, ce à quoi d'aucun ne peut prétendre.

» Je préfère le *répertoire dromadaire* au vôtre, épileptique et nazillard. ayant à mon actif vingt-trois
ans de succès et l'avenir devant moi.

» Rodin par la coiffure et par le reste, vous rap-
pelez Jérôme Coton, à qui l'on jetait des pommes
cuites en scène.

» Bref, vous ne serez jamais un homme d'esprit.
Vous êtes bien Paulus et vous serez sous peu Paul...
usé.

» Une question pour finir et un conseil.

» Que manque-t-il à votre gloire ? Ne paye-t-on
pas votre talent vingt fois plus qu'il ne vaut. Laissez
donc le rôle de critique à qui s'y entend, et mêlez-
vous de ce qui vous regarde. Vos camarades n'ont que
faire de votre appréciation.

» Laissez-nous donc tranquilles, car nous finirons
par vous dire : « Ass·z ! assez ! »

» *Signé :* GUSTAVE CHAILLIER. »

Voilà un coup de massue ou je ne m'y connais
pas. Il y a surtout un certain calembour, *Paul... usé,*
qui a dû être bien pénible à M. Paul Habans, dit
Paulus. Que va-t-il se passer maintenant ? Quel choc
allons-nous voir se produire entre ces deux astres
qu'un dieu malin a fait graviter dans le même orbite ?
J'attends. Mais je n'étonnerai personne en disant
que c'est une fièvre. Angoisseuse devient l'attente,
comme dit M. de Goncourt.

Mais j'y pense ! Paulus assigné va se défendre. C'est une nouvelle incarnation. Après Paulus chanteur, Paulus marchand de vins ! après Paulus marchand de vins, Paulus journaliste ! après Paulus journaliste, Paulus avocat.

Mais alors, pourquoi pas Paulus député ! Paulus ministre !

Au fait, il y songe peut-être.

LXVI

Un projet gigantesque. — Le pont sur la Manche. — Chez l'amiral Cloué. — Les grandes lignes du projet. — Les initiateurs de l'entreprise. — Sept années et un milliard !

5 octobre.

Ayant appris que le savant amiral Cloué avait eu ces jours derniers un entretien avec M. de Hérédia, ministre des travaux publics, relativement à une entreprise grandiose, je suis allé le voir, et je puis ainsi, grâce à ses explications. offrir à mes lecteurs la primeur d'un projet qui fera certainement du bruit dans le monde.

Il s'agit de la construction dont on a bien souvent parlé, d'un pont sur la Manche.

On sait que diverses entreprises ont été tentées pour établir une communication directe entre la France et l'Angleterre. On sait même que les premiers travaux d'un tunnel sous-marin ont été poussés assez loin. il y a quelques années, et ont été interrompus par suite des susceptibilités de nos voisins, qui puisent leur sécurité dans l'isolement de leur île, et craignent une surprise de nos troupes par cette voie souterraine difficile à surveiller. Avec leur sens pratique extraordinaire, les Anglais tenaient aussi le raisonnement suivant : Admettons une guerre entre nous et les Français. Admettons encore que nous puissions inonder le tunnel. Il viendra bien un moment où l'on fera la paix. attendu que toutes les guerres finissent par là. et alors. il faudra tout reconstruire : l'œuvre sera détruite dans son entier.

Ces considérations assez inattendue tombent devant l'établissement d'un passage à ciel ouvert, tel qu'un pont. voie sur laquelle un simple bataillon ne saurait s'engager sans qu'on s'en aperçût. D'autre part, en cas de guerre. on fait sauter la première pile et tout est dit : l'œuvre entière n'est pas compromise. Il est donc certain d'ores et déjà que nos voisins ne repousseront pas l'idée du pont comme ils ont repoussé celle du tunnel.

Restent les difficultés matérielles.

Or, elles sont loin d'être insurmontables. les profondeurs étant moins considérables qu'on ne le croit généralement.

Le tracé du pont projeté ne suit pas la voie la plus courte, mais la moins profonde. Il part du *Cran-aux-Œufs*, entre Ambleteuse et le cap Gris-Nez. et aboutit à Folkestone. soit une longueur totale d'environ 35 kilomètres.

Il affecte une forme deux fois coudée très légèrement vers le Nord. La profondeur de la mer. du côté français, est d'abord d'une moyenne de 50 mètres environ jusqu'au premier tiers du parcours. Là. s'élève le haut fond du Colbart. Et enfin la dernière

17.

fosse, entre le Warne et la côte anglaise. où la sonde
indique de 30 à 35 mètres d'eau.

Le pont va tout droit au Colbart, tourne légèrement pour retrouver le Warne. et par une nouvelle
et peu sensible brisure, vient rejoindre Folkestone.

Les piles sont des massifs de blocs bétonnés et de
maçonnerie d'environ cinquante mètres de long sur
trente de large. Elles émergeront de dix mètres et
supporteront d'autres piles en charpentes de fer sur
lesquelles reposera le tablier. Elles sont espacées de
cinq cents mètres. Ainsi le tablier du pont ne sera
soutenu qu'à chaque demi-kilomètre. On n'a pas osé
dépasser cette portée déjà effrayante. qui fait supporter au tablier un effort de vingt-cinq mille
tonnes.

Ce tablier sera placé à cinquante-six mètres au-
dessus du niveau de la mer. ce qui permet aux plus
grands navires de passer dessous. Il aura trente
mètres de large. et portera quatre voies. deux mon-
tantes et deux descendantes. plus une route pour
l'inspection et les piétons. De distance en distance
seront disposés des postes de surveillance et des
voies de garage; enfin chaque pile portera un puissant phare électrique, des sirènes et des cloches
d'appel pour les temps de brume.

Voilà, très sommairement exposées. les grandes
lignes de ce projet gigantesque, que l'on eût pu ran-
ger. il y a un quart de siècle encore, dans le domaine
des utopies, et que les progrès de l'industrie et prin
cipalement de l'industrie métallurgique, vont per
mettre de réaliser.

L'entreprise compte à sa tête des hommes de la

plus haute valeur : l'amiral Cloué, ancien ministre de la marine : M. Hersent, qui a fait les travaux de Suez, du fort d'Anvers, et une partie de ceux de Panama ; MM. Fowler et Baker, ingénieurs anglais d'un mérite indiscuté. De tels noms sont une garantie certaine du succès.

En ce moment, les profils et plans des piles maçonnées sont achevés. L'usine du Creuzot établit les dessins de la partie métallique. Si le conseil supérieur des ponts et chaussées ne se montre pas défavorable au projet, nous verrons bientôt immerger les premiers blocs.

Il faudra, pour mener à bien ce travail, sept années et un milliard. Un milliard pour lequel, le point est digne d'être noté, les organisateurs ne demandent à l'État ni subvention, ni garantie.

LXVII

Le jeu de l'Académie et le baron Louis de Viel-Castel. — L'Histoire de la Restauration. — Académiciens octogénaires. — Un mot de Viennet. — Le successeur de M. Caro.

6 octobre.

Quand on jouait naguère au jeu de l'Académie.... mais peut-être ne savez-vous pas en quoi ce jeu consiste ? Il s'agit de nommer d'affilée les quarante académiciens. Rien de plus simple, au premier abord: cinq ou six noms très connus se présentent à la mémoire. Les gens bien forts vont jusqu'à dix, douze, quinze. Au seizième, il y a des contestations qui n'en finissent plus. Mais personne — vous entendez, personne — n'est capable d'en désigner quarante.

Eh bien ! quand on jouait à ce jeu qui n'est pas à dédaigner, les jours de pluie, à la campagne, le nom du baron Louis Salviac de Viel-Castel était de ceux qu'on ne prononçait jamais, car la plupart de ses contemporains ignoraient absolument son existence. Et je suis bien bon de dire « la plupart », je puis dire « tous ses contemporains » sans exagérer, le baron de

Viel-Castel ayant vu depuis longtemps disparaître autour de lui, les hommes de sa génération.

Il est né en 1800. Petit-neveu de Mirabeau par sa mère, il n'a jamais partagé les idées de son grand oncle, au contraire. A vingt et un ans il entra au service du parti de la Restauration dont il devint plus tard l'historien. Il alla à Madrid en qualité de secrétaire d'ambassade, puis à Vienne. En 1829 il fut nommé sous-directeur des affaires politiques au ministère des affaires étrangères. Après la révolution de 1830, il donna sa démission.

Il se rallia cependant quelques années plus tard à la royauté constitutionnelle qui lui rendit le poste qu'il occupait sous Charles X. Mais, au lendemain du coup d'État, il se retira d'une façon définitive et vécut désormais à l'abri des tracas de la politique militante, consacrant ses loisirs à l'élaboration d'une *Histoire de la Restauration* qui se compose d'une vingtaine de volumes et qui, en 1873, le fit élire à l'Académie française où il remplaça le comte de Ségur.

Je déclare franchement que je n'ai pas lu l'*Histoire de la Restauration* du baron de Viel-Castel. J'en ai seulement entendu parler par des gens fort compétents qui l'ont lue et qui m'ont affirmé que cette énorme compilation ne valait pas le diable. Je m'en suis toujours tenu là, n'ayant pas le courage d'aller par moi-même vérifier le fait.

D'ailleurs, je ne jurerai pas que la personnalité politique de M. de Viel-Castel n'ait pesé, au moment de son élection à l'Académie, au moins autant que ses vingt volumes. Il a contribué d'une façon très

active à fonder sous la coupole ce qu'on appelle encore « le parti des ducs » — parti très puissant qui
va de M. de Broglie à M. Camille Rousset, en passant
par le duc d'Aumale, et qui représente le principe
monarchique dans la république des lettres.

Mais depuis une dizaine d'années, cloué sur son
lit de douleur par des infirmités multiples, M. de
Viel-Castel n'a pas mis les pieds au Palais-Mazarin
où sa mort ne saurait faire un très grand vide. Il
n'était pas cependant le doyen de l'illustre compagnie, qui compte encore des octogénaires comme M.
Cuvillier-Fleury qui fut, je crois, lauréat du concours
général vers 1815, et M. Désiré Nisard, le précep-
teur des princes d'Orléans.

Les immortels passent, à juste titre, pour avoir
l'âme chevillée au corps. Sans parler de l'illustre M.
Chevreul qui rajeunit tous les jours et sans sortir de
l'Académie française, on sait que M. Mignet mourut
à quatre-vingt-huit ans et que Villemain atteignit à
peu près le même âge, après être resté pendant qua-
rante-six ans secrétaire perpétuel.

Viennet qu'on enterra à quatre-vingt-quinze ans,
en avait quatre-vingts quand il perdit sa femme. On
m'a conté un joli mot de lui, à cette occasion. Un de
ses collègues lui faisait ses compliments de condo-
léances.

— C'est un grand malheur, disait-il !

— Oh! oui, répondit Viennet avec un soupir. Et
d'autant plus grand qu'à mon âge, il n'est guère possible de se remarier.

M. de Viel-Castel appartient à la même race d'hommes. Son frère, le comte Horace de Viel-Castel,

avec lequel on l'a souvent confondu. a laissé des
Mémoires qui ont été publiés à Lausanne en 1884.

Ces *Mémoires* qui contiennent, paraît-il, des révé-
lations scandaleuses sur certaines personnalités du
second empire et des détails scabreux sur quelques
grandes dames admises à la cour des Tuileries, firent
beaucoup de bruit à leur apparition et l'on se rappelle peut-être que leur entrée en France fut interdite. Le baron de Viel-Castel en ressentit un profond
chagrin.

Il serait de mauvais goût de se demander dès
maintenant à qui l'Académie réservera, le cas
échéant, le fauteuil qu'il occupait si peu et qui néanmoins marquait sa place dans son enceinte. Il faut
d'abord donner un successeur à M. Caro, et c'est de
ce côté que l'attention se porte.

L'élection est fixée aux premiers jours de novembre. Les candidats seront nombreux. J'ai déjà dit
que M. Jules Claretie, administrateur général de la
Comédie française, avait de très grandes chances. Il
me revient de tous côtés des bruits qui ne font que
confirmer cette opinion.

LXVIII

La rentrée solennelle des cours et tribunaux. —
Discours d'ouverture. — A la cour d'appel. — Le
chancelier Maupeou et l'histoire de son Parlement.
— Un couplet de vaudeville sur les avocats.—La
conclusion de M. Bloch.

19 octobre.

La messe du Saint-Esprit qui précède la rentrée
des cours et tribunaux, et qu'on appelle au Palais la
messe rouge, a été célébrée aujourd'hui par M. l'abbé
de Bertrand de Beuvron, maitre des cérémonies de
Notre-Dame. L'archevêque de Paris y assistait.

A l'issue de la messe, selon la tradition, la cour de
cassation s'est réunie pour entendre le discours de
M. l'avocat général Loubers, qui avait pris pour texte
de sa harangue : « Domat, criminaliste. » De son
côté, la cour d'appel, assemblée solennellement
dans la salle d'audience de la première chambre, a
écouté la lecture d'une étude fort intéressante de
M. l'avocat général Bloch, sur « Maupeou, ses tribunaux et ses réformes ».

La cour d'appel a généralement de la chance avec

les discours de rentrée. C'est devant elle que l'an dernier, à pareille époque, M. l'avocat général Quesnay de Beaurepaire — en littérature Jules de Glouvet — prononça ce réquisitoire humoristique contre les magistrats célèbres qui l'avaient précédé dans la carrière des lettres. On se rappelle avec quel esprit pétillant de malice, avec quelle verve et parfois avec quelle éloquence l'orateur évoquait ces grandes figures disparues et les forçait pour ainsi dire à *comparoir* devant ses collègues émerveillés et conquis par le charme de sa parole. M. Quesnay de Beaurepaire obtint un véritable succès et M. Jules de Glouvet fut acquitté en bonne compagnie.

Si M. l'avocat-général Bloch n'a pas fait oublier ce précédent fameux, il n'en a pas moins ravi son auditoire d'élite. Le sujet de son étude « Maupeou, ses tribunaux et ses réformes » était fort bien choisi pour éveiller l'attention des magistrats de notre jeune République, et sans y chercher des allusions plus ou moins transparentes à des événements récents, on ne peut s'empêcher d'établir une comparaison qui s'impose.

Le chancelier Maupeou fut un révolutionnaire dans son genre. On sait qu'ancien premier président du Parlement de Paris, il osa porter une main sacrilège sur l'arche sainte et toucher le premier à des prérogatives datant de plusieurs siècles. Il était soutenu par M⁽ᵐᵉ⁾ Du Barry et par le roi.

Louis XV, qui sentait le sceptre royal trembler entre ses mains débiles, craignait par-dessus tout ce qu'il appelait « les grandes robes », ces juges imposants, solennels, qui lui faisaient des remontrances sévères et qui osaient s'opposer à ses caprices parce qu'ils avaient pour eux les sympathies de l'opinion.

Les *Mémoires* de Mᵐᵉ du Hausset sont formels sur ce point :

« Un jour, dit-elle, Louis XV entra tout échauffé. Je me retirai, mais j'écoutai de mon poste.

— Qu'avez-vous ? lui dit Mᵐᵉ de Pompadour.

— Ces grandes robes et le clergé, répondit-il, sont toujours aux couteaux tirés ; ils me désolent par leurs querelles ; mais je déteste bien plus les grandes robes. Mon clergé, au fond, m'est attaché et fidèle. Les autres voudraient me mettre en tutelle. Le régent a eu bien tort de leur rendre le droit de faire des remontrances : *c'est une assemblée de républicains*. En voilà, au reste, assez : les choses comme elles sont, dureront autant que moi... »

C'est cette dernière phrase qu'on a traduite par le célèbre : « Après nous le déluge ! » qui ne fut jamais prononcé.

On voit que, dans ces conditions, le chancelier Maupeou avait la partie belle. Cependant Louis XV hésitait encore lorsque, le 7 décembre 1770, il lui arracha l'édit qui changeait toute l'organisation des Parlements.

Celui de Paris proteste. Le chancelier exile les magistrats, confisque leurs charges et installe de nouveaux conseillers choisis parmi ses créatures.

Les onze Parlements de province se révoltent et celui de Normandie va jusqu'à rendre un arrêt qui déclare *intrus, parjures* et *traîtres*, les nouveaux magistrats et *nuls* tous les actes émanés de ce *tribunal bâtard.*

Par la voix de Malesherbes, la cour des aides proteste à son tour. Le chancelier résiste, casse la cour des aides, casse les Parlements de province et les remplace au milieu d'une fermentation inouïe. C'est ce qu'on peut appeler un chancelier *à poigne*.

L'opinion publique est partagée. Voltaire, séduit par quelques réformes apparemment liées à la cause : l'abolition de la vénalité des charges, les appointements fixes permettant la justice gratuite, les cours plus nombreuses et les tribunaux rapprochés des contribuables. se range du côté du chancelier ; mais il n'est pas suivi, et les nouveaux juges ne trouvent au début ni plaideurs, ni avocats, ni procureurs pour se présenter à leur tribunal.

Les pamphlets contre le roi, sa maîtresse, le chancelier et son Parlement se multiplièrent. Mais Maupeou opposait la persévérance aux clameurs. Au bout d'un an, les avocats cédèrent et reprirent leurs fonctions, entraînés en cela par l'exemple de Caillard, l'adversaire de Beaumarchais. Un couplet de vaudeville raconte l'aventure :

> L'honneur des avocats,
> Jadis si délicats,
> N'est plus qu'une fumée ;
> Leur troupe diffamée
> Subit le joug enfin.
> Et de Caillard avide,
> La prudence décide
> Qu'il vaut bien mieux mourir de honte que de faim.

M. l'avocat général Bloch n'a pas cité ces versiculets qui auraient pu choquer quelques membres du barreau. mais il a mentionné un certain nombre de

pièces curieuses que Bachaumont nous a conser-
vées. C'est la partie amusante de son discours dont
la conclusion est sévère : « Les réformes de Maupeou, dit-il, étaient bonnes en elles-mêmes... Mais
elles n'étaient que le rideau trompeur, derrière lequel le chancelier essayait de masquer son œuvre de
destruction et d'asservissement, que la rançon hy-
pocrite et illusoire des résistances du Parlement à
des exigences financières devenues insatiables. »

La cause est entendue.

LXIX

A propos de la cinq-centième représentation de « Faust. »

20 octobre.

Le 4 novembre prochain aura lieu à l'Opéra la cinq-centième représentation de *Faust*.

Il nous a paru intéressant de donner dès à présent à nos lecteurs quelques détails sur l'origine de la pièce elle-même et sur son illustre auteur. Cette solennité artistique est, en effet, de celles dont on parle longtemps à l'avance.

Ayant l'honneur, grâce à une heureuse et trop éphémère collaboration, de connaître le maître depuis de longues années, c'est naturellement à lui-même que je me suis adressé pour avoir des renseignements de première main.

L'hôtel de Gounod est situé place Malesherbes, au coin de la rue Montchanin, dans ce magnifique quartier neuf où s'est établie toute une colonie de grands artistes, depuis Meissonier jusqu'à Dumas fils. Il fait face à la coûteuse fantaisie de M. Gaillard, que les hôtes de l'avenue de Villiers appellent le château de Blois.

La demeure du célèbre compositeur est admirablement comprise. Il est impossible de rien voir de plus artistique et de plus confortable en même temps. Les deux étages sont desservis par un superbe escalier à cage carrée et à rampe de bois ouvragé, sur lequel les appartements donnent par de vastes loggias à hauts arceaux. Les portes d'entrée de ces appartements sont remplacées par des grilles en bois sculpté et en fer forgé d'un goût exquis. Les parois sont décorées de grands panneaux sur lesquels des fresques en grisaille, avec des tons d'or, reproduisent les allégories ou les héros des principales œuvres du maître. Au-dessous de chacune, un cartouche porte la première mesure du motif caractéristique du personnage.

Le cabinet où Gounod travaille est une immense pièce dont tout un côté est occupé par les bibliothèques. Les ouvrages ne sont pas prisonniers dans des vitrines, mais à l'air libre, à portée de la main du travailleur. Entre les files de rayons, s'élève une cheminée monumentale, en bois sculpté dans lequel sont encastrés des bas-reliefs de marbre. Au fond, un grand orgue, — un orgue d'église — dresse la rangée de ses tuyaux polis. En face de la cheminée, devant la profonde embrasure d'une haute fenêtre à vitraux, se trouve le bureau du maître. Un vrai meuble de compositeur. Il a la simple apparence d'un bureau plat : mais sous la table du dessus se trouve un clavier. Gounod peut ainsi noter de la main droite les accords qu'il exécute de la main gauche. Le reste de la pièce est meublé d'objets d'art, de tableaux, voire d'instruments de musique exotiques et bizarres.

Au moment où l'on m'introduit, le maître est devant son bureau. Il est vêtu d'un veston de velours marron, le chef coiffé d'un petit bonnet carré de velours noir. Il se lève et vient au devant de moi avec sa cordialité ordinaire.

Sa physionomie est bien connue. Il est d'une taille très au-dessus de la moyenne, et vigoureusement charpenté. Les yeux gris sont grands, vifs, et ont une charmante expression de bonté. De la calotte de velours noir émerge une auréole de cheveux fins, gris, presque blancs. Presque blanche aussi est la barbe, portée tout entière et en éventail.

J'expose à mon hôte le but de ma visite, et la conversation s'engage. Elle a été longue et a roulé sur bien des sujets. Nous avons, en passant, cassé quelques pains de sucre sur le dos des éditeurs. Je me hâte d'ajouter que nous avons fait des exceptions. Bref, je regrette de ne pouvoir reproduire tout ce dialogue (que je me suis naturellement efforcé de changer le plus possible en monologue dont j'étais l'auditeur). On sait en effet que l'auteur de *Faust* n'est pas seulement un compositeur de génie, mais encore un excellent écrivain et un charmant causeur. J'extrais donc seulement de notre conversation ce qui a trait à mon sujet lui-même.

— Vous savez, me dit Gounod, que je suis né en 1818. Vingt ans plus tard, en 1838, j'avais mon second grand prix de composition musicale. C'est à

cette époque qu'une dame. amie de ma famille. me
prêta un jour une traduction du *Faust* de Goëthe.
Je fus immédiatement frappé de l'idée qu'il y avait
à associer à cette belle œuvre philosophique une
belle œuvre musicale. Et. à dater de ce jour-là, commença dans mon esprit ce que je pourrai appeler
l'incubation de *Faust*. Depuis cette lecture jusqu'au
moment de la représentation, il ne s'est peut-être
pas passé un jour. une heure. sans que je fusse
hanté par ce rêve.

L'année suivante, je remportai le premier prix et
partis pour Rome.

Il faut vous dire que j'étais un garçon très travailleur et très rangé, ce qu'on appelle un excellent
jeune homme. J'avais à cela d'excellentes raisons.
Ayant perdu mon père à l'àge de cinq ans. j'étais
resté avec une mère courageuse et charmante. qui
m'avait toujours donné l'exemple du travail acharné,
et m'avait initié de bonne heure aux difficultés de la
vie. Ma mère. en effet. nous a fait vivre, mon frère et
moi. en donnant des leçons, jusqu'au moment où
nous avons pu nous suffire.

A Rome. je travaillais beaucoup, et je préparais
consciencieusement mes envois. Une de mes rares
distractions était d'aller errer le soir dans les majes-
tueuses ruines romaines. sous la splendeur des nuits
étoilées. Mon rêve éternel m'y accompagnait. Et
c'est là que j'ai trouvé beaucoup des motifs les plus
heureux de *Faust* : par exemple, cette phrase : *O
nuit d'amour, ciel radieux !* et cette autre : *Je veux
l'aimer et le chérir. parle encore !*

Ici. le maître me chante, en s'accompagnant, ces

deux passages d'une voix juste, chaude et pénétrante, rare chez un homme de son âge.

Lorsque je revins de Rome, reprit-il, je me trouvai aux prises avec les nécessités de l'existence. J'entrai comme maître de chapelle aux Missions étrangères ; mais je n'oubliai pas *Faust*. Au contraire, l'idée prenait peu à peu un corps. L'œuvre se bâtissait elle-même, petit à petit, dans ma tête.

En 1851, je fis représenter à l'Opéra mon premier grand ouvrage, *Sapho*. Ce ne fut pas un succès colossal, mais cependant ce fut un succès. Il eut l'avantage de me classer dans l'estime des vrais artistes. L'année suivante, les chœurs antiques introduits par moi dans l'*Ulysse* de Ponsard, joué à la Comédie-Française, augmentèrent ma notoriété. Mais en 1854, j'éprouvai un échec bien caractérisé avec la *Nonne sanglante*, composée sur un livret de Scribe.

J'en étais là, lorsque je rencontrai un jour Jules Barbier.

— Eh bien ! lui dis-je, pourquoi ne faisons-nous pas quelque chose ensemble ?

— Avez-vous une idée ?

Vous voyez d'ici ma réponse.

— Parbleu, m'écriai-je !

— Et laquelle ?

— *Faust.*

Pour toute réponse, mon interlocuteur me poussa dans une voiture et m'emmena rue d'Enghien, chez Michel Carré.

— Mon cher ami, lui dit-il, voici Gounod qui veut

faire un Faust. Nous allons nous y mettre. Et ce ne sera pas demain, ce sera tout de suite.

On s'entendit immédiatement avec Carvalho, qui dirigeait le théâtre lyrique au boulevard du Temple. Carvalho adopta l'idée avec le même empressement que mes librettistes. L'affaire semblait donc devoir marcher toute seule.

Nous travaillions ferme, et nous en étions déjà à la moitié de la besogne, lorsque d'Ennery eut l'idée de faire jouer un *Faust et Marguerite* à la Porte-Saint-Martin.

Or, c'était à l'époque de la direction Marc Fournier, c'est-à-dire au temps des prodigalités inouïes dans les décors et les costumes. Carvalho ne voulut pas entreprendre la lutte. Et, provisoirement, mon pauvre *Faust* fut enterré : j'en éprouvai une réelle douleur. Outre le travail en pure perte, c'était mon rêve qui s'évanouissait. Carvalho voulut m'offrir une consolation. Il me chargea d'écrire une partition sur le *Médecin malgré lui*. J'hésitai pendant huit jours. J'étais tombé de si haut. Mais Molière est un de mes dieux. J'acceptai, et, en quatre mois, j'écrivis cette partition qui fut jouée en 1858.

Entre temps, le *Faust et Marguerite* de d'Ennery avait fourni sa carrière, assez courte d'ailleurs. Je repris les pourparlers. Carvalho donna son consentement, j'achevai la pièce, et elle entra en répétitions.

Alors, se dressèrent des obstacles d'un autre genre. Le directeur était difficile, oh mais, d'un difficile ! Ce qu'il a fallu couper, rajouter, recommencer ! Ainsi, tenez, la chanson du *Veau d'Or* a été

refaite sept fois. Carvalho n'avait du reste pas tout à
fait tort car, en somme, telle qu'elle est, elle peut
aller (!)

Il y avait aussi un autre air que j'ai dû couper et
auquel je tenais beaucoup. C'était la *Chanson du nombre treize.*

Ici, le maître me chante encore cette chanson
d'un rythme et d'une invention puissamment originaux, qui peuvent rivaliser avec l'air du Veau d'Or
et la ritournelle diabolique de la sérénade.

Puis il y eut, reprend-il, des difficultés avec les
acteurs. Notre ténor perdait la voix à l'avant-dernier
acte, régulièrement. Il fallut le changer au dernier
moment. Enfin, la pièce vit le jour de la rampe le
19 mars 1859, et, comme vous le savez, fut bien
accueillie.

Maintenant, l'Opéra va la jouer pour la cinq-centième fois : mais elle a eu à Paris 837 représenta-
tions, et si l'on y ajoute celles de la province et de
l'Etranger, on arrive à un total de plus de trois ou
quatre mille.

Elle a été jouée vingt ans après le jour où, dans la
paix d'une soirée romaine passée dans les ruines du
Colisée, j'en trouvais les deux premiers motifs.

LXX

Un magistrat-auteur dramatique. — M. Quesney de Beaurepaire. — La prochaine représentation du « Père ». — La donnée de la pièce. — L'interprétation de la pièce. — Les tendances philosophiques et littéraires de l'auteur.

23 octobre.

Dans quelques jours, le théâtre du Vaudeville donnera la première représentation d'une pièce de M. Jules de Glouvet : *Le Père*.

J'ai lieu de supposer que cet ouvrage fera du bruit, d'abord à cause de ses tendances, ensuite à cause de la personnalité de son auteur. Je donnerai donc à mes lecteurs quelques renseignements sur l'homme et sur la pièce.

Ayant eu, il y a quelques années, le même éditeur que M. Jules de Glouvet, je le connais depuis cette époque. J'avais déjà apprécié l'écrivain en lisant ses ouvrages, qui se recommandent à l'attention des lettrés autant par la profondeur de l'analyse que par la précision sobre du style et l'exactitude non sans éclat des descriptions. Mais j'ai pu pénétrer aussi, dans diverses conversations, ses idées et ses théories littéraires.

Parlons d'abord de l'homme.

M. Jules de Glouvet ne s'appelle pas Jules de Glouvet. Il n'y a pas d'inconvénient à trahir un secret dont nos lecteurs savent déjà le fin mot. L'auteur du *Père* se nomme M. Quesnay de Beaurepaire. Il est avocat-général à la cour, et c'est un des esprits les plus éclairés, les plus laborieux et les plus brillants de notre magistrature. Il est à remarquer qu'au milieu de nos luttes politiques, dans lesquelles les membres des parquets n'ont pas toujours été épargnés par les attaques, M. Quesnay de Beaurepaire est constamment resté sympathique et respecté.

Au physique, il est l'incarnation vivante du magistrat fin et spirituel. Grand et mince, d'allure souverainement distinguée, entièrement rasé, les cheveux très courts, légèrement grisonnants, il vous reporte à une époque disparue. On le voit en perruque poudrée, en habit de velours noir soutaché de jais, avec un jabot de dentelles et une épée à poignée d'acier. L'expression de la physionomie est légèrement et très doucement ironique. Ses yeux sont extrêmement vifs, et leur regard, très animé et très mobile, souligne et accentue, dans la conversation, une parole mordante, abondante et fertile en mots justes et en traits heureux.

M. de Beaurepaire, suivant en cela les traditions de notre magistrature qui a si souvent mêlé l'amour des lettres aux études du légiste et du moraliste, a depuis longtemps fait ses preuves comme écrivain. Il

18.

a publié d'assez nombreux romans, dont je n'ai pas
le loisir de parler, mais parmi lesquels je veux néanmoins citer une très belle trilogie : *le Marinier*, — *le
Fores·ier*, — *le Berger*.

Dans toutes ses œuvres, on retrouve une analyse
profonde, impitoyable parfois, du cœur humain,
analyse à laquelle ses redoutables fonctions d'organe
du ministère public avaient certainement préparé
l'auteur.

Une des dernières était intitulée : *Le Père*. C'est
dans ce roman qu'il a taillé la pièce que le Vaudeville va nous donner. Faisant ses premiers pas dans
la carrière dramatique, M. de Beaurepaire s'est défié
de ses propres forces. Il a demandé quelques conseils à un maître dans l'art dramatique, M. Auguste
Maquet, qui lui a apporté, avec la meilleure grâce,
le concours de sa vieille expérience.

Le sujet de la pièce est très curieux et révèle le
magistrat. Il porte sur le conflit d'une situation légale en opposition avec une situation sociale, et met
en scène une des conséquences de l'adultère.

Voici la donnée, très brièvement exposée :

Un diplomate, appartenant naturellement au très
grand monde, a délaissé sa femme. Celle-ci s'est laissé séduire par un officier. Une fille est née de cet
adultère. A son retour le mari apprend tout. Sa situation, des considérations de monde et de fortune,
l'empêchent de faire un éclat. Mais il accable la femme
coupable de son mépris, et celle-ci meurt de chagrin.

Le diplomate, M. de Loisaille, reste avec sa fille
dont il est le père légal. L'amant ne peut supporter
l'idée de voir sa fille élevée par cet homme qui lui

est étranger et il enlève l'enfant dont il est le père
naturel.

Or, cette enfant grandit et devient charmante. Un
jeune homme la demande en mariage à celui que
tout le monde croit son père. Et voilà où se dessine
la situation en apparence sans issue.

Il faut, pour marier la jeune fille, le consentement
du père légal. Or, celui-ci va se remarier, et n'a jamais
avoué qu'il eût une fille. Pour lui, donner son consentement, c'est, du même coup, révéler son déshon-
neur, c'est, suivant l'expression énergique et imagée
dont s'est servi un jour M. de Beaurepaire en me
racontant sa pièce. c'est *coller l'affiche iaune à sa
porte.*

C'est sur cette situation que roule le drame ; elle
est en apparence sans issue, comme la plupart des
situations fortes au théâtre. L'auteur en sort cependant, grâce à un moyen d'une ingénieuse simplicité,
que je ne puis révéler de peur de déflorer la pièce et
d'abuser des confidences qui m'ont été faites. Tout
ce que je puis dire. c'est que c'est la seconde femme
de M. de Loisaille qui dénoue la trame.

L'auteur est un spiritualiste en philosophie. En
littérature, c'est un éclectique dont les tendances sont
classiques. Ces deux éléments expliquent les visées
générales de l'œuvre. M. de Beaurepaire a voulu faire
du naturalisme à rebours, et peindre au naturel
d'honnêtes gens luttant contre les conséquences fa-
tales d'une faute unique. Il a surtout cherché à donner à sa pièce une forme littéraire, tout en respec-
tant les exigences du dialogue. qui cesserait d'être
naturel s'il n'acceptait pas les familiarités nécessaires

du langage parlé. Mais il s'est attaché à lui donner la
sobriété qui est le caractère saillant de son talent, et
surtout à trouver le mot propre, le mot juste. Il est
bien probable qu'il a réussi.

M. de Beaurepaire est certes trop modeste pour
prétendre au rôle de chef d'école. Pourtant, cette
pièce, avec les tendances qu'elle résume, pourrait
bien arriver à son heure. Et c'est un grand point :
demandez à M. Georges Ohnet et à M. Ludovic Halé-
vy, dont on va jouer l'*Abbé Constantin*.

Le Père sera brillamment monté. Je cite en tête,
parmi les futurs interprètes, M. Adolphe Dupuis (le
père naturel), M. Montigny (M. de Loisaille) et M.
Raphaël Duflos (le fiancé). Du côté des femmes : Mme
de Cléry, Mme Dinelli, et une jeune débutante qui
pourrait bien être une des étoiles de l'avenir, et que
ce rôle révèlera très probablement. Retenez bien son
nom. Elle s'appelle Mlle Marguerite Rolland.

Et maintenant, il ne reste plus qu'à attendre la
première.

LXXI

**Nouvelles expériences d'hypnotisme. — Le docteur
Luys à l'hôpital de la Charité. — Action des médicaments à distance. — Curieux effets du haschich. — L'empoisonnement par suggestion.**

30 octobre.

On ne parlait plus, depuis quelque temps, d'hypnotisme et de suggestion. Après le compte rendu
retentissant des expériences de la Salpêtrière et des
phénomènes plus ou moins bizarres, plus ou moins
divertissants, observés par des amateurs, il semblait
que l'attention du public se fût lassée à suivre des
investigations souvent téméraires et presque toujours
pénibles : il paraissait probable qu'on ne l'y repren-
drait pas de si tôt et que les prophètes de la nouvelle
science prêcheraient encore dans le désert pendant
un certain nombre d'années.

Or, voici que la curiosité se réveille au contraire
et que le monde médical recommence à s'émouvoir.
Il s'agit, cette fois, d'une nouvelle expérimentation
organisée à l'hôpital de la Charité par un médecin
des plus distingués, le docteur Luys, membre de
l'Académie de médecine. Le docteur Luys, mettant
en pratique les découvertes scientifiques du docteur

Charcot et de ses élèves a provoqué sur un sujet
qu'il a plongé successivement en état de somnambulisme, de léthargie et de catalepsie, une série de phénomènes des plus intéressants.

La nouveauté de ces expériences consiste surtout
en ce que la suggestion proprement dite, basée sur
la volonté de l'expérimentateur, est remplacée par
l'action de substances médicamenteuses, végétales
ou minérales, agissant à distance. C'est ainsi que le
docteur Luys introduit, par exemple, du poivre dans
un tube de verre scellé ou fermé à la lampe d'émail-
leur. Il suspend ce tube au cou de son sujet, une
jeune et plantureuse personne qui répond au doux
nom d'Esther. Immédiatement celle-ci éprouve des
nausées et, si le poivre est remplacé par de l'ipéca,
elle manifeste nettement son envie de vomir.

Avec un tube contenant de la morphine et placé à
une certaine distance, on provoque le sommeil et
l'anesthésie partielle. C'est déjà très fort, mais il y a
mieux. A un moment donné, le docteur Luys présente
à son sujet un flacon contenant du haschisch et voilà
Mlle Esther, qui se met à rire, qui embrasse un des
assistants, le docteur Reclus, et qui chante un air
de la *Mascotte* :

> Un baiser, c'est bien donce chose...

Si on retire le flacon, elle s'arrête. Si on le rapproche, elle continue et sa voix redevient vibrante :

> Baiser d'époux, baiser d'amant,
> Cela veut dire que l'on s'aime.

Le flacon disparaissant, Esther se tait brusquement et tombe en catalepsie. Un interne la reçoit

dans ses bras. Alors le docteur la réveille. Il lui
ouvre les paupières, frotte légèrement la peau du
front et souffle dans les yeux. Esther semble sortir
d'un rêve : elle regarde autour d'elle d'un air ahuri,
puis se cache la figure dans les mains.

Il est inutile de dire qu'il n'y a pas trace de super-
cherie ni de charlatanisme dans les faits que je viens
de rapporter. L'action des médicaments à distance
sur les sujets se trouvant en état de somnambulisme
peut être considérée désormais comme une vérité
scientifique. Reste seulement à savoir les conclusions
judicieuses qu'il faut en tirer. Le docteur Luys n'hésite pas et déclare résolument ceci :

« Il ne s'agit pas seulement de la question de ces
suggestions extraordinaires imposées à certains
sujets et qui éclatent après dix, quinze, vingt jours
et même plusieurs mois d'incubation, mais bien d'un
ordre nouveau de questions médico-légales qui, à
propos de substances médicamenteuses et toxiques,
viennent s'imposer à l'attention des médecins
légistes.

» Voici la question nouvelle qui se pose. On peut,
à l'aide de certaines substances, qui agissent d'une
façon purement physique, produire chez les hypno-
tisés des bouleversements profonds dans les grands
rouages de la machine organique, suspendre les
mouvements respiratoires, congestionner les centres
nerveux, troubler l'innervation du cœur, provoquer
ainsi des réactions d'une foudroyante intensité en
cotoyant expérimentalement les frontières de la vie;
et si on n'y prend pas garde, si on s'attarde quelques instants, on pourrait encourir la responsabilité

d'un cas d'homicide par imprudence: la chose est possible. »

Ainsi, en supposant qu'au lieu de présenter à Mlle Esther endormie un flacon de haschich on lui ait mis dans le dos un tube renfermant un poison violent, comme de la strychnine par exemple, le docteur Luys aurait bel et bien tué sa malade. Voilà la vérité.

Quant à l'importance que cette découverte peut avoir au point de vue des recherches médico-légales, je ne crois pas qu'elle soit aussi grande qu'on veut bien le dire. Il est certain que le docteur Luys empoisonnant Mlle Esther par le procédé que je viens d'indiquer, l'autopsie ne le révèlerait pas. Les chimistes les plus subtils en seraient pour leurs frais d'analyse.

Mais il est certain aussi que ce genre d'empoisonnement n'est pas à la portée de tout le monde. On confond généralement la puissance de l'expérimentateur en magnétisme avec les dispositions extraordinaires qu'apporte le sujet. Il est bon de le dire une fois pour toutes : le premier venu peut servir de magnétiseur. Le docteur Charcot, le docteur Luys et leurs élèves ou imitateurs ne sont pas des réservoirs à fluide. Ces réservoirs ce sont les sujets, hommes ou femmes, détraqués, névrosés, hystériques ou hystéro-épileptiques, qui servent à leurs expériences.

Ces sujets, véritables paquets de nerfs, vibrant à la plus légère sensation, doivent être considérés avant tout comme des malades. Et les phénomènes physiologiques qu'on observe d'après eux, ne peuvent servir de base, dans aucun cas, à des conclusions englobant l'humanité tout entière. Voilà ce qu'il ne faudrait pas oublier.

LXXII

Le « Journal de Fidus ». — Qui est Fidus? — Portrait de M. Eugène Loudun. — Un bonapartiste religieux. — Le comte de Chambord pape. — Henry Monnier et l'Académie.

3 novembre.

La librairie Marpon et Flammarion vient de publier un livre qui, à peine paru, fait déjà un certain bruit. C'est le *Journal de Fidus sous la République opportuniste*.

Fidus a déjà écrit un ouvrage intitulé le *Journal de dix ans*, et qui allait de la guerre de 1870 à la mort du Prince Impérial. Son livre actuel reprend son récit au point précis où l'avait laissé le premier. Il mène le lecteur jusqu'à la mort de Gambetta.

Qui est Fidus?

Ma foi, je suis là pour lever les masques, et je les lève. Fidus, c'est M. Eugène Loudun.

Je parlerai peu de son livre. Ce serait sortir de mes attributions. Mais je demande la permission de vous faire connaître l'auteur.

Eugène Loudun n'est pas le premier venu. Il a

19

choisi une voie, et s'est attaché à la suivre rigoureusement pendant toute sa vie. C'est là une constance assez rare de nos jours. Depuis son premier
jusqu'à son dernier volume, il a persisté dans la
ligne de conduite qu'il s'était tracée. Et c'est avec
justice qu'il a pu signer *Fidus*.

Cet idéal, dont M. Loudun est le prêtre, c'est l'empire religieux.

N'attendez de lui ni compromis de conscience, ni
aimable scepticisme. Il ne transige pas avec ses répugnances et laisse clairement voir ses partis-pris.
Il court sus aux ennemis de l'empire, il attaque les
hommes hostiles à la religion, et quand ses adversaires réunissent en eux-mêmes la double haine de
César et du prêtre, il ne connaît plus aucune pitié.
C'est, avec plus de modération de langage, un Veuillot bonapartiste. C'est un élève de M. de Falloux recueilli par l'empereur. Et il ressuscite, à notre époque d'indulgente promiscuité, les *haines vigoureuses*
qu'on croya't éteintes depuis le *Misanthrope*.

Sa physionomie correspond bien à son caractère.
M. Eugène Loudun est de taille moyenne. Son âge ?
Cinquante-cinq ou soixante ans. Sa figure est encadrée d'un épais collier de barbe grise, presque blanche. Le front chauve est large, sillonné de rides, ac-
coté de deux touffes de cheveux gris. A la naissance
du nez s'accuse, profond, le double pli des pen-
seurs. Ce nez est droit, très droit, volontaire. Les
yeux, extrèmement vifs, luisent, très enfoncés sous
l'arcade sourcillière. L'ensemble donne l'impression
d'une tête de bénédictin qui serait un apôtre. Eugène Loudun est, en effet, l'un et l'autre. Je vous ai

parlé de sa foi. Comme travailleur, il a peu d'égaux.

La liste de ses ouvrages serait trop longue.

J'en citerai pourtant quelques-uns, et d'abord les deux premiers de tous. œuvres de sa jeunesse : *La Vendée et ses guerres ; La Bretagne.* Ces deux titres expliquent peut-être et ses tendances et son caractère. M. Loudun a passé son adolescence à Nantes, entre la Bretagne et la Vendée. Il a reçu là et gardé toute sa vie comme un reflet puissant de la foi de ces provinces.

Son œuvre capitale est un grand ouvrage philosophique, *le Mal et le Bien,* qui comprend cinq gros volumes. L'auteur a mis vingt-cinq ans à l'écrire. travaillant avec un acharnement sans égal, entassant six mille pages de notes, passant les jours et les nuits sur son livre, à tel point que, lorsqu'il eut écrit le mot *fin* au bas du dernier feuillet, on dut l'emmener en Algérie pour rétablir sa santé épuisée par un labeur trop intense. Il était presque trop tard. L'excès de travail avait déterminé une paralysie partielle des muscles de la face. dont la science n'a jamais pu triompher. M. Loudun n'y voit plus que de l'œil gauche, qui n'est, pourtant. ni plus vif. ni plus lumineux que le droit.

L'auteur du *Journal de Fidus* a constamment vécu avec les hommes notables de son temps. Il a dû cette bonne fortune à d'heureux débuts. Chroniqueur parlementaire au journal l'*Ère nouvelle*, fondé par le P. Lacordaire, il attira l'attention de M. de Falloux. ministre en 1849 dans le cabinet Odilon Barrot: M. de Falloux le prit pour secrétaire particulier. A partir de cette époque, sans exercer jamais de fonc-

tions publiques, il sut rester en contact avec toutes
les personnalités marquantes qui traversèrent le
pouvoir, servit l'empire avec dévouement, et lui devint encore plus fidèle lorsque l'empire fut tombé.
Ceci donne un intérêt particulier à ces mémoires,
qui sont l'œuvre d'un homme qui a vu et entendu.

J'ai fait, je crois, la part assez belle à l'éloge, pour
avoir quelque droit de critique. J'ai déjà parlé du
parti-pris qui apparaît à chaque page du livre. Il ne
va pas, il est vrai, dans l'œuvre de M. Loudun, sans
une argumentation serrée et souvent juste, mais il
atteint parfois des limites telles que le lecteur de
bonne foi est choqué. Dans Victor Hugo, par exemple, l'écrivain ne voit que l'ennemi de l'empire. Il ne
conteste pas son génie, mais il n'en parle pas. Et il
oublie, lui, spiritualiste et philosophe, que Victor
Hugo était également philosophe et spiritualiste.

Cette critique admise, l'ouvrage est du plus haut
intérêt. Il fourmille d'anecdotes piquantes, non seulement sur le monde politique, mais aussi sur le
monde littéraire et sur le monde tout court. J'en
détache deux.

Sous Louis-Philippe, un saint-simonien bien connu,
Olinde Rodrigues, s'avisa de s'occuper de politique,
et conçut le projet d'une fusion entre les deux branches des Bourbons.

Un jour, M. de Saint-Chéron (ancien saint-simonien, mais converti, et devenu ardent chrétien) le
trouva dans le salon d'attente de M. le comte Duchâ-
tel, alors ministre, et qui avait touché au saint-
simonisme, ayant été rédacteur du *Globe*. Olinde
Rodrigues prit à part M. de Saint-Chérou, lui exposa

avec chaleur le plan qu'il venait communiquer à
M. le comte Duchàtel : « Il n'y a que ce moyen de
ramener la paix, la concorde et la sécurité de l'avenir en France, lui dit-il, je viens demander à Duchàtel l'autorisation de réunir une grande assemblée
d'ouvriers, à qui j'expliquerai mon projet : il faut
que les d'Orléans s'entendent avec M. le comte de
Chambord, qu'ils se soumettent. M. de Saint-Chéron
applaudissait. — « Mais, dit-il, ils abandonnent donc
le trône, et Louis-Philippe cesse de régner ? — Du
tout, Louis-Philippe reste roi, et le comte de Chambord abdique. — Et que devient le comte de Chambord ? qu'en faites-vous ? — Je le fais *pape !* Il est
jeune, il entre dans les ordres, nous nous entendons
avec la cour de Rome, et, à la prochaine vacance du
trône pontifical, il est élu pape ! »

Autre anecdote.

Il s'agissait, à l'Académie, de donner un prix qui
était plutôt un secours qu'une récompense. Il y
avait deux concurrents, Alphonse Karr et... Henry
Monnier. La majorité penchait pour le premier. Un
académicien prit la parole et soutint cette thèse har-
die, à savoir qu'Alphonse Karr était évidemment un
homme de beaucoup d'esprit, mais que ses œuvres
laisseraient peu de traces, bien qu'académiquement
écrites, tandis que Henry Monnier avait créé quelque
chose qui vivrait, l'inoubliable type de Joseph Prud-
homme. L'avocat enleva le prix pour Henry Monnier.

Et savez-vous qui était cet avocat ?

C'était M. Désiré Nisard.

Les détails de ce genre fourmillent dans le livre de

M. Loudun, et lui donnent une saveur particulière et un attrait de haut goût.

M. Loudun habite une maison qui était évidemment destinée à un apôtre. Elle est située dans les solitudes monacales qui avoisinent la rue Vanneau. En entrant dans la cour, on s'arrête stupéfait. Il y a là tout un peuple de gigantesques statues, vierges, saints Vincent-de-Paul, saints Joseph. qui produisent un singulier effet; le rez-de-chaussée est occupé par un statuaire religieux.

Le premier, où demeure Eugène Loudun, ne change guère de destination : c'est un ciseleur religieux qui l'habite.

LXXIII

Une nouvelle statue de Voltaire. — Sa prochaine inauguration à la mairie du neuvième arrondissement. — Le Voltaire de Houdon. — L'idée de M. Émile Lambert. — Voltaire à vingt-cinq ans.

5 novembre.

Dans la cour d'honneur de la mairie du neuvième arrondissement, rue Drouot, on inaugurera solennellement une nouvelle statue de Voltaire due au ciseau du statuaire Émile Lambert, élève de Franceschi. Le président du Sénat, M. Le Royer prononcera une allocution et M. Dupré, professeur de rhétorique au lycée Condorcet fera un grand discours dans lequel il retracera 'es époques saillantes de la vie du patriarche de Ferney. Selon toutes probabilités un artiste de la Comédie française récitera une poésie de circonstance qu'on a demandée à Jean Rameau, l'auteur de *la Vie et la Mort* et des *Poèmes fantasques*. La musique de la garde républicaine apportera son précieux concours et rehaussera l'éclat de la cérémonie par l'exécution des plus beaux morceaux de son répertoire.

Ainsi Voltaire va, une fois de plus, avoir son effi-
gie, à Paris, à deux pas des boulevards. Bien des
gens se demandent si cette affluence de statues élevées à une même gloire, a bien sa raison d'être et
si l'on ne devrait pas ménager le marbre et le bronze
dont on se montre, dans d'autres cas, si parcimo-
nieux.

Il est certain que l'auteur de *Zaïre* n'aurait guère le
droit de se plaindre. La postérité se conduit bien à son
égard. Tout le monde connaît le buste et la figure
en marbre, immortels chefs-d'œuvre de Houdon,
qui ornent le foyer de la Comédie française. Le
Voltaire de Houdon reproduit en bronze, se trouve
encore au square Monge où il fut élevé grâce à une
souscription particulière des habitants du quartier.
Un autre *Voltaire* se dresse au coin du quai qui
porte son nom derrière l'Institut. Celui-ci est
debout, enveloppé dans un manteau ; il s'appuie sur
une longue canne. Voilà donc déjà trois *Voltaire*.
Nous allons parler plus longuement du quatrième.

C'est celui de M. Émile Lambert, qu'on inaugurera dimanche. Il diffère essentiellement de tous
les autres par l'idée originale qui a présidé à sa conception. Jusqu'à présent, le génie de Houdon ayant
accaparé pour ainsi dire cette étrange figure, à la
fois si puissante et si troublante, il était impossible
de se représenter Voltaire autrement qu'à travers le
masque sarcastique que l'on sait. Le patriarche de
Ferney n'apparaissant aux poètes et aux artistes de
notre temps qu'avec « le hideux sourire » dont on a
quelque peu abusé depuis que l'auteur de *Rolla*
lança la célèbre apostrophe :

Dors-tu content, Voltaire...

Les sculpteurs en particulier, hantés sans doute par l'œuvre du maître, n'essayaient même pas de s'en affranchir et la reproduisaient avec plus ou moins d'exactitude. Toutes les statues de Voltaire qu'on peut voir, soit à Paris, soit en province, ne sont que des variantes de la statue du Théâtre-Français et nous ne connaissions jusqu'ici qu'un Voltaire octogénaire, cassé, ridé, crevassé, macabre, les lèvres pincées, le menton en cassenoisettes, la peau parcheminée, des mains de squelette, un Voltaire *in articulo mortis*, copié à l'époque où tout ce qui lui restait d'esprit et de vie s'était réfugié dans le regard extraordinairement étincelant.

Or, le statuaire Émile Lambert a voulu nous montrer pour la première fois, un Voltaire jeune, l'auteur de *Candide* tel qu'il était à vingt-cinq ans, en habit de cour tout fanfreluché de dentelles, l'épée au côté, le mollet tendu, la taille fine, la tournure élégante, la figure enjouée. Voltaire — on paraissait l'avoir oublié — fut un cavalier des plus séduisants et des plus alertes de son époque. Les mémoires contemporains nous le montrent se mêlant dans les salons à la jeunesse la plus à la mode et la mieux titrée, prenant sa part des plus joyeuses aventures et dansant le menuet à ravir.

L'idée de M. Lambert en nous rendant ce Voltaire si peu connu, est donc venue combler une lacune regrettable. Mais il me reste à vous apprendre pourquoi il a eu cette idée et comment il a été amené à s'en servir aussi heureusement.

19.

Il faut vous dire d'abord que M. Émile Lambert n'est pas un sculpteur ordinaire. Je ne parle pas au point de vue du talent. Sous ce rapport il me suffirait de constater qu'il a obtenu au Salon de 1885 une mention honorable précisément pour la statue qui nous occupe. Mais ce qui le distingue de la plupart de nos artistes, c'est sa situation de fortune.

M. Lambert est le propriétaire du château de Ferney, où Voltaire passa les dernières années de sa vie comme chacun sait. Il possède le mobilier et les œuvres d'art qui ont appartenu à celui qui fut le patriarche ; il en a des portraits. entr'autres le célèbre pastel de Latour qui représente Voltaire à trente ans.

C'est en regardant ce portrait que M. Lambert songea pour la première fois à sa statue. Il l'exécuta avec l'intention d'en orner plus tard le vestibule de son château. mais sur les conseils de ses amis, il se décida à l'offrir à la ville de Paris. Comme on peut le penser, l'administration s'empressa d'accepter ce don généreux. On chercha un emplacement convenable et M. Lambert ayant manifesté le désir qu'on mît à sa disposition la cour d'honneur de la mairie du quartier où il habite, on ne crut pas devoir lui refuser cette légère faveur.

L'inauguration qu'on aurait pu faire beaucoup plus tôt avait été retardée pour des causes diverses. Grâce à l'activité déployée par le maire, M. Émile Ferry, toutes les difficultés sont aplanies désormais et la cérémonie aura lieu dimanche.

La statue de *Voltaire à vingt-cinq ans*, qui est en

bronze, repose sur une stèle de marbre portant à
gauche et à droite des bas-reliefs qui représentent
l'auteur de la *Henriade* lisant ses premiers poèmes
chez Ninon de Lenclos et, soixante ans plus tard,
distribuant des secours aux pauvres de Ferney. Deux
masques, la *Satire* et la *Poésie* sont placés sur la
face postérieure au-dessus de cette épigraphe : « Si
Dieu n'existait pas, il faudrait l'inventer. »

LXXIV

A propos de « la Tesi ». — Armand Silvestre. — Le poète. — Le chroniqueur. — Le mathématicien. — Le bibliothécaire. — Analyse de « la Tesi ».

12 novembre.

Les théâtres de drame se faisant, à Paris, de plus en plus rares, et se consacrant volontiers aux pièces naturalistes, les écrivains sont obligés d'émigrer. C'est ainsi que l'on vient de représenter à Bruxelles, avec un grand succès, un ouvrage en quatre actes de MM. Armand Silvestre et Georges Maillard. Ce drame est intitulé la *Tesi*. L'héroïne en est une femme de théâtre. Et à ce propos, il est curieux de remarquer combien certaines idées sont dans l'air. MM. Daudet, et Gilbert Augustin-Thierry ont fait la *Saint-Huberty*, MM. Armand Silvestre et Maillard, la *Tesi*, et M. Sardou la *Tosca*. Ces trois pièces simultanément écloses ont pour personnage principal une actrice. Je suis convaincu que la ressemblance s'arrête là. Au reste, j'ai déjà fait connaître à mes lecteurs la pièce de MM. Ernest Daudet et Thierry. Je leur parlerai brièvement tout à l'heure de la *Tesi*.

De M. Georges Maillard je ne dirai rien, n'ayant pas le plaisir de le connaître. Mais je veux arrêter quelques instants votre attention sur Armand Silvestre, qui est une des plus intéressantes figures de la littérature contemporaine, et a réalisé cette singulière fortune d'être à la fois chéri des lettrés et populaire.

De taille assez élevée, bien bâti, barbu, le teint chaud, l'œil vif et mordoré, tel est Armand Silvestre.

Il habite un peu partout, ce qui le rend difficile à voir. Mais son centre d'action est dans la célèbre et antique cité d'Asnières. Il possède là une maison et un jardin où il se livre à la grande culture. Ses récoltes sont légendaires. Il a cueilli, dans une seule année jusqu'à douze poires, et sa vigne, après une comète favorable, a donné sans aucune exagération, sept bouteilles de Clos-Silvestre. On a bu toute la récolte le jour où le propriétaire a été décoré.

Silvestre est avant tout un poète. C'est à ce titre qu'il tient le plus, et il a raison, car peu le portent plus dignement. Il a publié, chez Lemerre, plusieurs volumes de vers : *Rimes jeunes et vieilles, les Renaissances, la Gloire du Souvenir,* et surtout *la Chanson des heures.* La forme de ses vers est riche, châtiée et pleine de couleur. Leur tendance est quelque peu païenne, ce qui, en poésie, est loin d'être un défaut, et rappelle au lecteur lettré les sources primitives et antiques. Dans la *Chanson des heures,* je cueille ce sonnet dédié à un autre poète, José Maria de Heredia :

C'est dans l'or des couchants que mon rêve nous taille
Un tombeau de lumière où, comme le soleil,
Nous descendrons, marquant d'un sillage vermeil
Le sang versé par nous dans l'humaine bataille.

Il le faut large et haut, pour qu'il soit à la taille
De l'amour que j'emporte en mon dernier sommeil :
Il le faut éclatant, fulgurant, et pareil
Aux horizons en feu, poète, pour qu'il t'aille !

Nous y dormirons bien dans l'immortalité,
Mêlant de nos esprits la jumelle clarté
Pour fuir, avec le jour, la terre méprisée.

La Nuit se lèvera pour nous baiser au front
Et, dans l'immensité, nos âmes sentiront
Des étoiles en pleurs descendre une rosée !

Comme la plupart de nos écrivains en renom, Armand Silvestre est un grand travailleur. Outre ses poèmes et ses pièces, il a donné aux journaux et en particulier au *Gil Blas*, une quantité innombrable d'articles réunis pour la plupart sous la rubrique : *En pleine fantaisie*, qui lui a valu certainement une grosse part de sa réputation. De tous les écrivains du *Gil Blas*, Armand Silvestre est, à coup sûr, celui qui reçoit le plus de lettres de ses lecteurs. On a été obligé de lui faire établir une boîte aux lettres particulière !

Naturellement, notre écrivain éprouve parfois comme tout le monde, le besoin de se détendre l'esprit. Il a recours, alors, à un genre de distractions spécial. Il fait des mathématiques. Il résout, par manière de passe-temps, un problème de géométrie analytique ou calcule une intégrale. Il est bon d'ajouter que le poète buveur de rosée et voyageur du ciel bleu, est un ancien élève de l'école polytechnique. Il est même, en raison de cette origine, titulaire d'un emploi au ministère des finances, celui de bibliothécaire. Il paraît qu'un jour, Silvestre vit avec stupéfaction un visiteur troubler la studieuse solitude de cet asile. Ce visiteur lui demanda un volume.

— Ma foi. répondit le conservateur, je ne sais pas si nous l'avons. Je chercherai. Repassez donc dans une huitaine de jours. voulez-vous ?

Le monsieur, interloqué. n'insista pas.

Or, cet unique lecteur, c'était le ministre !

De concert avec Arsène Houssaye et Jehan Soudan. Armand Silvestre vient de ressusciter la *Revue de Paris*, de glorieuse mémoire. sous le titre de *Revue de Paris et de Saint-Pétersbourg*. Dans ce trio, Arsène Houssaye représente la littérature olympienne. Silvestre la littérature arrivée et décorée, et Soudan. la littérature parisienne et raffinée. celle du boulevard, un boulevard qui finit pour lui, d'ailleurs en Abyssinie. et qui commence en Amérique. Tous trois symbolisent l'alliance russe. Ici, je pourrais révéler un secret, mais j'ai promis de me taire. et . avec la discrétion proverbiale du journaliste , je me tais. Je dirai seulement qu'Armand Silvestre nous réserve une surprise très prochaine, à laquelle l'Opéra ne sera pas étranger, et qui excitera curiosité et plaisir. aussi bien sur les rives de la Seine que sur les bords de la Néva.

Et maintenant, un mot sur la *Tesi*.

C'est un drame intime, ce qui semble dès l'abord, exclure toute ressemblance avec la *Saint-Huberty* et la *Tosca*. où la politique joue un grand rôle.

La pièce se passe au commencement du dix-huitième siècle. en pleine époque de préjugés contre les gens de théâtre.

La *Tesi* est une grande cantatrice dont la vie est aussi pure que son talent est incontesté. Elle a une rivale de théâtre, la *Barbara*. et un fiancé. le comte

Jean de Maurienne. qui est prêt à briser sa carrière pour l'épouser.

Aimant le comte de tout son âme, elle va accepter son sacrifice, sans arrière-pensée, comme elle l'accomplirait elle-même.

Mais la Barbara intervient. Elle a été autrefois la maîtresse de Jean de Maurienne, elle ne l'a quitté que pour lui rendre possible une haute et riche alliance. et elle n'entend pas s'être immolée pour une autre actrice, son égale. Elle ouvre brutalement les yeux à sa rivale, et lui fait voir qu'elle brisera à jamais l'avenir glorieux réservé à celui qu'elle aime. Herminia Tesi attend que son fiancé soit parti pour la France. afin de s'efforcer de vaincre les résistances de sa famille et du roi. Et alors. elle brûle ses vaisseaux, et pour élever une barrière infranchissable entre elle et le comte. elle épouse un vieux camarade. incarnation de l'abnégation et du dévouement, Stefano Fiore. Celui-ci aura le titre, mais aucun des droits de l'époux, sauf celui de protéger Herminia.

Mais il l'aime et il souffre. Le comte de Maurienne revient. Il revoit la Tesi. Stefano va le tuer. Déjà il lève son poignard !... Il l'enfonce dans sa propre poitrine.

La Tesi et Maurienne sont libres. Mais ils se séparent, car il y a du sang entre eux. Et Rheni, le vieux professeur de la cantatrice, lui fait voir la vie encore possible dans ces deux mots : l'Art et Dieu !

La *Tesi* a eu un grand succès, et elle le mérite par la clarté de l'intrigue, par la beauté de la forme, par l'originalité et l'analyse des caractères.

LXXV

L'hommage rendu par le Conseil de l'ordre des avocats à Me Rousse. — Cinquante ans d'exercice professionnel. — Me Rousse. — L'avocat. — L'homme.

15 novembre.

Le conseil de l'ordre des avocats vient de rendre un rare et éclatant hommage à l'un de ses membres. Dans sa dernière séance, il a décidé d'offrir à Me Rousse, ancien bâtonnier, un banquet et une médaille commémorative, à l'occasion du cinquantième anniversaire de son entrée au barreau.

Au milieu des douloureuses tristesses du temps actuel, en présence des défaillance et des hontes dont retentissent aujourd'hui les échos de toutes les Chambres, depuis celle du Palais-Bourbon jusqu'à celles de la police correctionnelle, on est heureux de trouver sur sa route une figure aussi pure, un caractère aussi noblement droit, un esprit aussi philosophiquement élevé que Me Rousse.

On est heureux de voir un homme que tout le monde sait scrupuleusement fidèle à un parti et à un principe religieux, conquérir cependant le commun

suffrage de tous ses confrères, quels que soient leur
parti et leurs opinions, et recevoir l'hommage spon-
tané d'un corps aussi éclairé que le barreau de
Paris.

Mᵉ Rousse, avocat et membre de l'Académie française, est né en 1819. Il est donc âgé aujourd'hui de
soixante-et-onze ans.

Il est entré dans la carrière en 1837, et a débuté
comme secrétaire de Chaix-d'Est-Ange. Il a conservé à son illustre maître un attachement filial, une
admiration qui ne s'est jamais démentie, et c'est à
lui que l'on doit la publication des plaidoyers du
grand avocat.

Pendant cinquante ans, Mᵉ Rousse a poursuivi
dans le barreau une carrière brillante, et surtout
honnête. Il n'est pas de ceux qu'un procès célèbre,
une affaire tapageuse mettent en relief tout d'un
coup. Incapable de prêter le secours de sa parole à
une cause qui ne lui paraît pas juste, il a toujours
choisi ses affaires. Sa réputation a grandi peu à peu,
solide, comme toutes les œuvres consciencieuses et
lentes, et édifiée sur une longue suite de travaux.

A notre époque sceptique, où l'agitation de la vie
trouble tant de consciences, Mᵉ Rousse a continué
ces vieilles et superbes traditions léguées aux magistrats comme au barreau par les illustrations de nos
anciens Parlements. Comme Mathieu Molé, répon-
dant aux menaces de mort : Eh bien, quand vous
m'aurez tué, il ne me faudra que six pieds de terre,
Mᵉ Rousse a tenu tête avec la plus haute énergie aux
insurgés de la Commune. Il était alors bâtonnier. Il
s'employa pendant cette époque néfaste à sauver les

existences, à sauvegarder la dignité de l'ordre, et il eut à cette occasion des entrevues avec Raoul Rigault et Protot, — ce dernier délégué à la justice — dans lesquelles il fit baisser la tête à ses interlocuteurs. Or, à faire baisser la tête à ces gens-là, on risquait de perdre la sienne.

Le talent de Me Rousse est à la fois élégant, sobre et austère. Sa parole est très écoutée. On sait, en effet, qu'il défend seulement les causes qu'il croit justes. Étant donné la droiture de son esprit et la scrupuleuse rigidité de sa conscience, la conviction d'un homme de cette trempe exerce évidemment une légitime influence sur celle des juges. Toutefois, il y a une ombre à ce tableau. La rigueur même que l'avocat apporte dans le choix des sujets qu'il défend fait qu'il s'attache avec toute son énergie à une cause une fois acceptée. Il va alors jusqu'à la passion, passion d'ailleurs pleine de bonne foi, mais qui n'en comporte pas moins tous les inconvénients de la passion.

Sa parole, à la barre, est assez lente, martelée parfois d'un éclat de voix sur un argument décisif. Le geste est sobre, l'attitude sévère.

Chose bizarre. Me Rousse, encore aujourd'hui, n'abordre la barre qu'avec crainte. Jusqu'au dernier moment, il se défie de lui-même, et, quand, malgré tout, l'heure de parler est arrivée, il ne s'y résigne pas sans une émotion contenue à force de volonté. Il va sans dire que personne ne peut s'apercevoir de cette disposition intérieure, beaucoup plus fréquente qu'on ne pense chez les orateurs de tous genres. Notre cher maitre et collaborateur Francisque Sar-

cey m'avouait un jour qu'il avait mis des années
et des années à se défaire de cette crainte invincible au moment de commencer ses conférences.

L'homme physique, chez Mᵉ Rousse, trahit l'homme
moral; il est grand, maigre, d'allure souverainement distinguée dans sa redingote boutonnée. Les
cheveux taillés en brosse sont tout blancs, comme
les favoris coupés très courts: et les yeux brillent,
un peu bistrés et très enfoncés sous l'arcade sourcillière. L'abord est froid, sévère. Généralement
quand on trace un bienveillant portrait d'une personne à l'aspect glacial, on ajoute que ceux qui
ont pénétré plus avant dans son intimité ont trouvé,
sous cette froide apparence, une nature serviable et
bonne. C'est un cliché. Dans le modeste croquis que
je trace de Mᵉ Rousse, il n'y a aucun parti pris de
bienveillance; et si le cliché se présente sous ma
plume, c'est qu'il traduit un scrupuleux hommage à
la vérité. Il est impossible de trouver un homme
meilleur, plus généreux, plus prêt à se passionner et
même à se sacrifier pour tout ce qu'il estime bon et
utile, que ce légiste austère. Ces qualités de cœur
revêtent, parfois, la forme la plus touchante.
Mᵉ Rousse et son frère, — ce dernier titulaire d'une
haute situation de confiance au Crédit Foncier, —
ne se sont pas mariés pour rester fidèles à leur mère.
Et quand Mᵐᵉ Rousse devint aveugle, dans ses dernières années, rien n'était plus touchant que de voir
les soins dont l'entouraient ses deux fils, restés
enfants pour elle.

La charité, sous toutes ses formes, occupe naturellement cette nature élevée. L'ancien bâtonnier

vient encore récemment d'en donner une preuve. Il s'intéresse particulièrement à l'œuvre si utile et si morale de l'Hospitalité de nuit. Et, à la dernière réunion des membres de cette association, il a prononcé un discours qui est, en même temps qu'une superbe page littéraire, une éloquent appel en faveur de l'institution.

Je rappelle, en terminant, avec quel tact parfait, quelle profonde connaissance des lois, quel souci des intérêts les plus divers, Mᵉ Rousse a rempli tout récemment la mission délicate dont il avait été chargé par le duc d'Aumale: celle de diriger la régularisation de la donation de Chantilly à l'Académie.

En résumé, un grand talent, un noble caractère et une existence qui est un modèle de dignité. J'estime que c'est l'heure de mettre en lumière de telles figures. Dieu merci, nous en comptons quelques-unes en France. Cela repose des écœurements de l'heure présente, et c'est avec empressement que j'ai saisi l'occasion de dire un peu de bien d'un Français. Le chroniqueur invoque cette excuse pour avoir osé paraître porter un jugement, même élogieux, sur un homme tel que Mᵉ Rousse.

LXXVI

Le général Le Flô, ancien ministre de la guerre de la Défense nationale. — Chez M. Jules Simon. — Souvenirs. — Le 31 octobre. — Le soir de Buzenval. — Le Flô à Saint-Pétersbourg. — Quelques mots sur la situation actuelle.

19 novembre.

Le général Le Flô, qui vient de mourir, méritait mieux que les quelques lignes banales d'un article nécrologique. Vaillant soldat, ayant donné toute sa vie l'exemple de la fidélité à ses convictions, ayant connu les souffrances qui sont l'orgueil et l'apanage de telles fidélités, il a mené, après sa mise à la retraite sous l'empire, une existence digne et pauvre.

Il a exercé les difficiles fonctions de ministre de la guerre à l'époque des désastres, et il a couronné sa carrière par un immense service rendu à son pays, lorsque, en 1875, il provoqua en notre faveur la toute-puissante intervention du tsar, et nous préserva d'une guerre dans laquelle nous avions alors toutes les chances d'être écrasés.

Il est un homme éminent et respecté qui a beaucoup connu le général Le Flô. M. Jules Simon était

son ami bien longtemps avant que le gouvernement
de la Défense nationale lui confiât le portefeuille de
la guerre. Je suis allé voir M. Jules Simon dans son
modeste appartement de la place de la Madeleine,
qu'il occupe depuis plus de quarante-cinq ans, et je
lui ai demandé quelques détails sur son ami.

J'ai provoqué, chez mon illustre interlocuteur,
toute une floraison de souvenirs. Nous avons parcouru ensemble de cruelles étapes dans un passé déjà
lointain. Je suis obligé de faire un choix, et je laisse
la parole à M. Jules Simon.   —

— Le Flô, m'a-t-il dit, comme militaire, était le
courage même. Lamoricière me disait un jour, à
l'époque où Le Flô était colonel de spahis : « Voulez-
vous voir l'incarnation de la bravoure? Regardez Le
Flô. » Or, Lamoricière s'y connaissait.

Comme ministre de la guerre de la Défense nationale, son rôle a été un peu effacé. Mais il l'a été par
la force des choses. Il ne pouvait en être autrement
dans un gouvernement présidé par un général. Sa
mission était surtout celle d'un administrateur, et
il s'en est acquitté à son honneur. Bien souvent dans
nos conseils, il parla en faveur des tentatives har-
dies, des courageuses offensives. Mais l'avis qui pré-
valait toujours était celui du général Trochu, chef
du gouvernement, et qui avait, en définitive, des
responsabilités plus grandes que celles de son ministre.

Le Flô était un très beau caractère et je vais vous
en donner un exemple. Dans la terrible journée du
31 octobre, nous passâmes tous un triste moment,
— un moment de seize heures, — à l'Hôtel de Ville.

Gardés à vue dans une embrasure de fenêtre, nous avions, en outre, l'angoisse de prévoir une collision fatale entre les mobiles bretons et les tirailleurs de Flourens. On se décida à permettre à Le Flô d'aller haranguer les mobiles prêts à faire feu.

Il descend. Il leur adresse un éloquent appel, il invoque son autorité de ministre de la guerre, il leur prêche la patience. On couvre sa voix de murmures. Alors, obéissant à une inspiration subite, il leur parle breton et commence ainsi : « C'est moi qui vous parle, moi, Le Flô, de Morlaix! Des acclamations retentissent. Le Flô passe de compagnie en compagnie, répétant ses exhortations, et, finalement il passe au travers des troupes qui enveloppaient les mobiles et l'Hôtel de Ville, et se trouve libre.

Quelques heures plus tard, je me félicitais qu'il eût échappé, lorsque tout à coup je le vois près de moi.

— Comment, m'écriai-je, vous êtes revenu!

— Sans doute. J'ai acquis la conviction que d'autres feraient là-bas tout ce qu'il y avait à faire; alors j'ai tenu à reprendre ma place près de vous. Comme cela, si l'on écharpe le gouvernement, j'en serai!

Voilà un trait qui peint le soldat. L'homme était plein de cœur. Le soir de Buzenval, il me fit demander par une estafette si mes fils étaient rentrés. Je répondis que non. Quelques heures plus tard, mon fils Charles revenait, et, presque en même temps, le général me ramenait dans sa voiture mon fils Gustave, aide-major, qu'il avait lui-même arraché au champ de bataille, où il continuait, exténué, à chercher les blessés. Hélas! j'avais aussi, à Buzenval, un neveu qui, lui, n'est pas revenu!

Le Flô conserva ses fonctions de ministre de la
guerre sous M. Thiers. Mais, par suite de son long
exil de l'armée, il se trouvait le moins ancien des divi-
sionnaires, ce qui lui rendait difficile l'exercice de
l'autorité. C'est alors que nous nous décidâmes à
l'envoyer comme ambassadeur à Saint-Pétersbourg,
où il était déjà allé en 1849, et où nous savions qu'il
avait laissé les meilleurs souvenirs. A vrai dire, Thiers
et moi, nous considérions Le Flô comme un excellent militaire, intelligent et d'esprit fin, mais rien ne
nous faisait supposer qu'il dût se révéler comme un
diplomate de premier ordre.

C'est pourtant ce qui arriva. Il envoyait de là-bas
deux ordres de lettres. Les unes officielles, les autres
politiques, mais plus intimes et qui m'étaient adres-
sées. Or, ces lettres, que je communiquais d'ailleurs
religieusement à Thiers dans les conciliabules que
nous tenions chaque matin avec M. de Rémusat,
étaient des chefs-d'œuvre. Il était impossible de réunir plus de pénétration, de finesse et de profondeur.
Et ces aperçus étaient écrits dans une langue très
belle et très claire, imagée parfois, mais sobre, et
qui contenait dans six pages toute une étude de la
question du jour. La conduite comme diplomate du
général Le Flô a été d'accord avec ses lettres, ce qui
n'est pas aussi commun qu'on pense. Et, en somme
il faut constater ceci, c'est que non seulement il nous
a évité la guerre de 1875, mais qu'il a le premier
provoqué le mouvement qui s'accentue chaque jour
davantage et rapproche la France et la Russie.

Comme relations amicales, Le Flô était la douceur et l'aménité mêmes. Au physique, il personni-

20

fiait bien l'ancien colonel de spahis. Il était grand, très maigre, de mine un peu austère. C'était un croyant, mais non un pratiquant Il avait la foi, et se reprochait volontiers de ne pas faire... tout ce qu'on doit faire quand on a la foi.

Avant de quitter M. Jules Simon, j'ai hasardé quelques mots sur la situation actuelle. Malheureusement, cette partie de notre conversation doit rester confidentielle. Tout ce que je puis dire, c'est que j'ai trouvé M. Jules Simon très désillusionné, très attristé, et, pour résumer, très pessimiste. Il estime, d'ailleurs, que l'on s'est beaucoup... *emballé*. Il était très possible, suivant lui, d'obtenir, en ce qui concerne M. Wilson (1) et la solidarité de M. Grévy, une solution rapide et nette. M. Jules Simon me cita l'exemple suivant : — En Angleterre, le bruit courait qu'une dame d'atours de la Reine prenait un trop grand empire sur sa souveraine. Le Parlement obligea, par voix d'interpellation, le ministère à demander à la Reine, par une démarche collective, de se séparer de sa dame d'atours. Le ministère fit la demande. et la Reine s'inclina.

On pouvait procéder exactement de la même façon en ce qui concerne M. Wilson et M. Grévy.

Tout le monde y eût gagné.

(1) On était alors en pleine période scandaleuse. L'*affaire des décorations* stupéfiait, passionnait et attristait tout le monde. Nous n'avons pas cru devoir faire une place. dans notre livre. à ces lamentables et honteux souvenirs. (*Note des auteurs.*)

LXXVII

A la Comédie française. — La première de « la Souris ». — Une répétition générale. — Les états de service de M. Pailleron. — Cinq femmes pour un mari. — L'album de Mlle Reichemberg.

20 novembre

La première représentation de la *Souris*, de M. Édouard Pailleron, que la Comédie-Française nous promettait depuis quelques jours, a eu lieu hier soir, devant une salle splendide, où toutes les notabilités parisiennes, tout ce qui compte au premier rang dans la haute finance et la politique — ne cherchez pas une allusion dans ce rapprochement fortuit — dans les lettres et dans les arts, s'était donné rendez-vous.

Pour distraire le public des graves préoccupations du jour, pour l'empêcher de songer ne fût-ce que pendant quelques heures, au trafic des décorations, à la commission d'enquête, aux poursuites dirigées contre M. Wilson, et à l'ineffable couple Lorentz-Limouzin, il ne fallait rien moins que le nom prestigieux de l'auteur du *Monde où l'on s'ennuie* jeté dans la circulation et l'annonce alléchante de la repré-

sentation trop longtemps attendue de son œuvre
nouvelle.

La première de la *Souris* faisant partie de ce qu'on
est convenu d'appeler les *grandes premières* de la
saison, l'affluence d'hier ne pouvait guère nous surprendre. Mais que dire de la véritable cohue qui
s'écrasait mardi dernier, dans les couloirs du théâtre, pour assister à la répétition générale? Rien,
sinon que nous vivons dans un singulier temps et
que la fièvre de tout connaître « avant les autres »
ne sévit pas seulement chez les journalistes.

Notez en passant que la direction n'avait pas manqué de faire publier à son de trompe que cette répétition générale aurait lieu, comme toujours, à *huis
clos*. Les initiés ne s'y sont pas laissé prendre. Le
huis clos théâtral comporte environ cinq cents personnes. Mardi dernier, la salle était archi-bondée, et
une foule de retardataires remplissait les intervalles
occupés jadis par les strapontins. Des amis de la
maison, prévenus trop tard, s'estimaient heureux de
pouvoir se caser, tant bien que mal, à l'amphithéâtre
et nous avons vu, pour la première fois, quelques-
unes de nos plus jolies actrices, parmi lesquelles
Mᵉ Marie Magnier, se prélasser orgueilleusement
aux troisièmes galeries.

Hier, il est vrai, la distribution des places était
mieux faite pour le plaisir des yeux et je n'ai pas à
signaler de semblables incohérences. Les plus fraî-
ches toilettes s'étalaient au balcon : les plus beaux
diamants scintillaient aux premières loges. Ah !
certes, M. Édouard Pailleron — s'il a regardé par le
trou de la toile, avant les trois coups traditionnels

— a dû éprouver quelque satisfaction d'avoir pu rassembler un pareil public ? A moins toutefois que M. Édouard Pailleron n'y ait pas songé, ce qui est encore possible, car ses amis prétendaient qu'il avait le *trac* et vous pensez bien qu'un auteur qui a le trac ne s'amuse pas à regarder par le trou de la toile.

Ce n'est pas d'aujourd'hui, cependant, que l'auteur de la *Souris* pourrait dater sa première bataille au théâtre. Il en a livré bien d'autres avant celle d'hier et il ne compte guère que des victoires. M. Édouard Pailleron, de l'Académie française, était, vers 1860, un jeune homme rempli d'illusions, qui ne se souciait que de faire de jolis vers. Pour se distraire, il lui arriva aussi de faire une pièce en un acte, sans penser à mal. Un ami s'en empara pour la porter à l'Odéon où elle fut reçue, répétée et jouée presqu'en même temps. Elle avait pour titre le *Parasite* et obtint le plus grand succès.

Comme on peut le penser, le jeune poète revint à la charge et il fit représenter sur la même scène, avec le même bonheur, le *Mur mitoyen*, où Thiron remplissait le rôle d'un collégien séminariste des plus divertissants.

Au Théâtre-Français, il donna peu après le *Dernier quartier* qui réussit brillamment et un peu partout, le *Second mouvement*, le *Monde où l'on s'amuse*, les *Faux Ménages*, l'*Autre motif*, *Hélène*, *Petite pluie*, l'*Étincelle*, un chef-d'œuvre dans son genre, l'*Age ingrat* et enfin le *Monde où l'on s'ennuie* dont on se rappelle le triomphe et le retentissement, et qui n'a pas encore quitté l'affiche.

20.

Il ne m'appartient pas de critiquer la *Souris* ni de comparer cette pièce aux œuvres précédentes de M. Edouard Pailleron. Mais je puis vous dire dès maintenant que la représentation d'hier a causé quelque surprise. On s'attendait, je ne sais trop pourquoi, à des allusions politiques, à des scènes transparentes où des personnages en vue auraient été visés indirectement. Sur ce point du moins, la curiosité du public a été déçue. La *Souris* est une pièce toute d'imagination, une fable ingénieuse qui n'a rien de commun avec l'actualité et qui ne renferme pas le plus petit sous-entendu.

L'action se déroule au château de Mme de Moisand, à la campagne et se passe dans le même décor. Très joli ce décor qui représente un salon s'ouvrant sur une vérandah remplie de bibelots japonais et de plantes exotiques ! M. Jules Claretie, qui a soigné lui-même la mise en scène de l'œuvre, a été particulièrement bien inspiré et mérite tous nos compliments. Vous savez d'ailleurs qu'à la Comédie-Française, il est de tradition de ne rien négliger.

La pièce renferme un seul rôle d'homme tenu par M. Worms et cinq rôles de femmes.

— *Cinq femmes pour un mari !* disait un reporter facétieux.

Ce n'est pas tout à fait exact, car sur les cinq femmes il y a au moins une belle-mère ce qui a permis à l'auteur de placer ce mot quelque part :

— Je ne comprends pas pourquoi on appelle ce genre de personnes « belle-mère », une belle-mère n'étant généralement ni l'une ni l'autre.

Mlle Reichemberg est bien la plus délicieuse *souris*

qu'on puisse voir, une petite souris blanche avec un museau rose affriolant que plus d'un *chat* de ma connaissance serait heureux d'approcher. Elle dessine le portrait de Worms tout le long de la pièce. Worms s'étale à toutes les pages de son album. Il y est de face, de profil et de trois quarts, en habit, en veston et en redingote. C'est que Marthe de Moisand est amoureuse de M. de Simier et qu'elle doit l'épouser au troisième acte.

Elle apprend même alors que son futur mari connaissait le fameux album, et qu'il en avait feuilleté les croquis en souriant.

— Crois-tu ? dit-elle à sa mère. Et si par malheur il ne m'épousait pas maintenant..... je serais déshonorée.

Il faut entendre Mlle Reichemberg prononcer ce mot d'une ingénuité exquise. Ses partenaires, Mmes Bartet, Emilie Broisat, Jeanne Samary et Céline Montaland lui donnent la réplique avec beaucoup de verve et d'entrain. C'est une vraie *bataille de dames* qu'on a livré hier à la Comédie, et nous pouvons ajouter que les interprètes de M. Pailleron l'ont gagnée de haute lutte. M. Worms, le seul représentant du sexe fort en cette affaire, a remporté pour sa part le plus grand et le plus légitime succès.

LXXVIII

Un fils d'Abd-el-Kader à Paris. — L'émir El-Hache-mi. — Une visite au P. Charmetant, missionnaire d'Orient. — L'œuvre des Écoles françaises d'O-rient, son organisation, son but.

24 novembre.

J'ai rencontré hier, au coin du faubourg Mont-martre et de la rue Geoffroy-Marie, un homme, vêtu d'un grand burnous blanc des Arabes, paraissant se diriger avec peine et appuyé sur le bras d'un servi-teur. Il avait une belle figure bronzée, encadrée par une barbe noire grisonnante, et il portait sur sa poi-trine la croix de la Légion d'honneur.

Chose curieuse, cette physionomie me laissa une impression de « déjà vu ». Je me mis en quête de renseignements, et j'appris que l'Arabe ainsi ren-contré par hasard était l'émir El-Hachemi, second fils d'Abd-el-Kader, de passage à Paris. Sa ressem-blance caractérisée avec son père expliquait ma pre-mière impression.

Je sus en même temps que l'émir était allé la veille faire une visite au P. Charmetant, mission-naire et directeur des écoles françaises d'Orient.

L'occasion était excellente. Depuis longtemps, je désirais dire deux mots de l'œuvre si intéressante à la tête de laquelle est le P. Charmetant : je ferais d'une pierre deux coups. Je me dirigeai vers la rue du Regard où se trouve la direction centrale de ces écoles.

Je n'ai pas besoin de dire que le missionnaire m'a fait le plus aimable, le plus cordial accueil. Le P. Charmetant est un beau et vigoureux type de pionnier religieux. Il est grand, fort, et sa barbe noire donne à sa physionomie une expression d'énergie que tempère la douceur des yeux. En sa présence, on se sent, dès le début, porté vers lui par une invincible sympathie.

— J'ai peu de choses à vous apprendre sur le compte du fils d'Abd-el-Kader, m'a-t-il dit : vous l'avez vu. Son visage rappelle assez celui de son père, à cette différence près qu'il est beaucoup moins blanc. Dans toute sa personne, il y a alors moins de distinction que dans celle du célèbre émir. Néanmoins, l'attitude générale est toujours majestueuse, comme chez tous les nobles orientaux. El-Hachemi est un des grands amis de la France, et ses deux fils sont élevés au collège des Lazaristes de Damas. Il possède dans ce pays, particulièrement auprès des Druses, une très large influence, que n'avait pas son père, vieux lion lassé qui avait renoncé aux luttes de ce monde. Du jour au lendemain, El-Hachemi verrait, s'il le voulait, étinceler autour de lui les canons de quinze mille fusils. C'est donc, pour nous, un ami précieux.

Son séjour à Paris peut se prolonger assez long-

temps. Bien que jeune encore. — il n'a pas quarante-cinq ans, — le fils de l'émir est atteint de la
cataracte. Il y voit à peine. et c'est pour se faire
opérer qu'il est venu parmi nous. Sa visite ne m'a
pas surpris. car j'avais noué avec lui les meilleures
relations lors de la dernière tournée d'inspection que
j'ai faite dans nos écoles d'Orient.

Ceci m'amène à vous parler de cette œuvre. Elle
n'est pas aussi connue qu'elle le mériterait. En
dehors du point de vue de la propagande chrétienne,
qui n'intéresse que les chrétiens. il y a celui de l'influence française en Orient. influence traditionnelle,
que tous nos politiques de tous les régimes se sont
efforcés de maintenir. et qui intéresse à coup sûr tous
les patriotes, à quelque culte qu'ils appartiennent.

Sa fondation remonte à l'époque de la guerre de
Crimée, et cela s'explique. La politique a. en effet,
des évolutions bizarres. Les Russes sont nos amis
indiqués en Occident : ils sont nos ennemis en
Orient, où le testament de Pierre le Grand leur
montre sans cesse Constantinople. Ce point de vue
serait trop long à discuter. Passons au fait.

Les écoles d'Orient ont toutes été créées après la
guerre de Crimée. Elles ont eu pour premier directeur un homme qui est devenu depuis prince de
l'Église et qui a rendu à la cause chrétienne aussi
bien qu'à la cause française d'incalculables services
sur la côte méditerranéenne de l'Afrique : j'ai
nommé Mgr de Lavigerie.

L'œuvre prit très rapidement son essor, et dès le
début. les *millions* affluèrent dans la « caisse de
secours des écoles d'Orient. »

Quelques chiffres vous donneront une idée de son état actuel.

Les écoles sont aujourd'hui au nombre de *six cents*, réparties dans toutes les échelles du Levant elles occupent 1.700 maîtres ou maîtresses et comptent plus de *soixante mille* élèves de toute condition, de tout sexe et de tout culte.

Elles sont subventionnées au moyen de souscriptions volontaires. Les *associés* payent 10 francs par an. les *agrégés* 1 franc.

Dix agrégés forment une *décurie*, à la tête de laquelle est un collecteur. Celui-ci fait parvenir les cotisations à la direction diocésaine. qui les transmet au comité central. à Paris.

Ce comité central a pour président l'amiral Jurien de la Gravière. Parmi ses membres, se trouvent MM. Wallon. sénateur, de l'Institut: le marquis de Vogué, ancien ambassadeur. de l'Institut: Benoist-d'Azy. duc de Broglie. de Mas-Latrie. de l'Institut; amiral Fabre de la Maurelle. etc.

L'exercice 1886 s'est chiffré de la façon suivante :

Il a été perçu 368.138 francs. et il a été distribué 299.688 francs.

Presque tous les pays ont souscrit. Mais la France, à elle seule. a donné près de 280.000 francs. Le diocèse de Paris en a fourni 42,000. Après lui, le plus fort donateur est le diocèse de Marseille, 30.000 francs. puis celui de Cambrai. 18.000 francs.

En résumé. pour me placer sur le terrain exclusivement patriotique. me disait en terminant le P. Charmetant. notre œuvre est de celles qui doivent conquérir le suffrage de tous les Français.

quelles que soient leurs opinions politiques. Je n'en
veux qu'une preuve :

Un jour, je me trouvais avec Gambetta, et je lui
lisais un article signé Crispi, dans le *Diritto*, article
dans lequel, parlant de la Tunisie, l'homme d'État
italien concluait ainsi : « Le bataillon religieux rend
plus de services qu'un corps d'armée. »

— C'est vrai, dit Gambetta pensif : il rend plus de
services... et il coûte moins cher. »

LXXIX

**Une statue de Parmentier à Neuilly. — Le premier
champ de pommes de terre. — Le sculpteur Adrien
Gandez. — Autour d'une œuvre d'art. — Souvenir
de la guerre. — Le monument de Magdebourg.**

30 novembre.

Un décret du président de la République autorise
l'érection d'une statue à Parmentier, sur une place
publique de la commune de Neuilly. conformément
à une délibération du Conseil municipal de cette
localité. La nouvelle est parfaitement exacte.

La statue de Parmentier dont il s'agit et qui a
figuré au salon de 1886, appartenait à l'Etat. Elle a
été réclamée et obtenue par la commune de Neuilly,
qui revendiquait l'honneur de l'ériger sur son territoire en souvenir de ce que le premier champ de
pommes de terre du grand philanthrope s'y trouvait
précisément situé. C'est à Neuilly, en effet, et tout
près de la porte Maillot actuelle, que s'étendait la
plaine des Sablons. où Parmentier, autorisé spécialement par le roi Louis XVI, établit les fameux plants
de tubercules qui furent si promptement dévalisés,
si l'on en croit la légende.

Le champ était très ostensiblement gardé pendant

21

le jour. Le soir, la garde rentrait et les voleurs pouvaient s'y aventurer tout à leur aise. On vint avertir
Parmentier de ce qui se passait. Il poussa des cris
de joie : « Je suis ravi, répétait-il à qui voulait l'entendre. Si on vole mes pommes de terre, c'est qu'on
en a reconnu la supériorité. Gardez-vous bien surtout d'arrêter mes voleurs! »

Cette histoire et celle, non moins curieuse, du
dîner qu'il donna où tous les mets — les liqueurs
comprises — avaient pour base la pomme de terre,
sont trop connues pour que je crois nécessaire d'in-
sister. Aussi bien n'est-ce pas de Parmentier lui-
même que j'ai l'intention de vous entretenir aujour-
d'hui. On a déjà élevé plusieurs monuments à sa
mémoire, la statue de Neuilly ne sera qu'une nouvelle marque de la reconnaissance des hommes à leur
bienfaiteur. Mais cette statue, en dehors de la figure
si sympathique de celui qu'elle représente, est une
œuvre d'art de premier ordre, qui vaut qu'on s'y arrête
et sur laquelle on ne saurait trop attirer l'attention.

L'auteur de *Parmentier* est le statuaire Adrien Gaudez que ses nombreux succès aux derniers Salons
ont rendu promptement célèbre. Il a représenté le
vénérable agronome debout dans son champ, en
manches de chemise, tenant à la main un de ses
tubercules qu'il épluche avec un couteau. La pose
est des plus naturelles; les pieds du bonhomme s'en-
foncent dans la terre fraîchement labourée ; sa tête
curieuse se penche pour voir l'objet de ses constantes
études. Le mouvement d'ensemble est d'une exquise
simplicité qu'aucune surcharge de détails ne contrarie.

Du reste, dans son *Parmentier* comme dans son

Enfant Prodigue ou comme dans ce véritable bijou sculptural qui s'appelle la *Nymphe Echo* et que possède Alexandre Dumas fils, le statuaire Adrien Gaudez a fait preuve de qualités qui le placent au premier rang de nos artistes modernes. Son talent que l'on peut hardiment comparer à celui d'un Dalou ou d'un Rodin, est cependant caractéristique et lui appartient en propre.

Adrien Gaudez ne se contente pas de donner à ses figures une vigueur d'expression, une intensité de vie peu commune, il répand encore sur elles une sorte de charme poétique, un je ne sais quoi qui attire et qui retient. Il ne copie pas servilement la nature, il l'interprète — peut-être plus qu'il ne croit — et quand avec du marbre il a fait de la chair et des muscles, quand, sous la transparence de la forme impeccable, il a fait couler la vie dans le réseau des veines et des artères, il ne se tient pas pour satisfait, c'est l'esprit, c'est l'âme qu'il insuffle alors à ses personnages.

Le *Parmentier* qu'on inaugurera prochainement sur l'une des places publiques de la commune de Neuilly, a été créé dans ces conditions esthétiques. Il est, non seulement vivant ce bonhomme qui épluche si familièrement sa pomme de terre, mais il a le front et le regard d'un penseur, d'un philosophe qui réfléchit et calcule par avance les conséquences immédiates de son importante découverte. Et toute sa figure respire la mansuétude, la bonté d'un cœur débordant d'affection et de sollicitude envers les hommes. C'est Parmentier que nous avons sous les yeux, et c'est aussi, c'est avant tout, le *Philanthrope*, une abstraction si l'on veut, mais une abstraction incarnée sous les traits d'un homme qui, jusqu'à sa mort, pratiqua la philanthropie.

Dans l'œuvre du statuaire Adrien Gaudez, le *Parmentier* n'occupe peut-être pas la première place. Je lui préfère personnellement la *Nymphe Echo*, et, cependant, je ne serais pas étonné que *Parmentier* fût plus près du cœur de l'artiste.

Dans tous les cas, celle-là, pas plus que les autres, pas plus que le chef-d'œuvre qu'il enfantera demain, ne saurait être son œuvre de prédilection. Adrien Gaudez a massé dans sa vie de sculpteur, une figure qu'il ne nous a pas été donné de voir, mais dans laquelle doit être condensé tout ce que son merveilleux talent a de grâce et d'originalité.

Pendant la guerre de 1870, il fut pris par les Prussiens et interné dans une ville d'Allemagne. C'est là, à Magdebourg, qu'il éleva à ses camarades morts en captivité, un monument qui existe encore et pour equel il dépensa le meilleur de ses forces, car il fut son propre tailleur de pierre.

C'est un cénotaphe en granit bleu de forme oblongue, sur lequel un soldat français est couché, serrant contre son cœur qui a cessé de battre, le drapeau mutilé de la patrie. Des armes en faisceaux et des attributs guerriers sont groupés sur la face principale du monument qui ne porte aucune inscription. Les Prussiens n'en voulaient à aucun prix; le sculpteur patriote aurait pu graver avec son burin l'heure de la revanche. Adrien Gaudez a dû se contenter de faire un chef-d'œuvre, sans date, dont se souviendront tous les Français qui visiteront Magdebourg.

LXXX

**De crise en crise. — La proscription de l'habit noir.
—Son origine et son histoire.— Son remplaçant.**

7 décembre.

Nous n'en avons pas fini avec les crises. A peine
sortis de la crise politique que nous venons de traverser, nous sommes menacés d'une autre crise qui,
tout comme la première, intéresse la majorité des
Français.

Un syndicat influent, qui compte de nombreux
représentants dans toutes les villes de France, vient
de décréter une mesure de proscription.

Le syndicat des tailleurs a proscrit l'habit noir.

Le fait est que, si l'on y réfléchit un peu, il n'est
pas d'usage plus bête que l'usage de l'habit noir.

Ce vêtement incommode, que l'on met aussi bien
le jour de son mariage qu'à l'enterrement d'un
membre de sa famille, cette veste honteuse, qui
s'allonge de deux basques absurdes, que l'on revêt
pour aller au bal et pour prononcer un discours sur
la tombe d'un camarade est bien certainement la
plus étrange conception des temps modernes. Il est

curieux de suivre la série d'avatars singuliers, de transformations successives. qui nous ont amenés peu à peu à l'adopter.

Il y a deux choses à considérer dans l'habit : la forme et la couleur.

C'est sous Louis XVI que l'habit très étoffé, à jupe, a fait place à un habit plus étriqué. dont le revers descendait obliquement. depuis le col jusqu'à l'extrémité des basques. Sous la Révolution, le collet s'éleva, les basques s'allongèrent. et, pour la première fois, se séparèrent de la taille par une échancrure. Sous le Directoire, cette coupe atteignit les dernières limites de l'exagération et donna naissance à l'habit d'incroyable.

Sous le premier empire. les basques se raccourcissent, et l'habit devient plus étoffé. En même temps, on renonce peu à peu aux étoffes de soie de couleurs vives ou changeantes. « cuisse de nymphe émue », ou « gorge de pigeon ». et l'on emploie le drap. Le col monte très haut pour se rabattre. Le drap est encore de couleur, bleu, marron ou gris. Mais le noir fait son apparition. Et voici pourquoi. Dans toutes les familles ou à peu près. il y a des enfants aux armées. Or, les armées se battent. Elles recueillent d'amples moissons de gloire, mais elles les payent en hommes. On est toujours prêt pour un deuil. Et, comme les deuils s'accumulent après chaque bulletin, on procède néanmoins aux cérémonies joyeuses, en les nuançant de tristesse : d'où l'*habit noir*.

A partir de ce moment la forme subit des modifications insignifiantes, sous les différents régimes qui se succèdent : tantôt l'habit est à haut collet et se

boutonne sévèrement, tantôt il se porte largement
ouvert. Mais la couleur noire fait tache d'huile, et
envahit peu à peu le vêtement. Les gens sérieux,
ceux qui attachent une médiocre importance à la
toilette, saisissent avec empressement l'occasion de
se délivrer d'un souci, et d'adopter une fois pour
toutes une tenue uniforme.

Les hommes politiques, s'efforçant de ressembler
aux gens sérieux, marchent sur leurs brisées, et
s'habillent en croque-morts. La couleur se défend
timidement. Le marron succombe aux environs de
1830. Le bleu barbeau, agrémenté de boutons d'or,
lutte jusqu'au commencement du second Empire,
et disparaît définitivement. On fait, par ci, par
là, de timides tentatives pour détrôner le lugubre
souverain. Il y a quelques années, en été, on inau-
gura dans les châteaux les habits de soie changeante;
l'expérience dura une saison. L'habit rouge a un peu
mieux réussi. Mais sa couleur est trop tranchée, et
elle a le défaut de donner au vêtement je ne sais
quelle apparence d'uniforme ou de livrée de chasse .
Et puis la coupe est toujours la même, toujours dis-
gracieuse et bête.

Les tailleurs ont résolu de rentrer dans les saines
traditions de l'esthétique. Ils se sont réunis et ont
pris l'engagement solennel d'user de toute leur influence sur leurs clients pour les amener à abandonner l'habit noir.

Leur intention est louable, évidemment. Reste à
savoir si les clients consentiront aisément à se laisser
guider par leurs tailleurs.

Et puis, ce n'est pas tout. Il faut remplacer l'habit

par quelque chose. Quel vêtement privilégié va prendre sa place?

Vous pensez bien que le syndicat, composé de
gens avisés, n'a pas été sans prévoir la difficulté. Il
l'a même résolue. Il s'est rapproché le mot de Cathe-
rine de Médicis à Henri III après l'assassinat du duc
de Guise : « Il ne suffit pas de couper, mon fils, il
faut recoudre. »

Les tailleurs, à la place de l'habit, nous offrent un
vêtement assez curieux : une sorte de compromis entre la *Stambouline* des Turcs et la tunique à mille
plis des officiers de zouaves. Le haut serait fait absolument comme l'habit; il s'ouvrirait largement en
cœur sur le plastron de la chemise. Les basques seraient remplacées par une jupe plissée? A la couleur
près, nous ressemblerions à des Palikares. Je trouve
que nos tailleurs auraient pu être mieux inspirés. Je
ne me vois pas entrant dans un salon avec cette jupe,
il me semblerait que j'ai oublié ma cartouchière,
mon fusil et mon kandjiar.

La vérité est que les tailleurs, à mon humble avis,
prennent la question à rebours.

Qu'ils s'attaquent d'abord aux hideux pantalons
longs, s'ils sont assez puissants pour les faire abandonner à une nation aux mollets décroissants.

Qu'ils s'en prennent au tuyau de poêle, s'ils sont assez
forts pour abolir cette coiffure égalitaire et grotesque !

Le reste ira tout seul.

En attendant, ils en seront pour leurs frais. Il y a
encore de beaux jours pour l'habit noir, et les Chinois, commodément et élégamment vêtus de satin
multicolore, auront longtemps encore le droit de
nous traiter de barbares.

LXXXI

Un évènement bien parisien.— La légende de « Don Quichotte ». — M. Octave Mirbeau et M. Francis Magnard. — Ce qu'on lisait dans les « Grimaces ». — Moralité.

10 décembre.

Sur le large trottoir d'asphalte, qui va de la rue Drouot à la place de l'Opéra et qu'on appelle plus particulièrement « le boulevard », on ne s'occupait guère aujourd'hui de la crise ministérielle, ni de savoir si M. Goblet, revenu au pouvoir, interdirait une seconde fois *Germinal* et recommencerait à exécuter devant nous le fameux tour qui porte son nom.

On avait bien autre chose en tête et le public panaché qui fréquente la terrasse du Café Américain ou le petit entresol de Tortoni à l'heure de l'absinthe, commentait une nouvelle beaucoup plus palpitante. Il s'agissait de la réconciliation inattendue de MM. Francis Magnard et Octave Mirbeau, et de la rentrée de ce dernier au journal fondé par M. de Villemessant. M. Octave Mirbeau a publié dans le *Figaro* de ce matin, un premier article dédié à *Don Quichotte*.

21.

Je sais qu'au premier abord. cet événement que je n'hésiterai pas à qualifier de « bien parisien », ne présente pas une énorme importance. Tout le monde ne connait pas M. Octave Mirbeau. dont la notoriété ne dépasse guère les frontières de notre république des lettres. Et ceux d'entre vous qui ont lu, par aventure. *le Calvaire*. ou la série d'articles réunis en volume sous le titre de *Lettres de ma Chaumière*. ne sont pas obligés de comprendre pourquoi la rentrée de l'auteur, au *Figaro*. passionne l'opinion sur le boulevard.

Ceci demande. en effet, une explication que je ne vous ferai pas plus longtemps attendre. M. Octave Mirbeau chez M. Francis Magnard. c'est — toutes proportions gardées — comme si vous appreniez tout à coup que M. Paul de Cassagnac devient ambassadeur de la République française, ou encore si on vous disait que M. Édouard Drumont, l'auteur de la *France Juive*. a dîné hier chez M. Alphonse de Rothschild, et que toute la famille du célèbre banquier l'a comblé d'attentions et de prévenances délicates.

M. Octave Mirbeau fut le collaborateur de M. Francis Magnard qui publia de lui trois articles dont un sur les *Bookmakers* et un autre sur le *Comédien*. Ce dernier fit un beau tapage. Les artistes lyriques et dramatiques, depuis MM. Coquelin et Lassalle — de la Comédie-Française et de l'Opéra — jusqu'à MM. Paulus et Libert — de tous les concerts de Paris — s'émurent et organisèrent un meeting comme de vulgaires anarchistes. L'assemblée réunie au théâtre du Château-d'Eau. vota un ordre du jour de blâme. M. Octave Mirebau — tel le maréchal —

dut se soumettre ou se démettre. Il se démit, je
veux dire qu'il donna sa démission à M. Magnard,
lequel, devant cette levée de boucliers, ne le
soutenait plus que comme la corde soutient le
pendu.

Mais en donnant sa démission, M. Octave Mirbeau
ne manqua pas de lancer sur son ex-directeur et sur
ses ex-collaborateurs quelques-uns de ses traits
acérés qui rappellent invinciblement la fameuse
flèche du Parthe. Il épancha d'abord sa bile dans
les colonnes d'un autre journal. Grand scandale! On
échangea des lettres violentes ; on se donna de viru-
lents démentis. Il n'y eut pas de sang versé.

Puis M. Mirbeau furieux de ce dénouement pacifique, ressuscita la *Lanterne* de Rochefort — il
essaya dans tous les cas — et fonda une brochure
de combat qu'il appela les *Grimaces*. Les premiers
numéros furent intéressants. On y sentait bouil-
lonner la colère d'Alceste, un Alceste du dix-neuvième siècle, apocalyptique et foudroyant, contre
tous les Philistins modernes.

L'article consacré au *Figaro* fit sensation. Je pourrais le citer en entier si j'avais le temps de fouiller
jusqu'au fond de ma bibliothèque. Mais je suis sûr
que M. Mirbeau ne m'en voudra pas de n'en donner
ici qu'un aperçu forcément incomplet.

Ah! M. Octave Mirbeau n'y allait pas par quatre
chemins, autant qu'il m'en souvienne! Il racontait
sur M. Magnard des choses à faire frémir, je ne sais
quelle histoire de fenêtre au quatrième étage et de
femme poussée dans la rue, qui n'avait rien de drôle.
Et sur un autre, il parlait de couverts d'argent

dérobés dans une maison bourgeoise. Et à propos
de MM. X. Y. Z., tous rédacteurs de la même feuille,
il citait des traits scandaleux, des anecdotes effroya-
blement compromettantes. D'ailleurs il traitait sans
façon M. Albert Wolff de ganache et M. Albert Mil-
laud de radoteur sénile.

La galerie marquait les coups avec satisfaction.
Depuis Veuillot et les *Odeurs de Paris*, elle ne s'était pas
trouvée à pareille fête. M. Octave Mirbeau affirmait
un véritable tempérament pour cette variété d'éreinte-
tage par la ligne droite, que Baudelaire a catalo-
guée et qui consiste à dire : « M. X .. est un mal-
honnête homme et de plus un imbécile ; c'est ce
que je vais prouver ». Pendant quelques années,
M. Octave Mirbeau pratiqua — non sans succès —
cette méthode qui ne manque pas de charmes.

Il dauba, un peu au hasard, sur les uns et sur les
autres, frappant plus fort que juste et à tour de bras,
éreintant ou *s'éreintant*, selon qu'il s'attaquait à des
réputations surfaites ou à des talents invulnérables.
Mais, dans ses erreurs mêmes, on le croyait sincère et on applaudissait la dextérité de l'artiste et la
hardiesse de l'exécution.

Eh bien ! il faut en rabattre, M. Octave Mirbeau
repentant, fait amende honorable en se comparant
modestement à Don Quichotte désabusé et revenu
de tous les moulins à vent. Il a repris sa place à la
table de rédaction où s'asseoient les gens qu'il a vili-
pendés de la belle manière et sur lesquels il nous a
fourni des renseignements si avantageux. Il embrasse
M. Francis Magnard et serre la main, trois fois par
jour, à M. Auguste Marcade. *O tempora...* C'est

égal, M. Mirbeau a des opinions joliment variables.

À moins, toutefois, que M. Octave Mirbeau n'ait jamais été qu'un vulgaire fumiste. Il pourrait rire alors de notre erreur. Pas trop cependant, car même dans ce cas, je pourrai lui répondre comme le sous-officier de Noriac :

— Vous étiez un farceur, monsieur ? Je *m'en avais* douté.

LXXXII

**Autour de la Ligue des patriotes. — Une véritable
épopée. — Les inconséquences de M. Paul Déroulède. — La Ligue et les intransigeants. — Embar-
ras des comités de province. — Une politique
incohérente. — « Finis Poloniæ ».**

17 décembre.

La discorde est au camp d'Agramant. La ligue des
patriotes se disloque. On connaît les démêlés de son
directeur honoraire. M. Paul Déroulède, avec le
comité central de Paris et surtout avec les comités
de province qui ont eu beaucoup de peine à comprendre les brusques variations de sa politique.

M. Déroulède avait fait sortir depuis longtemps la
Ligue des patriotes de la voie qu'elle s'était tracée.
Son œuvre de régénération, dont le but, au demeurant, semblait fort louable, était devenue une entreprise de scandales, une œuvre dangereuse au premier chef qui, par suite d'écarts blâmables, mena-
çait même de nous compromettre aux yeux de
l'étranger.

Il était temps de mettre un terme à ce cabotinage
à outrance. La Ligue fondée par M. Déroulède avait
virtuellement cessé d'exister le jour où elle entra

dans la lutte des partis. Qui ne se rappelle les deux premières bagarres où elle joua le principal rôle : la prise d'assaut d'une brasserie de la rue Saint-Marc, et la bataille rangée livrée dans un cimetière de la banlieue contre les intransigeants et les socialistes groupés autour d'un drapeau rouge.

Car les intransigeants avec lesquels il fraternise aujourd'hui furent d'abord les ennemis jurés de M. Déroulède. C'est avec eux qu'il échangea, au début, force coups de poing ou de plume. M. Rochefort le cribla d'épigrammes auxquelles il répondit de son mieux. On s'envoya plusieurs paires de témoins qui rédigèrent des procès-verbaux à la douzaine. Quant à M. Mayer, de la *Lanterne*, il reçut, pour sa part, quelques gifles qu'il ne rendit pas, dans une soirée mémorable au théâtre de l'Odéon.

Les affaires de la Ligue en étaient là quand l'avènement au ministère de « notre brave général Boulanger » vint changer la face des choses. C'est ici que les comités de province commencèrent à n'y plus rien comprendre. Pauvres comités ! S'en sont-ils donné du mal à cette époque !

M. Déroulède leur démontra d'une façon péremptoire qu'il fallait adorer désormais ce qu'on avait brûlé et *vice versâ*. M. Rochefort devint son meilleur ami. Il jura entre les mains de M. Mayer une alliance offensive et défensive. J'ignore, par exemple, s'il retira les gifles qu'il lui avait si libéralement octroyées. Dans tous les cas, on n'eut pas l'air de lui en garder rancune, et, dès ce jour, on manifesta bras dessus, bras dessous.

Ce furent de bien belles équipées, messeigneurs !

et Clio, Muse de l'histoire, en tiendra compte dans
ses tablettes. M. Paul Déroulède, qui avait été un
vaillant soldat et un bon officier, se transforma subitement en émeutier de premier ordre. Il montra à
ses ligueurs l'art difficile de combattre la police et
d'enfoncer sans coup férir les carrés des brigades
centrales. Il sut haranguer la populace au coin d'une
borne. Il apprit à pousser des cris variés et connut la
pratique du sifflet à roulette.

A Longchamps, un jour de grande revue, il eut
l'honneur d'insulter l'armée française dans la personne de son chef et la République dans celles de
ses ministres. Lui-même avait fourni le mot d'ordre :
« A bas Ferron ! A bas Ferry ! » Puis, à la gare de
Lyon, il associa sa Ligue à la plus écœurante manifestation qu'il nous ait été donné de voir : celle de
quelques milliers d'énergumènes, mûrs pour l'escla-
vage et la dictature, se ruant sous les pieds d'un
César de la décadence, afin de baiser, dans la boue,
la trace de ses pas.

Cette fois, il fallait crier : « Vive Boulanger ! » et
M. Paul Déroulède prèchait d'exemple. On vit sa
redingote légendaire dont les pans flottaient comme
un drapeau — un drapeau de la Ligue — sur le
marchepied de la locomotive qui emportait toutes
ses espérances. Un moment on le crut parti pour
Clermont, et ses amis eurent toutes les peines du
monde à le retenir sur le quai.

Mais c'est surtout dans les derniers évènements
que nous venons de traverser que le rôle de M. Déroulède a paru incompréhensible. Les comités régio-
naux de la Ligue des patriotes, avertis trop tard et

peu au courant des fluctuations quotidiennes du
parti radical, ne savaient à quel saint se vouer. Leur
président d'honneur menait d'abord la campagne
contre le président de la République. « Très bien, se
disaient-ils, nous allons crier : A bas Grévy ! Quand
soudain M. Déroulède leur intimait l'ordre de n'en
rien faire. C'est : « Vive Grévy ! » qu'il fallait crier à
la dernière heure. Ils n'ont jamais su pourquoi.

A la fin, cependant, les comités de province et
même le comité de Paris se sont révoltés contre des
mesures aussi arbitraires. M. Déroulède, sommé
d'expliquer sa conduite, a été cité devant une assemblée générale et solennelle de tous les délégués qui
s'est tenue hier soir au gymnase Paz, rue des Martyrs.

La presse avait été consignée à la porte par une
mesure rigoureuse, venue de je ne sais où et qui ne
se comprend guère. Je me hâte d'ajouter que je ne
le regrette nullement. Le public se soucie fort peu
qu'on lui raconte par le menu, les divers tripotages
qu'il connaît depuis longtemps. La Ligue des patriotes aura beau faire. Elle a été jugée et con-
damnée par l'opinion dont les décisions sont sans
appel. Elle ne s'en relèvera pas.

LXXXIII

L'inauguration de la statue d'Edmond About au Père-Lachaise. — La délégation de l'Académie. — M. Renan orateur. — M. Jules Claretie. — L'improvisation de M. Francisque Sarcey.

22 décembre

Plus heureux que Balzac, que Théophile Gautier, que Flaubert et que tant d'autres gloires littéraires, Edmond About a sa statue de bronze qui se dresse sur un socle en granit, non loin du monument d'Inkermann, dans l'une des principales allées du Père-Lachaise. L'illustre écrivain est représenté assis dans un fauteuil ; il tient d'une main une plume et de l'autre son ouvrage sur la *Grèce contemporaine*. Des livres et des journaux sont empilés sous le fauteuil ; sur le socle on lit en lettres dorées l'inscription suivante :

A

EDMOND ABOUT

MEMBRE DE L'ACADÉMIE FRANÇAISE

1828 — 1885

C'est le sculpteur Crauck qui a modelé la figure souriante et spirituelle de l'ancien directeur du *XIXe Siècle* et c'est M. Bouwens qui a dessiné l'archi-

tecture du monument ; mais si Edmond About passe
à la postérité sous la forme la plus durable dont
puissent disposer les hommes, c'est à son ami
intime, notre éminent confrère Francisque Sarcey,
qu'il le doit.

Rien ne semble plus simple au premier abord que
de conduire et de mener à bien une entreprise aussi
généreuse. Grouper les sympathies éparses autour
d'un nom justement célèbre, recueillir les cotisations
qui au début affluent de toutes parts, se mettre en
quête d'un artiste de talent, obtenir les autorisations
nécessaires, aplanir les difficultés, prévoir les plus
minces détails et ne rien laisser au hasard, tel est le
programme facile à suivre. Combien peu cependant
sont capables de l'exécuter point par point sans se
décourager et sans se rebuter devant aucun obstacle.

Car, en réalité, c'est une tâche ingrate et malaisée,
qui exige avec la volonté une forte dose de persévérance. On en a d'autant plus besoin qu'au début
tout paraît marcher à souhait : chacun se précipite
pour vous venir en aide. On applaudit vos propositions les plus fastueuses, et si vous parlez, par exemple, d'un piédestal en granit, on trouve généralement que vous êtes modeste et l'on vous reproche
presque de ne pas demander du porphyre.

Mais après un certain temps, — et même un temps
très court, — ce bel enthousiasme s'évanouit comme
la rosée au soleil. D'autres évènements attirent l'attention de la foule. Autour de l'organisateur, les
rangs des fidèles s'éclaircissent et quand il les entre-
tient de son œuvre, on ne l'écoute que d'une oreille
distraite. Quelquefois même on ne l'écoute plus du

tout. C'est alors que son rôle devient ardu et qu'il doit redoubler d'efforts pour aboutir.

Francisque Sarcey qui avait pris à cœur de réussir, a dû traverser ces différentes phases où tant d'autres ont passé sans arriver au même résultat. Sarcey a vu le succès lui sourire, il est parvenu au but vers lequel il tendait. La statue de son cher Edmond a été inaugurée hier avec solennité, sur la colline du Père-Lachaise et il a eu la douce joie et le grand honneur de présider la cérémonie.

Deux cents personnes, au maximum, s'étaient rendues au cimetière. C'est bien peu, direz-vous et je vous répondrai, c'est beaucoup, étant donné qu'About est mort depuis deux ans et que nous sommes dans la plus mauvaise saison de l'année. D'ailleurs, je dois ajouter que la qualité suppléait avantageusement à la quantité. Parmi les assistants on remarquait en effet un grand nombre de notabilités littéraires et artistiques sans compter les représentants de la presse qui étaient au complet.

L'inauguration avait été fixée pour deux heures. A deux heures moins quelques minutes la délégation de l'Académie française arrivait, précédée des huissiers, à chaîne d'argent du Palais Mazarin. On sait déjà qu'elle se composait de MM. Camille Doucet, Renan et Gaston Boissier qui ont produit très bon effet sous leur habit à palmes vertes.

Mon Dieu! Je ne voudrais pas me montrer dans cette circonstance irrévérencieux envers l'Académie, mais l'avouerai-je? Quand j'ai vu ces messieurs, l'épée au côté et le chapeau à plumes sur la tête émerger l'un après l'autre du landau de louage qui les avait amenés. j'ai eu toutes les peines du monde à retenir un fou rire, tellement la tenue de la patache et leur accouplement singulier me rappelait la scène de *Madame Bovary* où le conseiller de préfecture Lieuvain fait une entrée à sensation au concours agricole de Yonville. Franchement, c'était à s'y méprendre, sauf que cette fois nous avions trois conseillers au lieu d'un. Mais quelle drôle d'idée de se déguiser ainsi en dehors du carnaval !

M. Renan devait parler le premier. Il s'est d'abord débarrassé de son claque qui le gênait beaucoup, puis il a tiré de sa poche quelques feuillets et il nous les a lus d'une voix spalmodiante et inintelligible. Je le regardais pendant son homélie. Quel beau chanoine M. Renan aurait fait, quel superbe archevêque, petit, gros, gras, réjoui, fleuri, onctueux, papelard, aux lèvres sensuelles ! Comme il eût bien rempli la stalle dans le chœur et comme il eût donné sa bénédiction avec mansuétude ! En costume officiel de l'Institut, l'auteur de l'*Abbesse de Jouarre* est très comique.

M. Jules Claretie est venu après lui nous entretenir d'Edmond About et il l'a fait avec son érudition et son esprit habituels. M. Claretie n'est pas orateur, je veux dire qu'il n'improvise pas ses discours, mais il les récite plus qu'il ne les lit et sa voix très claire parvient facilement aux oreilles de ses auditeurs. Son éloge d'About, fort bien tourné du reste, avait un accent de sincérité qui allait droit au cœur.

Je passe sur les discours de M. Chambreland, inspecteur des ponts et chaussées, au nom des habitants

des Landes. en souvenir des *Échasses de maitre
Pierre ;* de M. Thivet. ancien prote au *XIXᵉ Siècle.* au
nom des ouvriers typographes et j'arrive à celui de
Francisque Sarcey qui a clos la série des harangues.

Jamais notre éminent confrère n'avait été plus en
verve. Je puis l'affirmer sans qu'on me taxe d'exagération. Son petit discours, ou plutôt son improvisation, est une merveille d'humour. de grâce piquante
et légère, de bonhomie souriante et attendrie, qui a
charmé tout le monde et qui, malgré la solennité du
lieu, a soulevé plusieurs fois les applaudissements.

Il avait pris pour texte la bonté inépuisable d'Edmond About et vous pensez s'il parlait d'abondance
avec un pareil sujet. La bonté d'About était une bonté
clairvoyante et consciente et non pas une de ces
bontés paternes, signes de faiblesse dans le caractère. qui s'épandent indifféremment et au hasard.
About aimait ses amis comme il aimait sa famille : il
les soutenait de son argent, de sa plume, de son
esprit et au besoin de son épée. Il les encourageait,
il les réconfortait. il les réchauffait par son contact
intellectuel.

La place me manque pour rapporter les traits de
bonté vraiment probants que Sarcey nous a contés,
mais depuis longtemps déjà notre conviction était
faite. Oui. About fut toute sa vie un brave homme et
le roman qu'il écrivit sous ce titre le peint au naturel. Nous n'en voulons d'autre preuve que l'amitié
qu'il sut inspirer à notre éminent collaborateur, amitié inaltérable pendant plus de trente années et que
la mort seule est venue interrompre.

LXXXIV

La boxe et les boxeurs. — Les sujets. — Les « entraîneurs ». — Le régime. — Le combat. — Les funérailles de Joë Sayers.

23 décembre.

Un match de boxe vient d'avoir lieu, sur le territoire français, entre l'anglais Smith et l'américain Kilraine.

Malgré tous les efforts des moralistes et des législateurs anglais, la boxe demeure toujours, pour ainsi dire, une des institutions nationales de l'Angleterre. D'autres peuples ont des coutumes plus ou moins barbares, subsistant au milieu de la civilisation du dix-neuvième siècle. Mais elles s'excusent ou se rachètent, dans une certaine mesure, comme les courses de taureaux d'Espagne, par un côté pittoresque et brillant, par l'échauffement des cervelles sous le soleil méridional, par une couleur artistique qui n'existe pas dans les froids et lourds assauts des boxeurs anglais.

Il ne faudrait pas cependant s'imaginer que des champions comme Smith et Kilraine sont de simples

butors doués par le hasard d'une grande force cor-
porelle. Leur métier est bien véritablement un art,
et exige, pour arriver à la perfection, un *entraine-
ment* long et minutieux.

L'*entraineur pour pugilat* est catalogué et classé
parmi les hommes appartenant aux professions
sportives de l'autre côté du détroit. C'est un personnage qui a pignon sur rue, qui fait de fortes avances
de fonds, possède son compte à la Banque d'Angleterre, son carnet de chèques et d'illustres amitiés.

La sélection des sujets qu'il emploie se fait un peu
au hasard, en ce sens qu'il lui en vient d'Ecosse, du
pays de Galles aussi bien que d'Irlande. Il les toise,
les examine et choisit.

A dater du moment où il s'est chargé de l'éducation d'un *pugilest*, celui-ci devient sa chose.

L'entraineur commence par le soumettre à un régime spécial, qui a pour but de débarrasser le corps
de toutes les parties graisseuses qui l'alourdissent
sans augmenter ses forces. A cet effet, le futur
boxeur jeûne comme un anachorète, se couvre
comme un malade et marche comme un facteur ru-
ral. Entre temps, il prend de fréquentes médecines
et charme ses loisirs en se plongeant dans des bains
de vapeur. Ceci constitue la première condition de
ce que les Anglais appellent la « *condition* ».

La seconde partie comprend les exercices corpo-
rels gradués, la gymnastique, les haltères et l'éducation spéciale du boxeur. L'alimentation raisonnée est
fortifiante et a pour principe l'absorption de matières très nutritives sous un petit volume.

On obtient ainsi un boxeur qui est dans de bonnes

conditions physiques. On reconnait qu'on en est là
à certains caractères extérieurs. à la pureté de la
peau. à la couleur rosée des tissus à travers lesquels
on voit circuler un sang riche et abondant. La main
d'un boxeur *en formes*. placée devant la flamme
d'une lampe. doit être translucide et légèrement
pourprée. C'est le *criterium* employé par les entrai-
neurs.

Mais ceux-ci ne s'occupent pas seulement du côté
matériel et physique. Des sujets destinés à jouer leur
vie doivent avoir dans les facultés un équilibre et
un calme qui leur permette de garder tout leur
sang-froid au jour du danger.

L'entraineur devient l'ami de son boxeur. Il s'attache à lui, ne le quitte pas, lui évite les ennuis et
les émotions. l'amuse, le mène au théâtre ou au
concert. lui fait passer le temps et s'ingénie, avec
une sollicitude maternelle, à lui inventer chaque
jour une distraction nouvelle... et pas fatigante.

Le jour du combat, on dessine à terre une lice de
six mètres sur six, au moyen de pieux réunis par
une corde. Les deux adversaires. nus jusqu'à la ceinture. prennent place en face l'un de l'autre et se
serrent la main. Leurs témoins se placent perpendi-
culairement à eux. Des *assistants* portent des bouteilles d'eau fraiche, des éponges, des citrons et du
gin.

Le combat s'interrompt à peu près à volonté, en
général après chaque coup magistral. Mais les pauses
ne doivent pas durer plus d'une minute. que les *assistants* emploient à étancher le sang et à faire ava-
ler un cordial aux champions.

22

Vaincu est celui qui demande grâce ou qui tombe d'un coup de poing.

Dans le récent combat, nos lecteurs le savent, il n'y a eu ni vainqueur, ni vaincu.

Les boxeurs gagnent beaucoup d'argent, bien que leur métier devienne de jour en jour plus difficile.

Le célèbre Crig s'est retiré dans le comté de Devonshire avec deux ou trois millions. Mais ils finissent généralement par recevoir quelque mauvais coup, qui détermine une lésion interne et abrège leur existence.

Je ne sache guère que les jockeys qui excitent chez nos voisins autant d'enthousiasme que les boxeurs. Un des plus célèbres, Joé Sayers, eut plus de trente mille personnes derrière le char à quatre chevaux qui emmenait sa dépouille au cimetière.

Chose bizarre et bien anglaise, sa voiture découverte suivait le corbillard, et sur les coussins était assis mélancoliquement le chien du défunt, un crêpe autour du cou. Il paraît que, depuis les funérailles du duc de Wellington, on n'avait rien vu de pareil. La cérémonie se termina, — apparemment pour rendre hommage aux mânes du boxeur, — par un pugilat général, dans lequel les constables reçurent une volée pyramidale. Et, aujourd'hui, on peut voir dans le cimetière d'Highate, à Londres, un magnifique monument, élevé par souscription publique :

C'est celui du boxeur Sayers.

LXXXV

Louis Fréchette, le poëte canadien. — Sa première récompense à l'Académie. — La « Légende d'un peuple ». — L'homme et le livre.

25 décembre.

Il y a quelques jours, un homme était au milieu de nous, dont le séjour a passé presque inaperçu, au milieu des préoccupations politiques qui nous ont assaillis pendant ces derniers temps.

Cet homme n'était d'ailleurs ni un diplomate retors et magnifique, ni un homme de guerre avisé et courageux, ni un rastaquouère éblouissant et généreux. C'était tout simplement un poète, un poëte canadien.

Je ne sais rien au monde de plus touchant, pour des cœurs français, que l'opiniâtre fidélité que gardent à la France antique, sous la domination étrangère, les enfants du pays qui fut autrefois la *Nouvelle-France*. Le poète canadien dont je veux vous entretenir aujourd'hui, Louis Fréchette, est la vivante incarnation de cette fidélité. Je ne sais si tout le monde pense de même. Mais en voyant le pieux souvenir que nous ont gardé les Canadiens, séparés de

nous par un océan. je pense malgré moi à d'autres
frères moins éloignés, qui voient. eux aussi. s'élever
entre eux et nous d'implacables frontières : et la
fidélité des fils de la *Nouvelle-France*, en prouvant
quelles traces profondes laisse dans le cœur de ses
enfants la Mère Patrie, m'apporte une douce consolation et un ferme espoir lorsque je tourne ma pensée vers la terre d'Alsace.

Louis Fréchette est un digne rejeton de la forte
race du Canada, race où les finesses du sang latin se
sont merveilleusement fondues dans la forte sève des
défricheurs et des trappeurs. Il est grand et vigoureux : la moustache et les cheveux sont châtains foncés. L'œil est clair et plein de flamme. On sent qu'une
foi sincère anime ce beau regard. Si j'ajoute que le
poète est quelque peu timide, comme tous ceux qui
vivent beaucoup en dedans. j'aurai complété ce bref
portrait.

Le 5 août 1880. dans une séance publique à l'Académie, M. Camille Doucet proclamait. aux applaudissements de tous, le nom de Louis Fréchette, lauréat de l'Académie, pour ses *Poésies canadiennes*.
L'éminent secrétaire de l'Académie retraçait. en
phrases émues. le passé du poète :

« Jeune encore, disait-il, tour à tour avocat et
journaliste, M. Louis Fréchette eut en dernier lieu,
pendant cinq ans, l'honneur de représenter le comté
et la ville de Lévis au Parlement fédéral. Il n'appartient plus aujourd'hui qu'à la littérature, et, pendant
que ses vers nous apprenaient à le connaître, un
grand drame de sa composition obtenait le plus éclatant succès sur le Théâtre-Français de Montréal.

C'est en français, messieurs, qu'on parle et qu'on
pense, dans ce pays jadis français que nous aimons
et qui nous aime. »

Fréchette est resté sept ans sans revenir en France.
Il est venu aujourd'hui terminer chez nous un nouveau livre : la *Légende d'un peuple*, qu'il nous laisse,
en partant, comme souvenir.

Plusieurs écrivains célèbres l'ont patronné à son
passage en France. Parmi ceux qui ont tenu à honneur de le faire connaître, je citerai M. Eugène
Loudun, le consciencieux et énergique auteur du
Journal de Fidus, et M. François Coppée, le charmant poète.

Quelques lignes de la dédicace de la *Légende d'un
peuple* diront, mieux que je ne saurais le faire, dans
quel esprit il a été écrit :

A LA FRANCE

« Mère, je ne suis pas de ceux qui ont eu le bonheur
d'être bercés sur tes genoux.

» Ce sont de bien lointains échos qui m'ont fami-
liarisé avec ton nom et ta gloire.

» Ta belle langue, j'ai appris à la balbutier loin
de toi.

» J'ose cependant aujourd'hui apporter une nouvelle page à ton histoire déjà si belle et si chevale
resque. Cette page est écrite plus avec le cœur qu'a-
vec la plume. Je ne te demande pas en retour un
embrassement maternel pour ton enfant, hélas ! oublié. — Mais permets-lui au moins de baiser, avec
attendrissement et fierté, le bas de cette robe glo-

rieuse qu'il aurait tant aimé voir flotter auprès de son
berceau ! »

La *Légende d'un peuple* passe en revue tout ce
« magnifique écrin de perles ignorées » qui est l'histoire du Canada, — une partie de notre histoire à
nous.

De Colomb à Riel, qui lui inspire des pages pleines
de force et d'amertume, Fréchette reprend toute l'é-
popée canadienne ; il salue le navire de Jacques Car-
tier (dont les reliques se trouvent au musée de Saint-
Malo), la première moisson récoltée sur la terre
vierge, l'édification de Montréal, et il célèbre, surtout, la guerre finale, la guerre qui s'est terminée
après la mort des héros, par l'abandon de ces *quelques
arpents de neige,* dont parlait si dédaigneusement le
roi, — et aussi Voltaire.

Lutte épique, grandiose, que nous ne connaissons
pas assez ; lutte où les deux généraux des deux armées trouvèrent la mort, le même jour, sur le même
champ de bataille. Wolfe, le chef anglais, expira sur
place. Montcalm rentra dans Québec, mourant,
mais ferme encore sur son cheval, et fut enterré
dans le trou creusé par une bombe anglaise !

Les vers du poète canadien sont vibrants et sincères. Ils vous saisissent, ils vous *empoignent,* comme
toutes les œuvres qui viennent du cœur. Ils sont
écrits dans la langue du grand siècle, dont la tradition, on le sait, s'est conservée très pure au Canada.
Vous me permettrez, pour finir, de vous citer quelques strophes.

LE DRAPEAU ANGLAIS

Regarde, me disait mon père,
Ce drapeau vaillamment porté :
Il a fait ton pays prospère,
Et respecte ta liberté.

C'est le drapeau de l'Angleterre
Sans tache : sur le firmament,
Presque à tous les points de la terre
Il flotte glorieusement.

. . . .

Longtemps ce glorieux insigne
De notre gloire fut jaloux,
Comme s'il se fût cru seul digne
De marcher de pair avec nous.

Un jour, notre bannière auguste,
Devant lui dut se replier :
Mais alors, s'il nous fut injuste,
Il a su le faire oublier.

Et si maintenant son pli vibre
A nos remparts, jadis gaulois,
C'est au moins sur un peuple libre,
Qui n'a rien perdu de ses droits.

Oublions les jours de tempêtes,
Et, mon enfant, puisqu'aujourd'hui,
Ce drapeau flotte sur nos têtes,
Il faut s'incliner devant lui.

— Mais père, pardonnez si j'ose...
N'en est-il pas un autre, — à nous?...
— Ah! celui-là, c'est autre chose ;
Il faut le baiser à genoux.

Je ne sais si j'ai suffisamment traduit ma pensée ;
mais je suis certain que mes lecteurs s'uniront à moi
dans une commune pensée de reconnaissance pour
Louis Fréchette, le poète canadien, le poète français.

LXXXVI

L'auteur du « Docteur Claude ». — Biographie d'un homme de lettres. — Les débuts de M. Hector Malot. — Une entrevue avec M. Jules Simon. — Opinion de M. Émile Zola. — Les appréciations de la critique. — M. Hector Malot et Pie IX.

28 décembre.

On nous annonce la prochaine apparition d'un nouveau roman de M. Hector Malot. Le moment ne saurait être mieux choisi pour vous parler à cette place du vigoureux écrivain qui a signé tant de pages émouvantes ou simplement exquises et dont la réputation est depuis longtemps consacrée par le succès.

L'auteur du *Docteur Claude* est né à Labouille, dans la Seine-Inférieure, le 20 mai 1830. Il fit d'excellentes études au lycée de Rouen et vint à Paris, comme tout le monde, sous le fallacieux prétexte de faire son droit, en réalité pour y suivre son penchant littéraire et donner carrière à son véritable talent d'observateur et d'analyste.

Ses débuts furent difficiles, si nous en croyons l'un de ses biographes. Très courageusement, il se livra à des besognes ingrates et mal rétribuées : il fit, pour un sénateur de l'Empire, un traité sur l'étiquette et les charges de l'ancienne monarchie; on raconte même qu'il collabora avec Théodore Barrière, lequel

signa seul, bien entendu, les quelques pièces écrites
en commun.

M. Cousin, qu'il connaissait, le recommanda, sur
ces entrefaites, à M. Jules Simon, qui rédigeait alors
le *Journal pour tous*, un des rares organes indépendants de l'époque. L'entrevue de M. Hector Malot
avec l'auteur du *Devoir* fut des plus cordiales.

— Que savez-vous? demanda M. Jules Simon.

— Mon Dieu! monsieur... le droit, l'histoire, la
littérature.

— C'est bien peu. Vous n'avez pas de roman?

— Non, monsieur.

— Diable! Avez-vous vingt sous?

— Oui, monsieur.

— Bravo! Eh bien, si vous avez vingt sous, allez
aux Champs-Elysées, visitez l'exposition des fleurs et
rapportez-moi un article.

M. Hector Malot s'exécuta avec empressement et
débuta ainsi dans le journalisme qu'il ne fit, d'ailleurs,
que traverser. Son but, qu'il atteignit bientôt, était
d'écrire des romans. En 1859, il publia son premier
livre qui fut édité, non sans peine, par Michel Lévy.

Dentu l'avait refusé : il eut lieu de s'en repentir
beaucoup plus tard, le jour où il paya à l'autre
libraire la somme de cent mille francs pour vingt
volumes d'Hector Malot édités à la suite du premier.
Mais n'anticipons pas.

L'œuvre de jeunesse qui s'appelait les *Amants* fut
très bien accueillie par la critique et la collaboration
du romancier fut dès lors recherchée par les journaux. Successivement l'*Opinion nationale* publia les
Amours de Jacques et le *Constitutionnel* eut la primeur

des *Epoux* et des *Enfants* qui formaient la suite et la fin des *Victimes d'Amour* dont les *Amants* n'étaient que la première partie.

Peu de temps après, un cinquième ouvrage *Un beau-frère* paraissait en feuilleton au *Journal des Débats* où, dans le numéro du 19 décembre 1865, M. Taine appréciait le talent de l'auteur :

« J'éprouve aujourd'hui un plaisir vif et neuf pour un critique, celui de saluer un talent précoce, original et solide, dans la personne d'un homme que je ne connais pas et que je n'ai jamais vu. »

Un peu plus tard, M. Émile Zola déclarait dans le *Figaro* de 1866 qu'il avait lu les *Victimes d'Amour* « avec une volupté exquise », et il ajoutait :

« En somme, j'ose dire que les *Victimes d'Amour* sont une des œuvres les plus remarquables de ces dernières années et c'est pour cela que je me suis plu à montrer M. Hector Malo portant le tablier de *Batailles du Mariage*, la *Bohème du Mariage*, *Sans Famille*, *Baccarat*, les *Vices Français*, le *Docteur Claude*, etc., etc.

Je n'ai pas l'intention de donner à ces notes rapides l'importance d'une étude définitive, et l'on comprendra que je m'abstienne de tous commentaires personnels. Mais il m'est permis, et cela m'est très agréable, de citer encore l'opinion de quelques critiques.

M. Charles Bigot, qui fait autorité et dont le jugement est sûr, écrivait en 1875, dans le *Siècle :*

« L'éloge de M. Malot peut se faire tout entier en trois mots : son talent est vigoureux, il est vrai, il est sain. »

Et dans une de ses plus jolies chroniques du *Temps*
— où il en fit de si jolies — M. Jules Claretie quali-
fiait fort heureusement ce même talent de « robuste
et simple ». Rien de plus exact.

M. Hector Malot est consciencieux à l'excès. Il travaille toujours d'après nature. C'est chez lui une
question de principe qui l'entraine quelquefois à des
aventures assez originales. Son biographe raconte
que pour la deuxième partie des *Batailles du Mariage*
il alla à Rome dans l'unique but d'assister à la con-
sécration d'un comte du pape.

Il fut présenté à Pie IX qui voulut à tout prix lui
accorder une faveur.

Hector Malot ne crut pas devoir cacher au pape
qu'il était libre-penseur.

— Eh bien ! dit Pie IX, en souriant avec finesse, je
vais vous donner ma bénédiction *quand même*.

Et il la lui donna.

Sur la vie privée de M. Hector Malot, je n'ai pas
grand'chose à vous apprendre. Il suit volontiers le
célèbre précepte :

> Ami, cache ta vie et répands ton esprit.

Il vit très retiré et très tranquillement dans une
villa située en plein bois de Vincennes et ne vient à
Paris que lorsqu'il y est forcé par ses affaires.

Ses amis disent que c'est un caractère franc et
loyal et que sa nature se retrouve tout entière dans
ses livres qui auraient fait les délices de Montaigne,
car ce sont avant toute chose des livres de « bonne
foy ».

Paris. — Imp. G. Balitout et Cᵉ, 7, rue Baillif.

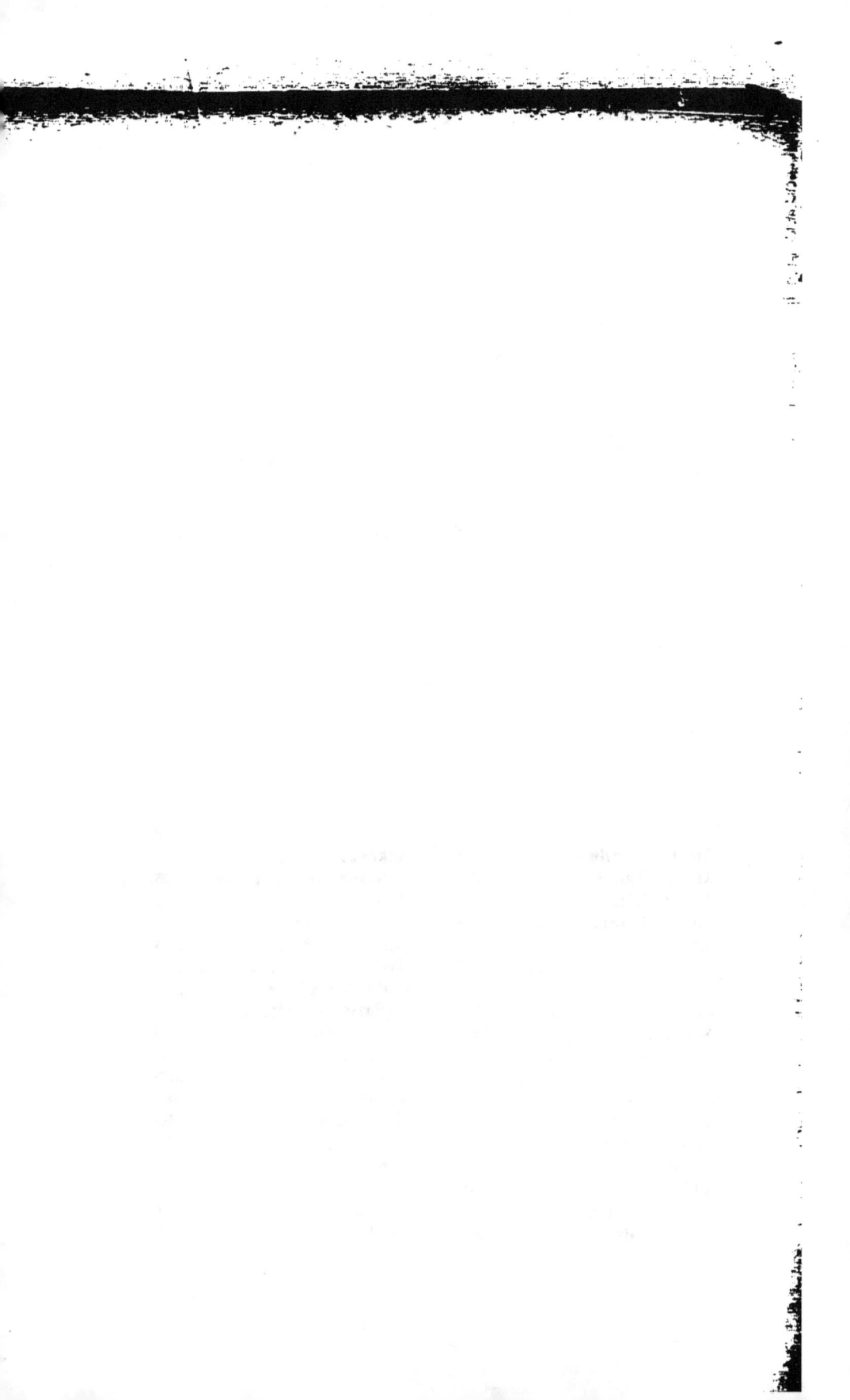

TABLE ALPHABÉTIQUE

DES NOMS CITÉS DANS CE VOLUME

TABLE DES MATIÈRES

———

19 Févre 194

Paris. — Imp. de G. Balitout et Cⁱᵉ, 7, rue Baillif

www.ingramcontent.com/pod-product-compliance
Lightning Source LLC
Chambersburg PA
CBHW072001270326
41928CB00009B/1507